双色
图文

一本书学会

张培锋 著

佛教常识

中华书局

图书在版编目(CIP)数据

一本书学会佛教常识/张培锋著. —北京:中华书局,2011. 4
(2025.10重印)
ISBN 978-7-101-07645-5

Ⅰ.一… Ⅱ.张… Ⅲ.佛教-基本知识 Ⅳ.B94

中国版本图书馆 CIP 数据核字(2010)第 209048 号

书 名	一本书学会佛教常识	
著 者	张培锋	
责任编辑	林玉萍 李若彬	
责任印制	陈丽娜	
出版发行	中华书局	
	(北京市丰台区太平桥西里 38 号 100073)	
	http://www.zhbc.com.cn	
	E-mail:zhbc@zhbc.com.cn	
印 刷	三河市中晟雅豪印务有限公司	
版 次	2011 年 4 月第 1 版	
	2025 年10月第 18 次印刷	
规 格	开本/700×1000 毫米 1/16	
	印张 20 字数 280 千字	
印 数	72001-75000 册	
国际书号	ISBN 978-7-101-07645-5	
定 价	56.00 元	

目　录

第一章

灵山会上：佛教的起源和产生

释迦牟尼

觉行圆满：佛祖释迦牟尼

佛教是世界三大宗教之一，也是三大宗教中历史最悠久、流传最广泛的宗教。佛教产生的两千五百多年以来，以其多元性与包容性、变异性与恒久性的统一，显示了坚韧的生命力。佛教产生于印度，但其后主要流传于中国，并由中国传播到日本、韩国等国家。佛教与中国的儒家、道家思想相融合，一方面，它对中国文化产生了深刻影响，给中国文化输入许多新的思想资源；另一方面，中国传统文化的精神也渗入到佛教中，形成中国化的佛教。不了解佛教，也就很难理解中国文化的真实发展历程；不了解中国佛教，也很难把握佛教思想的真谛。

要了解佛教，首先要了解"佛祖"释迦牟尼，也就是古典长篇小说《西游记》里所说的"如来佛"，他是佛教的创始人和布道者。

公元前 565 年，在古印度迦毗罗卫国（今尼泊尔），诞生了一位王子，他的名字叫乔达摩·悉达多。这位王子后来出家修道，最终觉悟到宇宙人生的真理，被称为释迦牟尼。"释迦牟尼"，也就是"释迦族圣人"的意思。

通常认为，释迦牟尼是一位真实的历史人物，是古印度一位伟大的思想家、伦理学家和教育家。这一点与中国的孔子非常相像。但历史上真实的释迦牟尼一生事迹已很难考察清楚，包括他的生卒年代，也是后人根据众多历史资料，采用不同的方法推算出来的。上面所说的以公元前 565 年为释迦

 知识链接

释迦牟尼也被称为佛陀。佛教内部也有把佛陀解释为"能仁寂默"的，"能仁"就是普度众生，是妙有，是大悲；"寂默"就是清净修道，是真空，是大智。"佛陀"这个词在古代早期曾译为"浮屠""浮图"等，在西藏等地则译为"布达"，拉萨的"布达拉宫"也就是"佛宫"的意思。

牟尼的诞生年，只是目前得到大多数人承认的一种说法。

记载释迦牟尼事迹最主要的作品是流传至今的各种佛陀传记，通常称为佛传典籍或佛传文学。译成汉语的著名佛传有《中本起经》二卷（东汉·康孟祥译）、《太子瑞应本起经》二卷（吴·支谦译；异译有南朝刘宋时期求那跋陀罗译的《过去现在因果经》四卷）、《佛本行集经》六十卷（隋·阇那崛多等译）以及《佛所行赞》五卷（马鸣著，北凉·昙无谶译）等。这些佛传往往与神话交织在一起，充满神异色彩，例如说悉达多太子右胁而生、七步能言等。

按照佛教内部的说法，释迦牟尼一生的事迹可以概括为所谓"八相成道"，八相分别为：

 知识链接

中国佛教塑造释迦牟尼"八相成道"形象最著名的遗迹为洛阳龙门石窟古阳洞中的雕刻，是一套完整的释迦成道过程。古阳洞的造像题记书法棱角分明，字形朴拙，结构紧密，硬挺有力，著名的"龙门二十品"，其中有十九品在这座洞里。

洛阳龙门石窟古阳洞

一、降兜率——先住于兜率天内院，欲降生人间，先观五项合宜之机，即时间、地点、国家、家庭及父母，然后下降人间。

二、托胎——乘着六牙白象，象口含白莲花，降入母胎。

三、出生——在蓝毗尼园，从摩耶夫人右胁出生。

四、出家——年二十九岁时，因感受到世间无常，欲追求宇宙人生真理，解脱生死痛苦，离开王宫，入山修道。

五、降魔——在尼连禅河附近的苦行林，修六年苦行后，到伽耶山附近的菩提树下，金刚宝座上，降伏魔军。

六、成道——夜睹明

星，豁然悟道，时年三十五岁。

七、转法轮——成道后四十五年间说法度生。

八、入涅槃——世寿八十，在拘尸那拉城娑罗双树间，示入涅槃。

按照这种说法，释迦牟尼并非普通人，而是早已成佛，他这一次来到人间所做的一切都是"示现"给我们看的。而且不光是释迦牟尼佛，世间一切佛示现在人间，都会经过"八相成道"的过程。

根据佛传，我们按照"八相成道"的顺序对释迦牟尼一生的事迹做一些介绍和解说。

释迦牟尼的父亲净饭王是迦毗罗卫国的国王，母亲摩耶夫人是拘利国的公主。摩耶夫人生产前，按照当地的风俗，要到母家去。当她走到迦毗罗卫城与天臂城之间的蓝毗尼园，感觉累了，便到园中憩息。此时正是鸟语花香的春天，娑罗树繁花盛开（按照中国的农历推算，这一天是四月初八日，这是元代以后才正式确定下来的），王后走到娑罗树下，想去攀扶树枝，忽然有一枝自动垂到她的手边，她伸手握住，端然而立，悉达多太子就从她右胁出生了，出生后就向四方

乘象入胎

释迦太子树下诞生图

🪷 **知识链接**

四月八日后来被称为佛诞日，在佛教中流传的浴佛仪式是为了庆祝和纪念悉达多太子诞生而举行的。据《僧史略》记载："浴佛者，唐义净三藏躬游西域，见印度每日晡中，维那鸣钟，寺庭取铜石等像，于盘内磨香或泥，灌水以氍揩之。举两指灌水于自顶之上，谓之吉祥之水，冀求胜利焉。问：浴佛表何？通曰：像佛生时龙喷香雨，浴佛身也。"因传说释迦牟尼降生时，有九龙吐水洗浴圣身，因此后世佛教徒纪念佛陀诞生的仪式中，都在佛堂中或露天净地设灌佛盘，在盘中的莲台上安置着一手指天、一手指地的悉达多太子金像，然后灌以香水，表示庆祝和供养，称为浴佛或灌佛。

各走了七步，同时口中说道："天上天下，唯我独尊。"传说当时天上飘落香花，还有九龙吐水为太子沐浴。悉达多太子诞生七天后，母亲就去世了，他由姨母摩诃波阇波提抚养长大。按照佛教的说法，摩耶夫人是升到了忉利天宫中，后来太子成佛后，还曾到忉利天宫中专门为母亲讲解佛法。

年轻的太子很聪明，而且在王宫中过着非常奢华、富贵的生活。在他十六岁时，父亲令他结婚，娶的是邻国公主耶输陀罗，后来生下一个儿子，名叫罗睺罗。但悉达多太子特别喜欢玄想沉思，有高蹈

🪷 **知识链接**

古代印度由国家政权从法律上对居民实行等级划分，不同等级具有不同的权利和义务。当时将种姓分为四个等级：婆罗门（司宗教事务）、刹帝利（司军政事务）、吠舍（雅利安平民）、首陀罗（被征服土著）。以种姓制度为基础的婆罗门教则是佛教产生前最重要的宗教。释迦牟尼创立的佛教既大量吸收了婆罗门教的思想，同时也是对婆罗门教的超越，集中表现在否定婆罗门教和婆罗门种姓的最高权威，提倡众生平等，因而得到中下层民众的支持。

出世的倾向，这令他的父亲很担心。他看到自然界各种生物互相吞食、残杀的现象时，常常陷入深深的思索。更有一个偶然的机缘触发他弃俗出家。据说他有一次到城外巡游，在东、南、西三个城门看到了老人、病人与死人的痛苦情形，在北门则看到了沙门修道者，这些使他痛感人生的无常，成为他走上求道之路的契机。他还有可贵的平等思想，对当时印度的种姓制

度不满，他常思考这样的问题："首陀罗为什么生来就做奴隶？难道他们不是人吗？有什么办法可以使他们过上自由平等的生活？"

现实人生的种种问题，使太子不能安住于王宫，享受尊荣与富乐，终于在二十九岁那年的一个夜间，他下了最大的决心，抛弃了王位、财富和父母妻子，带着侍从车匿，骑着一匹白马，偷偷离开了王宫，越过了阿那玛河，想到深山旷野去追求痛苦的解脱与人生的真理。悉达多太子出家以后，在

夜半逾城

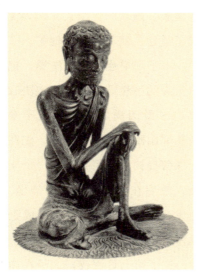

苦行的释迦牟尼

阿那玛河畔，自己剃掉头发，披起袈裟，叫车匿带了冠服白马回宫。车匿哭泣，白马悲鸣，舍不得离开太子。净饭王看见车匿回来了，却看不见太子同来，悲痛万分，立刻派遣大臣去追他回来。但是太子出家的意志非常坚决，国王无法，只得选了亲族中的侨陈如等五个青年，去跟随太子修行，也是为了照顾他的生活。

当时婆罗门教的沙门中有不少苦行者，企图通过肉体的痛苦磨炼来求得灵魂的自由和解脱，太子一开始也是走的这条路。从二十九岁到三十五岁，太子曾实行

牧女供养图

降魔成道图

过六年苦行。据说他曾向沙门阿罗逻·迦罗摩和优陀迦·罗摩子问道，但不得要领。他又到伽耶山苦行林，日食一米一麦，苦修禅观，全身骨瘦如柴，健康受到严重损害。但经过这种求道的艰苦历程，他认识到旧的修行方法不能达到获得真理与生命解脱的正确道路，从而走上了独立探求真理的道路。他不在人生伦理上走极端，而是力图在精神上得到对宇宙真实的觉悟。这一点也是佛教区别于其他宗教的重要特征。

放弃苦行的太子接受了牧羊女苏耶妲供养的乳糜，恢复了身体健康。随从的五个人，认为他失了道念，就不再跟从他了。

太子到尼连禅河去洗澡，把六年来的污秽洗掉，并下定决心要追求最圆满的真理。太子来到伽耶山附近的菩提迦耶，先在一棵菩提树下，用草铺了一个座位，然后在所铺草座上面静坐。他发出坚定的誓愿："我不成正觉，誓不起此座。"

过了第七日深夜，太子在禅定中现出魔境扰乱。据说天上的魔王波旬——欲界第六天他化自在的天王，被视为印度教中的"破坏之神"湿婆——派遣众魔女来诱惑他，发动魔兵魔将来威吓他；但太子意志坚定，始终不动摇，结果魔王被降伏了。这一传说，说明了一个人在成佛的最后阶段必须经历克服内心中种种情欲与恐怖的心理过程。

降魔之后，他把精神全力集中起来，运用最高的智慧，去思考宇宙人生的问题。终于在第四十九夜的夜半，他看到明星出现，豁然觉悟一切真理，获得了无上正觉。这一年他三十五岁，从此世人尊称他为佛陀。他成道的这一天按照中国农历的推算是腊月初八日。

 知识链接

中国佛教徒为纪念释迦牟尼悟道成佛，每年腊月初八都举行仪式，以米及果物煮粥供佛，称为"腊八粥"，宋代时已演变为民间普遍的习俗。《敕修百丈清规》卷二记载："腊月八日，恭遇本师释迦如来大和尚成道之辰，率比丘众，严备香、花、灯、烛、茶、果、珍馐，以伸供养。"孟元老《东京梦华录》卷十记载："（腊月初八）诸大寺……送七宝五味粥与门徒，谓之'腊八粥'。都人是日各家亦以果子杂料煮粥而食也。"

化愚济众：佛、法、僧"三宝"

释迦牟尼佛初转法轮像

释迦牟尼成佛后，就开始"转法轮"——进行艰苦宏伟的教化活动，孜孜不倦地从事说法度化众生的事业。他首先到中印度迦尸国波罗奈城外鹿野苑（今瓦拉纳西城西北），找到侨陈如等五个侍者，向他们说法，讲了"四谛""五蕴""八正道"等基本教义，佛传上称之为"初转法轮"。这次说法的内容大致就是现存的《转法轮经》。侨陈如等五人成为五比丘，是佛陀的第一批弟子。不久他又度波罗奈长者子耶舍及其亲友出家。俱梨迦长者及夫人也来皈依佛陀，成为最早的在家修行者，被称为优婆塞和优婆夷。这样，佛、法、僧"三宝"都已齐备，作为一种宗教的佛教正式形成了。

接着，佛陀独自到伽耶山上，度化三迦叶兄弟。三迦叶原是外道的领袖，大哥名优楼频那迦叶，有五百徒众；二弟名伽耶迦叶，有二百五十徒众；三弟名那提迦叶，也有二百五十徒众。这样，总共一千个徒众都随着师父集体出家，皈依了佛陀，从而大大提高了佛陀的声望。

有意思的是，释迦牟尼一开始是禁止女子出家修道的，也就是说，比丘尼出现得比较晚。佛教历史上第一位比丘尼不是别人，正是将释迦牟尼从小抚养长大的姨母摩诃波阇波提。释迦牟尼度化的众生中，有很多是他自己的家人，包括他的儿子罗睺罗，出家时还不到二十岁，成为佛教史上第一位沙弥。据说包括他父亲净饭王在内的几乎整个释迦家族都信仰了佛法。佛陀的信徒，从国王、后妃、大臣，以至贫民、乞丐、奴隶，应有尽有，遍布社会的每个阶层，这是他提倡慈悲平等、济度众生的表现。

佛教将佛、法、僧称之为"三宝"，后来信仰佛教者要接受"三皈依"，也是指皈依佛、皈依法、皈依僧。为什么称之为"宝"呢？按照佛教的说法，这三者是指示众生断恶修善、离苦得乐、获得解脱的向导，极为尊贵，如同世间的珍奇宝物，故称之为"三宝"。佛教赋予"三宝"种种极为珍贵的品质，如稀有、离尘、庄严、不改等。

佛，即梵语 Buddha（佛陀）音译的略称。小乘佛教用以指称"释迦牟尼"。大乘佛教兴起后，佛陀就不单指释迦牟尼一尊佛，而是泛指所有的佛，而且对于佛陀又增加了十种尊贵的名号。这十大名号分别是：1. 如来（真理的体现者）；2. 应供（其德行应该接受世间的供养）；3. 正遍知（完全认识一切真理）；4. 明行足（三明之行具足）；5. 善逝（善于超脱世俗世界）；6. 世间解（洞知世间与出世间一切

知识链接

佛教有"四众弟子"的说法，即构成佛教教团的四种弟子，又称四部众、四部弟子，即比丘（男出家修道者）、比丘尼（女出家修道者）、优婆塞（男在家修道者）、优婆夷（女在家修道者）。在中国常将男女在家修道者称为"居士"；但也有一种说法，认为"四众"都指出家者，即比丘、比丘尼、沙弥（年龄小于二十岁的男出家者）、沙弥尼（年龄小于二十岁的女出家者）。

释迦牟尼

事）；7.无上士（一切众生中的最上者）；8.调御丈夫（善于使俗人解脱入于善道）；9.天人师（天与人的导师）；10.世尊（能知一切，故为"世尊"）。"佛陀"的意译则是"觉悟"，关于其含义，第五章会做详细介绍。

法即是释迦牟尼所说的一切佛教真理，其梵语的音译是"达摩"（dharma），即"轨则"的意思，指某种事物固有的本性，如花有花的本性，树有树的本性，能够明了这种本性而予以解说，即名为法，用今天的话说就是"规律"。佛教认为佛陀发现了宇宙人生的根本规律，将其宣扬出来就是法，具体地说就是经、律、论三藏。

释迦牟尼当时所说的最重要的教义叫作"四谛""八正道"，这也是佛教的根本教义。

四谛即苦、集、灭、道。苦谛讲世间一切皆苦，人生的本质是苦的，这些苦可以概括为"三苦""八苦"等，这是世间法的果报。集谛是讲苦形成的二十五种原因，是苦谛之因，即说明世间法的真相，指出苦是贪、嗔、痴等烦恼造成的。灭谛是出世间法的结果，即一切烦恼断尽，达到寂灭涅槃的境界，灭即是灭烦恼、灭生死。道谛则是出世间法的原因，指出通向涅槃的途径。

道谛的主要内容称为"八正道"，主要内容包括：1.正见。正确的见解，亦即坚持佛教四谛的真理；2.正思维。又称正志，即根据四谛的真理进行思维、分别；3.正语。即说话要符合佛陀的教导，不说妄语、绮语、恶口、两舌等违背佛陀教导的话；4.正业。正确的行为。一切行为都要符合佛陀的教导，不做杀生、偷盗、邪淫等恶行；5.正命。过符合佛陀教导的正当生活；6.正方便。又称正精进，即毫不懈怠地修行佛法，以达到涅槃的理想境地；7.正念。念念不忘四谛真理；8.正定。专心致志地修习佛教禅定，于内心静观四谛真理，以进入清净无漏的境界。

由此可见，"四谛""八正道"非常简明、清晰地概括了佛教教理的基本内容。

僧是梵语"僧伽"（sagmha）的简称，其含义为"和合众"，即共住一起、共同修学、互相照顾的道侣，故也称为"僧侣"，当时即指随同释迦牟尼出家的众弟子组成的僧团。

释迦牟尼进行了四十五年的说法活动，直至去世。他当年是四处巡游说法的，他的足迹遍及今日的中印和北印很多地区。按佛传上说，他在鹿野苑"初转法轮"后，又前往摩揭陀国，因为要传播新宗教，必须到政治、经济中心和思想家活动集中的地方。他一路上广施教化，带领皈依他的弟子们来到王舍城（今比哈尔邦底赖亚附近）后，得到摩揭陀国王频婆娑罗的拥护。国王在迦兰陀长者献给释迦牟尼的竹林建立了精舍，供他及其弟子们"安居"。佛陀在这里又收舍利弗、

鹿野苑遗址

竹林精舍

目犍连等为弟子。这两个人后来帮助佛陀传教，功劳很大。在多子塔，摩诃迦叶遇见佛陀，也皈依为弟子，佛灭以后他成为最初结集佛经的主持者。

祇园精舍

其后，佛陀离开王舍城北上，回到家乡迦毗罗卫。他的异母弟难陀、堂兄弟阿难和提婆达多、儿子罗睺罗等都随同他出家。姨母摩诃波阇波提也要求出家，释迦牟尼开始没有答应，后经阿难的劝说，接纳她为女弟子。

从迦毗罗卫城向西南，

知识链接

"安居"是佛教一个特殊概念，也称为"住夏"。因印度夏季降雨频繁，不能游方乞食。还有一种说法是这个季节草木、虫、蝼蛄等都生长得很好，如果外出行走，很容易伤害这些小生物，因此规定出家人这段时间不准外出，集合在一定的场所，接受饮食卧具的供养，坐禅修养。其时间为每年的四月十六日至七月十六日。因为具体的气候环境条件不同，这种制度在中国佛教中基本没有执行。

他来到舍卫城，住在乐善好施的须达多长者奉献的祇园精舍中，并受到国王波斯匿的供养。释迦牟尼曾有二十五个雨季在这里安居，这里是他和弟子们住得最久的地方，很多佛经也是在这里讲说的，称之为"祇园法会"。

从舍卫城向西，度过恒河，佛陀又到捏赏弥国，这里是通往南印度的交通要冲，有瞿师罗三长者献给佛陀的园林。捏赏弥国王优陀延和王后也都皈依佛陀。从这里，佛陀带领弟子们东归，沿着恒河又来到波罗奈，往东南走到王舍城。王舍城的东北有一座耆阇崛山，释迦牟尼在这里的七叶窟为比丘说法。耆阇崛山，汉语意译为"灵鹫山"，又简称"灵山"。后来佛经中常说的"灵山法会"就是指的在这里所说的佛法。

佛陀晚年离开王舍城，开始他最后的游化。他北行经那烂陀，渡恒河，到吠舍离附近的贝鲁伐那村，遣散了弟子们，只留下阿难一个人随行。在这年雨季安居时他已经患病，雨季过后继续西北行。在男末罗国波伐城病情转

知识链接

佛教常称谂道者逝世为"圆寂"，这是梵文涅槃（nirvana）的意译，意为不生不灭。"涅槃"一词也被意译为"入灭""灭度"等，意思是各种功德圆满，各种罪恶寂灭，永远超脱了生死轮回，不同于一般意义的死亡。

灵鹫山

须跋陀罗

重，行至拘尸那拉城（今迦夏城）时圆寂，终年八十岁。

据经典记载，佛陀当时在阿难铺好的僧伽梨（大衣）上右胁而卧，已经疲倦不堪。这时一位名叫须跋陀罗的外道来求见，佛陀又抖擞精神为他说法，这位外道成为佛陀最后度化的弟子。随侍佛陀的阿难见他病势沉重，十分难过，请求他继续住世，佛陀回答："万法自性仍归于灭，人有生必有死，我的肉体怎能永存呢？我这段生命，必须循着自然法性而归于寂灭。"当时很多弟子闻讯来到佛陀身边，默默流泪，佛陀安慰他们说："你们不用悲伤，我一生所说的教法已经很多，只要你们依照着去实行，就是我的法身永远在世间了！"随后在一个月圆之夜安详逝世，这一天按照中国农历来推算，是二月十五日。

佛陀涅槃后，弟子们用金棺收殓起他的圣体，上面装饰着宝幢幡盖，并以一些名贵的香华庄严在四周，按照印度的习俗举行了火化仪式，佛教称之为荼毗。

佛陀荼毗后，其遗骨变成晶莹的舍利，被视为释迦牟尼法身永远住世的象征。这些舍利一开始为拘尸城的末罗族所得，当时印度各国国王不服，都带兵前来征讨拘尸城，想夺取佛陀的舍利。后来经过调解，由揭竭陀国阇世王牵头，各国共分舍利，造塔供养。这段史事被称为"八王分舍利"。后来，释迦牟尼的佛骨舍利又传到更多的国家，包括中国。人们建立起舍利塔供奉这些舍利，舍利信仰也成为佛教信仰的一个重要组成

知识链接

　　荼毗为巴利语 jhapita 的音译，原义即是"焚烧"，在佛教产生之前已流行于印度，佛教继承了这种火葬方式，其后传入中国、日本等国。中国僧人去世后一般也采用荼毗的方式处理，而不采用中国传统的土葬。

八王分舍利图

部分。

　　释迦牟尼传法活动的情况，是有一定历史依据的，近代考古已发掘出一些佛教圣地的遗址。自 4 世纪中国僧人法显西行求法，中国的许多佛教旅行家都参拜过这类遗址。

法雨普施：经、律、论"三藏"

按照佛教的记载，释迦牟尼生前讲过大量的佛法，但当时并没有文字记录，而是根据不同的机缘口头宣说。也就是说，佛陀只是随机说法，手里并没有拿着佛经，他本人也没有写过只言片字。

佛经的产生是在佛陀涅槃之后。当时，弟子们想到，在没有祖师亲自说法的情况下，为避免佛教教义日久散失，唯一的办法就是趁着诸大弟子健在，赶快把他们听闻到的佛法回忆和背诵出来，加以记录整理，编成经书。于是，就有了第一次佛经的结集。

释迦涅槃石雕像

第一次结集是由佛陀的大弟子摩诃迦叶召集五百比丘，在王舍城外的七叶窟举行会议，历时七个月，用共同记忆并诵读的方式，将释迦牟尼在世时的言论追记下来，于是有了最初的佛教经典。这次结集对于佛陀逝世以后佛教的存续、发展起了重要作用。

有关这次结集的过程还有一段有趣的故事。

当时摩诃迦叶挑选了五百名佛弟子，据说都是证得了阿罗汉果位的。摩诃迦叶还不放心，就进入禅定，用天眼观察，看谁还有烦恼没有断尽，就不能参与这次结集，以免出现错误。

结果发现四百九十九人都已断尽烦恼，只有阿难一个人烦恼未尽。

于是摩诃迦叶出定，要把阿难赶出去。

阿难当时羞愧难当，泪如雨下。

阿难是释迦牟尼的堂弟，出家后一直跟随佛陀，不离左右，号称"多闻第一"，而且有着惊人的记忆力，这时却被摩诃迦叶逐出，实在没有面子。

阿难回到自己的住所加紧思维修行，晚上也不休息，参禅打坐。他的特点是智慧多、定力少，坐了一会儿就疲惫不堪，便躺下来休息。可是头还没有挨到枕头，他就突然大悟，进入金刚定，一切烦恼破尽无余。

他兴奋不已，连夜跑到摩诃迦叶等人开会的石窟敲门。

迦叶问："谁呀？"

"我是阿难！"

"你来干什么？"

"我今晚得漏尽通了！"阿难答道。

"不给你开门，你自己从门孔里进来。"摩诃迦叶显然是要试探一下阿难。

阿难于是以神通力从门上的孔洞中进去了，见了众师兄弟，倒头便拜，痛加忏悔。

至此，五百名阿罗汉聚齐。于是，由"多闻第一"的阿难诵经，由"持

五百罗汉

律第一"的优波离诵律，由"论
议第一"的富楼那诵论，完成了
第一次三藏结集。因有五百人参
加，也称"五百结集"。

阿难以天才的记忆力，把
佛陀在世所说的阿含类经典以
及《譬喻经》《法句经》等如数
背诵出来，准确无误。

或许，"迦叶逐阿难"这个
传说故事表明了佛教的一种重
要观念：佛教的修行不在于记
诵多少文句，修行者必须透过
文字的表层进入不可思议的禅
定境界，才能真正体会佛经的奥秘。

清乾隆写本《般若波罗蜜多心经》

"佛经"梵语称为"修多罗"（sutra），它是指释迦牟尼佛所说的一切经
典，是佛教建立的根本理论依据，在佛教中具有至高无上的地位。

佛教经典开头的第一句话通常都是"如是我闻"四个字，它的意思即是
"我听到佛这样说"。据说这是释迦牟尼临终前，回答阿难的询问时这样嘱
咐的。

阿难的问题是："佛涅槃后，经典的结集，如何才能叫人起信？"

佛陀的回答是："我涅槃后，一切经典首句应安'如是我闻'等证信的
句子。"也就是说，这句话是我亲耳从佛那里听到的，佛就是这样说的，绝
不是我自己编出来的。

据说当阿难诵集经藏时，他刚念出"如是我闻……"，满座大众仿佛听
到佛亲临说法，感动流泪，可见它确实有"起信"的作用。它还可以避免人
们产生各种疑惑，比如佛陀是否再生了？是否有他方佛来说法了？阿难是否
自己成佛了？等等。

另外，它也是区别佛法与外道的重要表征，所以一切佛经开头都用"如

是我闻"四字。

按照后世解读佛经的说法，"如是我闻"这四字的学问更是大得很，含有无穷妙义，听完"如是我闻"四个字，等于整部佛经已全部听完。

律典是由释迦牟尼的另一位弟子优波离诵出的。释迦牟尼生前即重视戒律，为弟子们制定了各种必须遵守的戒条。

戒、律二字是有所区别的，戒的梵文叫作"尸罗"（shila），律的梵文叫作"毗尼"（vinaya）。简单地说，戒是发自内心要遵守的防非止恶的准则，律则含有他律的意思，是生活上要遵守的规矩。前者是自律，后者是他律，戒律合在一起即是维持佛教教团的道德性、法律性的规范。

阿难在释迦牟尼临终前问过一个问题："佛住世，以佛为师；佛圆寂后，以谁为师？"

释迦牟尼的回答简短而坚定："以戒为师。"可见戒律的重要。

佛教内部专门研究戒律而形成律学，称善解戒律的僧人为律师，在中国并且形成律宗这一佛教宗派。

优波离出身为首陀罗（奴隶），是当时印度四种姓中最下等的种姓，他从小以理发为生。皈依释迦牟尼后，为师父理发的任务当然都交给了他。据说，他在为释迦牟尼理发时，因佛陀四次纠正他的理发动作而依次进入初

优波离

禅、二禅、三禅、四禅境界。这充分显示了佛陀善巧方便的说法，也表现了优波离严于律己的品格。

那是在优波离二十岁的时候，释迦牟尼回到故乡迦毗罗卫城，需要理发，有人介绍了优波离。优波离生性自卑，就由母亲带着去见佛陀。他小心翼翼地给佛陀理发。理了一会儿，母亲跪下去问："佛陀，优波离理发手艺怎么样？"

"好像身体太弯了一点。"佛陀说。

佛陀这么一说，优波离集中精力，修正姿势，不知不觉竟进入了初禅。

过了一阵，母亲又跪下去问："佛陀，优波离现在理得怎么样？"

"好像太直了一点。"

优波离听了，马上又调整姿势，不料由于精力集中，竟然已经进入了二禅。

又过了一会儿，母亲再问："佛陀，现在理得怎么样？"

"好像入息太粗了点。"

优波离又加以改正，立刻就进入了三禅。

最后，母亲又问："佛陀，现在怎么样？"

"好像出息太粗了点。"

这时候，优波离已经达到一念不生的四禅境界，居然忘记了手中的剃刀……

按照佛教的观念，像优波离这样才是真正的持戒，现实生活中随时随处有可以学习、体悟的戒律。

至于论典，梵语叫作阿毗达磨（abhidharma），早期也译为阿毗昙，又简称为毗昙，所以专门研究论典的学问称为"毗昙学"。论是指对佛法所做的探究，在探究之后所得的理解，由理解而形成的理论体系，用今天的话说就是佛学的研究。

其实，在释迦牟尼时代，还没有真正的论典产生。学术界一般认为，第一次结集时并没有形成论典，论典的形成比较晚，至早要到第二次结集以后才逐渐产生了各种论，它们也标志着佛教的发展进入了一个新的阶段。

佛教的经、律、论在古代是分得很清楚的，只通经藏的叫作经师，只通律藏的叫作律师，只通论藏的叫作论师，只有三藏都通达，才能称为"三藏法师"。三藏的数量是如此巨大，内容又如此繁复，全部精通谈何容易？中国古代著名的三藏法师有南北朝时的鸠摩罗什，唐代的玄奘、义净等，数量并不是很多。

助佛弘教：佛陀的十大弟子

云冈石窟第十八洞（局部）

释迦牟尼在四十五年传播佛教的过程中，很多人成为他的弟子。他的弟子数量究竟有多少，现在已很难确实地考证，通常的说法是一千二百五十人。

在这些弟子中，又有十人最为杰出，被称为佛陀的十大弟子，分别是："头陀第一"摩诃迦叶、"智慧第一"舍利弗、"神通第一"目犍连、"天眼第一"阿那律、"解空第一"须菩提、"说法第一"富楼那、"论议第一"迦旃延、"持律第一"优波离、"密行第一"罗睺罗、"多闻第一"阿难。

这十名弟子都号称"第一"，也就是选取他们在某一方面最突出的一点，代表佛教僧团的某种特征，因此，这个排名是不分先后的，在不同的佛教经典中，他们出现的位置也确实不一样。在释迦牟尼生前和去世后，他们都为佛教的传播与发展做出了贡献。

1.摩诃迦叶

摩诃即是梵语"大"的意思，所以一些佛经也称他为"大迦叶"。迦叶是"饮光"的意思。

传说上古时代有一位仙人能吸取日光，他平时隐藏着，身上见不到任何光，到了应该显现时就会全身发出光芒，迦叶就是这位仙人的后裔。

迦叶原本信奉外道——相当于中国道教中的仙道。他皈依佛门后，仍然保持了自己的特色，不喜欢住在竹林精舍或是祇园精舍里过团体生活，坚持独自

迦叶

在山中修行头陀之道，所以被称为"头陀第一"。

摩诃迦叶在佛教中地位的重要主要体现在以下两个方面：

其一就是他主持了佛教经典的第一次结集。因为在释迦牟尼众弟子中，他的年龄最大，威望最高，禅定功夫也最好。

其二是"拈花微笑"的传说。

传说有一次，一位天神在灵鹫山上向佛陀敬献了金色波罗花，请佛说法，释迦牟尼拈花示众，并没有说一句话。当时座下所有的弟子都茫然不解，只有摩诃迦叶微微一笑，因为他领悟到佛陀

🐚 知识链接

《清净法行经》是一部中国人编造的"伪经",盛行于南北朝时期,其内容大体是以老子、孔子及颜回为摩诃迦叶等所应化的,从而为儒道佛"三教合一"之说的建立寻找根据。今日学者多主张,对于中国历史上这些佛教"伪经",不可以简单地批驳其伪,要看到它们的出现正是佛教中国化过程中一种特殊的现象,它们自身也有着特殊的意义和价值。

的道理了。佛陀于是说:"正道大法是无法用眼睛看出来的,只有涅槃寂静的心才能领会。实在的法相其实是没有法相,这是一个微妙玄通的法门,不可以用文字表达,我就将这些嘱托给摩诃迦叶。"

这段故事不见于其他佛教经典,只见于禅宗的典籍。这种带有点神秘色彩的传法方式称为"以心传心",摩诃迦叶后来也因此被禅宗尊为"初祖"(创始人)。

如果联系迦叶的生平,可以发现他的思想是接近于中国的道教的,而在中国古代,也确实流传着一种说法,认为道教的创始人老聃曾西出函谷关,化身为摩诃迦叶,故"老子之师名释迦文,则吾教《清净法行经》以大迦叶为老聃,信不诬矣"。

中国的禅宗自称"教外别传",它在很多方面确实是接近于老庄而不同于传统佛教的,而禅宗的兴盛和光大也确实是在中国而不是在印度。也许,这一点在其"初祖"摩诃迦叶身上即已表现出来了吧!

2. 舍利弗

关于舍利弗名字的由来,据佛典记载,在摩揭陀国王舍城有一女子,她的眼睛酷似舍利鸟的眼,因此名叫舍利,结婚后她生有一子,取名叫舍利弗多罗,简称舍利弗,梵语"弗多罗"的意思就是"儿子",所以一些经典也将舍利弗称为"舍利子"。

舍利弗原来也信奉外道,手下有一百名弟子。修行了一阵子之后,他忽然觉得茫然无所皈依,正在彷徨苦闷的时候,巧遇佛陀的弟子阿说示比丘。阿说示是最初皈依佛陀的五比丘之一,他有庄严的态度、威仪的行止,舍利弗一见,心中非常惊奇,就向阿说示比丘请法。

据说舍利弗从阿说示的口中听到佛陀及其教法,心中像天崩地裂一般,对宇宙人生积聚的疑云也一扫而空，便决心皈依佛陀。

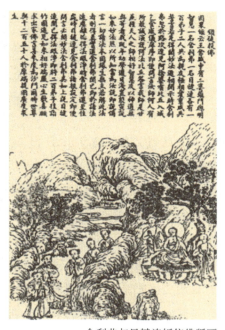

舍利弗与目犍连皈依佛版画

同时，他还劝说了自己的好友目犍连皈依佛陀。目犍连手下也有一百名弟子，两个人决定带领自己的这些弟子投归到佛陀门下，这样佛的徒众一下子增加了二百人。这在当时对佛门是极大的支持，目犍连与舍利弗因此成为释迦牟尼的得意门生。

在早期佛教造像中，目犍连与舍利弗为佛的左右弟子，舍利弗居右，目犍连居左。但不知从什么时候起，他们的地位被摩诃迦叶和阿难取代。

在佛陀十大弟子中，舍利弗有"智慧第一"的美誉。据说舍利弗母亲有一位辩才无碍的哥哥，是当时印度有名的论师，她一向辩论不过哥哥，但怀孕之后，她的辩才忽然增长了很多，哥哥再也不是她的对手。

皈依佛陀之后，舍利弗在理解佛法教义的深度与广度，以及在教导解脱道的能力上，仅次于佛陀。很多佛教经典中，佛陀都是点着舍利弗的名字说法，这种方式在佛教中称为"契机者"，也就是说只有舍利弗的智慧才能够全部明了这部佛经的深刻含义。

在佛陀的僧团里，舍利弗经常扮演领导的角色，他是位循循善诱的教师，也是位仁慈与体贴他人的朋友，是僧团的守护者，更是佛陀教诲的忠实保存者，这些特性使他赢得了"佛法护卫"的头衔。

3. 目犍连

目犍连在中国也简称为目连，出身于印度上流的婆罗门种姓，是古印度摩揭陀国王舍城人。在佛的弟子中，他被誉为"神通第一"，据说能够"神足轻举，飞到十方"。他还是佛门中孝子的代表，有关他的故事，流传最广的要属"目连救母"了。

《目连救母戏文》

据说目连得道之后，在天堂见到父亲尽情享乐，但没有见到母亲，就向佛陀打听，才知母亲因生前不敬僧佛，死后堕入到阿鼻地狱中。

目连用他的神通来到阿鼻地狱，终于找到已变得形容憔悴的母亲，见她日日遭受挫腰锥背、刀刺火烧诸种苦刑。

目连切骨痛心，忙乞来饭食喂哺母亲，谁知美餐还没到口，立刻变成灰炭，无法下口。

目连无计可施，急得捶胸顿足，只好去佛陀那里求救。

佛陀对目连说："你虽然得道成了罗汉，但靠你个人力量还救不了你母亲，须得僧众在七月十五日广造盂兰盆会，使天下饿鬼全能吃饱，你母亲才能得救。""盂兰盆"是梵文 Ullambana 的音译，意思是"救倒悬"。

于是目连请来十方僧众广设盂兰盆会，超度众饿鬼。

目连的母亲总算脱离了地狱，转生为王舍城的一条黑狗；最后又靠了目连的法力才转生到天堂。

这段故事大体记载在佛教经典《盂兰盆经》中，但近代以来学者研究认为，这部经属于中国人造的"伪经"。

显然，"目连救母"是一个典型的佛教劝善行孝故事，深得重视孝道的中国人的喜爱，因此在中国广为流传，并形成大量的"目连戏"以及图画等。

目连故事情节曲折生动，又宣扬了佛门中的孝道，戏中表现了地狱的恐怖情景，并穿插各种杂技演出，丰富多彩，富有刺激性，很能满足一般民众的心理。明代编撰的《目连救母劝善戏文》长达一百折，据说可以连演七天。至清代，乾隆又令张照将其改编为宫廷大戏，名叫《劝善金科》。

而每年七月十五日的盂兰盆会，逐渐演变为佛教一年中最大的节日，其主要内容就是供养僧人、超度亡灵，中国民间俗称为"鬼节"。

4.阿那律

释迦牟尼的这位弟子号称"天眼第一"，所谓天眼，全称叫"天眼通"，是佛教所说的"六神通"之一，即具有特殊的视觉能力，"天眼所见，自地及下地六道中众生诸物，若近若远、若覆若细诸色，无不能照"。

说起来很有意思，阿那律能获得天眼通，竟然是因为他曾经是一个盲人。

据说他刚出家时，曾经在佛陀面前打瞌睡，受到佛陀的呵责后，痛加悔悟，立誓彻夜不眠，精勤修道，最终使肉眼败坏而失明。然而由于他禅修精进，心眼渐开，最后竟得到天眼通，能见十方世界，达到"见阎浮提，如视掌中庵摩罗果"的境界。

知识链接

六神通指六种超人间而自由无碍的能力，即：（一）神足通，即自由无碍，随心所欲现身的能力。（二）天眼通，能见六道众生生死苦乐之相，及见世间一切种种形色，无有障碍。（三）天耳通，能闻六道众生苦乐忧喜之语言，及世间种种之音声。（四）他心通，能知六道众生心中所思之事。（五）宿命通，能知自身及六道众生之百千万世宿命及所作之事。（六）漏尽通，断尽一切三界见思惑，不受三界生死，而得漏尽神通之力。

佛教的这个故事或许说明：人的各种知觉能力是本来具足的，可以不依靠肉体器官来实现。换句话说，只有超越了人类肉体器官的限制，才能达到某种不可思议的境界。

5.须菩提

须菩提是梵文 Subhuti 的音译，意译是"空生""善现"。他也出身于舍卫国一个婆罗门家庭，传说他刚出生时，家中的一切财物忽然都隐没不现，过了不久，又都出现了，所以起名叫"须菩提"。

他自幼聪明出众，但是性情倔强好嗔，使得亲友对他常感厌烦。

后来他离家入山，在山林中甚至见到鸟兽或风吹草动，都生嗔恚，一点欢喜的心都没有。这时一位山神导引着他见了佛陀，即生大欢喜心。

佛陀为他讲说了嗔恚的果报之苦，他当即悔悟前非，求得皈依入道，经过精进修习，终于证得阿罗汉果。

须菩提称为"解空第一"，也就是说，他对于佛教所说的一切法本性"悉皆空寂，无造无作"的空性理解得最为透彻，能够体悟到真如实相的本质。

佛教号称"空门"，对"空"的体悟和把握是楔入佛教信仰特别重要的一环，释迦牟尼所说的般若类经典大多是谈空的，须菩提便成为这类经典的最"契机者"，比如著名的《金刚经》，里面就多次提到须菩提的名字。在释迦牟尼的诸弟子中，须菩提应是最接近大乘佛教观念的一位。

须菩提不只善解空义，而且将空义应用在日常修行生活之中。

有一次，众弟子们正在灵鹫山打坐修行，听说佛陀来了，弟子们都外出迎接。

 知识链接

佛教经典《金刚经》中有一个偈语："若以色见我，以音声求我，是人行邪道，不能见如来。"古人的注释说："所谓诸相焕目而非形，八音盈耳而非声，应化非真佛，亦非说法者，法体清净，犹若虚空，无有染碍，不落一切尘境，今且略举声色。""音声色相，本自心生，分别之心，皆落邪道，若能见无所见，闻无所闻，知无所知，证无所证，体兹妙理，方见如来"。

须菩提也想立刻动身出门去礼佛。但在他即将动身时，想到佛陀常常教导弟子们的，不应以色身形相去衡量佛陀，"若欲礼佛者，当视于空法"。他由此体悟到真正的礼佛，不应执著于佛陀的色身，而是要明了诸法性空，彻见如来法身。

因此，在大家都起身迎佛陀时，只有他坐在那里一动没动。

诸弟子中，目犍连的神通最好，腿脚最快，他抢先一步，来到了佛陀的身边，并骄傲地对师父说："我是第一个见到您的弟子。"

但佛陀微微一笑，说："不是你，是须菩提，他早就见到我了。"

这个事例，颇能说明须菩提获得"解空第一"美誉的缘由，也说明佛教认为"解空"智慧的重要性是远远超过神通的。

6. 富楼那

在佛陀的十大弟子中，富楼那以"说法第一"著称。他最善分别义理，演说佛法，而且辩才极为出色。

富楼那是一位超级演说家，讲演的技巧非常高超。每次说法，他"先以辩才唱发妙音，使众生欢喜。次以苦楚之言，责切其心，使听者内心肃悚，兴难遭之想。终认明慧空无之教，使闻者结解"。

由此可见富楼那向大众宣讲佛教义理，不是枯燥的说教，而是又说又唱，抑扬顿挫，大约还穿插一些民间故事和传说，所以他讲唱得生动有趣，能够打动人心。这种演说风格确实也符合佛教的特点。在第一次佛典结集时，以他为首说出论藏，也不是偶然的。

释迦度富楼那版画

7. 迦旃延

在十大弟子中，迦旃延因善于分析法义、擅长说法，因此有"论议第一"的称号。

迦旃延辅助佛陀广行教化的事迹，在原始佛教教团里是颇为著名的。

据说当时阿槃提国有一位贫苦无依的老妇，由于非常贫穷而在河边号啕大哭。

迦旃延

《贤愚经》，汉译本共十三卷，收集佛教中种种譬喻因缘的经典，特别集中于"贤者"与"愚者"的譬喻，属于譬喻类经典。《杂宝藏经》，汉译本共十卷，集录关于佛陀、佛弟子，及佛陀入灭后之诸种事缘，重点在于以因缘譬喻来阐示因果关系。以上两部经很多内容可能来自印度民间故事，其中有轻灵的寓言，有神奇的传说，有生动的叙事，也有隽永的说理，是佛教文学的重要作品。

迦旃延见到她之后，随即方便善巧地教她"卖贫"。

老妇不解地问："贫怎么能卖掉呢？"

迦旃延说："可以卖掉。"

于是教她用最简单的方法布施、念佛、观佛，终于使老妇得以升到天堂中享受无尽的富足快乐。

这就是《贤愚经》中记载的"迦旃延教老妇卖贫"的故事。

又据《杂宝藏经》记载，当时有一位信仰邪道、行为残暴的恶生王，不信佛法，特别喜欢杀害出家人。

迦旃延奉释迦牟尼之命前往度化。

恶生王一见到迦旃延，便命令属下将其推出去杀掉。

当时迦旃延问他："为什么要杀我？"

恶生王说："你们这些剃了头发的出家人，见到了就不吉利，非杀不可。"

迦旃延马上回答："我一见到国王，即将遭到杀害，可见是遇到了你这样的人才真是不吉利。遇到我的，就会像国王那样平安无恙。"

就这样一句简单的分析，使恶生王醒悟前此迷信的错误。

此后，他又用种种善巧方法，为国王解释梦境八事，终于使佛法得以在该国顺利地推展。

这就是有名的"为恶生王解八梦缘"。

8. 优波离

关于"持律第一"优波离，前面的章节中已做过一些介绍。这里只补充两点：

其一，优波离出身于印度四种姓中最下等的首陀罗，他能够加入僧团并成为十大弟子之一，的确表现了佛教"平等"的态度。

其次，优波离的行持，是"自从依佛受戒以来，未曾犯戒如毫厘"。他遵守戒律是最严格的。但是，他也并不是一位固执戒条、不通情理的人。

有一次，祇园精舍一位比丘得病六年不愈，需要五升酒做药来治病，却又不敢犯饮酒戒。优波离知道这件事之后，立刻去请示佛陀是否可以允许；得到佛陀准许之后，终于将这位生病的比丘治愈。因为这件事，佛陀特别称赞他是"真能持律之人"。

知识链接

佛教中制订戒律时，有一个"开遮"的原则，所谓"开"就是允许，"遮"就是禁止，即根据具体情况，来确定执行戒律的方式。比如酒、肉、五辛属于佛教所禁食的，但如果为了治病，就可以开许。又如，一个僧人见到一个恶人要残害众生，为了救护众生，可以将此恶人杀死，这属于行菩萨道，并不触犯杀戒，等等。由此可见佛教戒律是有其灵活性的，其重要原则是慈悲。

9. 罗睺罗

在释迦牟尼的大弟子中，罗睺罗的地位比较特殊，因为他是佛陀的独生子。

释迦牟尼成佛后，罗睺罗跟随父亲出家，成为佛教历史上第一个小沙弥。

据说刚刚出家时的罗睺罗十分顽皮，当一些人前来向佛陀求法时，问他佛陀在什么地方，他总是捉弄别人，佛陀明明在竹林精舍里，他却骗人说在耆阇崛山。他看到别人上当，来回奔走，就哈哈大笑。

这件事传到佛陀的耳中，佛陀就狠狠地批评他说：你出家做沙门，不重威仪，戏弄妄言，结果是要堕在三恶道中的。

佛陀恳切、严厉的教诫，使罗睺罗善根萌发，改正了错误。

佛与罗睺罗（局部）

"三千威仪、八万细行"是出家人日常持守威仪的总称。佛教戒律规定比丘应持守二百五十戒，配以行、住、坐、卧四种威仪，合为一千戒，再循转三世（过去、现在、未来），即成三千威仪。再配以身口七业（杀、盗、淫、两舌、恶口、妄言、绮语），三毒（贪、嗔、痴）等，共有八万四千种，举其大数，称为"八万细行"。

阿难

罗睺罗成年之后，三千威仪、八万细行具足，大凡举手投足、扬眉瞬目、嬉笑怒骂、行住坐卧、进退俯仰、待人接物，都有威德、有仪则，别人都难以窥测他的修行境界究竟有多高，只有佛陀一个人知其底细，所以称为"密行第一"。

后来的佛教密宗也主张通过身体动作、手势、姿势、礼仪和咒语、观想等来修持，看来罗睺罗堪称密宗的祖师了。

10. 阿难

"多闻第一"阿难是释迦牟尼叔父斛饭王的儿子，是释迦牟尼的堂弟。

据说在释迦牟尼成道那天夜里，阿难出生了。他二十五岁时随佛陀出家，从此侍奉佛陀二十五年，是佛陀晚年最贴身的弟子。

阿难最大的长处是记忆力好，他有着录音机般的记忆力，可以把佛陀的话原封不动地复述出来。加上他长期跟随佛陀，佛陀的所有说法他几乎都听到了，因此在第一次结集时，就由阿难将他所记忆的佛陀的言教诵出，经众弟子们认可，成为最早的佛经。

阿难天性慈悲温和，容貌又非常英俊，因此颇受女子的爱慕，加上他本人定力不足，因此多次受到女色的诱惑，几乎毁了清净的"戒体"。

比如有一部《摩登迦经》，就写了阿难的感情纠缠。年轻英俊的阿难，被一位名叫摩登迦的女子爱恋和迷惑，后来在佛陀的帮助下才得到解脱，摩登迦女也出家成为比丘尼。

这个故事，还被编入著名的《首楞严经》，成为这部经典破除分别计度、攀缘外境的观念的缘起。

从佛陀十大弟子的生平事迹，大体可以看到早期佛教传播中种种有趣的历史面貌。这些弟子并非天生的圣贤，他们身上也有种种毛病、缺点，甚至犯过很多错误，但也正是在他们身上，我们可以看到一个人是怎样由凡夫成为圣者的。

后来的佛教认为，佛陀的十大弟子皆修证到阿罗汉的果位，这种观念与中国民众的罗汉信仰结合起来，于是十大弟子多以受人崇拜的罗汉形象出现。

第二章

三乘佛法：从小乘佛教到大乘佛教

弥勒佛

了脱尘缘：小乘佛教

人们一般将释迦牟尼在世至佛经的第二次结集这段时期称为"原始佛教"。这一阶段的佛教，教理教义都还比较单纯，僧团以释迦牟尼和他的诸大弟子为核心，基本上是统一的、团结的，第一次结集便是对原始佛教经典的一次总结。

其后，释迦牟尼创立的佛教在印度继续扩大着影响。

但大约到释迦牟尼去世后一百年左右，随着诸弟子的相继离世，僧团内部主要围绕着戒律问题出现了矛盾，最终导致分裂，于是有了在毗舍离城的第二次结集，以此为标志，佛教进入"部派佛教"的发展时期。

第二次结集的起因是这样的：

一位来自西印度摩偷罗城的耶舍比丘来到毗舍离城，发现这里的一些比丘违背了原有教规，出现向人乞钱的现象——按照原始佛教的教诫，是不允许僧人储蓄钱财的，因为这样一来很容易助长贪心——因此提出异议，结果发生了争执。

耶舍回去后反映其事，并约集东西两方的七百名长老对这一行为做出判决；为了对经、律的内容统一认识，又采用会诵方式，举行了一次结集，即重新整理了一番佛教经典。会议形成了所谓"十非法事"，包括向人乞钱、储存多余食品等在内的十种事情被视为非法，违犯者要被驱逐出僧团。

由于参加此次结集的多为佛教长老，故又称为"上座部结集"（因为有七百人参加，在佛教史上又称为"七百结集"）。"上座"是梵语 sthavira 的意译，又译为"长老""首座"等，是指出家时间长、年龄大的资深出家者，他们在佛教中通常有较高的地位。以这些上座长老为代表形成的"上座部"是部派佛教的重要一派，也是后来小乘佛教的主要来源。

但是，上座部这些长老的意见遭到毗舍离众多僧侣的反对，他们另召集约有万人参加的会议，针锋相对地决定上述十事为合法。由于参加这一结集的人数很多，因而被称为"大众部结集"。

这是佛教内部部派分裂的开始，出现了"上座部"与"大众部"两派，而后者则被学术界视为大乘佛教的主要来源。

从两派当时争论的焦点内容来看，显然与社会发展、佛教徒要求改变原来的生活方式有关。虽然他们争论的具体戒律属于非常细微的事情，今人可以不必太多关注，但他们对待这些问题不同的处理方式则是值得注意的。"大众部"的基本态度是：佛教要适应社会的发展，要适应广大信仰民众的需求，这一点确实与后来产生的大乘佛教思想相通。

一些佛教史书还记载，到阿育王时期，又举行了第三次结集，地点在华氏城。以国师目犍连子帝须为首，有一千名比丘参加。当时，阿育王确定了用汤药、饮食、衣服、卧具等四事供养比丘的原则，大力支持佛教的发展。"外道"梵志为追求"利养"，则大量混入佛门，而继续"以外道法教化诸人"，导致佛法极大的混乱。这次结集的目的，就是为了剔除掺杂进佛教的这类外道教义，再次整理经、律、论三藏。

佛教的分裂，从"上座部"和"大众部"分派开始，经过三百多年的发展，到大月氏贵霜王朝建立时（1世纪中叶），形成了很多独立的派别，这段时期被称为部

阿育王银塔

🏵 **知识链接**

阿育王为印度孔雀王朝第三代国王，在位年代约为公元前268年至前232年。他继承并发展了父祖统一印度的事业，使孔雀王朝成为印度历史上第一个统一的大帝国。他将佛教确定为"国教"，他在位时期印度佛教达到极盛。

派佛教。这些派别的次序、名称、时间、数目和原因等，各种文献的记载相当繁杂，已知的部派名称大约有四十个，考古资料能够证明的有二十五个左右。

从佛灭第二个百年，约公元前3世纪初开始，"上座部"发生分裂。据说，当时一位名叫犊子的比丘奉舍利弗、罗睺罗为祖师，声称得到一部《九分阿毗达摩》，据此提出了关于"人我"是"有"的新理论，遭到另一些人的反对，支持前者的僧侣称为"犊子部"或者"说一切有部"，反对者叫"化地部"。与此同时，"大众部"中也分出两派，即"一说部"和"鸡胤部"。这两派的分歧，可能与对待佛说的态度有关，比如鸡胤部就只弘扬新出现的阿毗达摩即论藏，他们认为"经"和"律"都属于佛的方便说法，并非根本法门，不必去学。当然，所有这些佛教派别都还属于小乘佛教范畴。

其实，大乘佛教也分出很多派别，有些教派的分歧也是很大的。应该看到，早期"小乘佛教"的这些理论纷争，也延续到大乘佛教中；大乘佛教争论的很多问题，也都可以在小乘佛教中找到最初的根源。比如"大众部"关于世界"但有假名，都无实体"的理论对于大乘学说的产生有很大影响；"上座部"中"说一切有部"对于世界万物，特别是对于心理现象的分析，"经量部"的"一味蕴"和"转世说"等，为以后的大乘有宗即瑜伽行派直接继承。

在大乘佛教兴起后，小乘佛教并非彻底消失，而是仍然存续着，直到我国玄奘法师旅印时，印度仍有不少小乘佛教僧侣。南传上座部佛教更是一直在发展着，它的"三藏"主要用

巴利文三藏

所谓"小乘",当时并没有这样的称呼,它是大乘佛教兴起后对此前的佛教的一种带有贬义的称呼。"乘"是"乘载"与"道路"的意思,"大乘"意味着大的车船,可以运载广大众生到达涅槃彼岸。相应地,"小乘"就被视为只能自己获得解脱、无法救度众生的佛教法门。

巴利文写成,《阿含经》是其最重要的经典。总的来说,小乘佛教重视个人的渐次修行,主张放弃现世的一切,追求自我解脱,不像大乘佛教那样注重利他精神。

5世纪时,小乘佛教出现了一位重要的佛学家,名叫觉音。他当时准备把三藏经典翻译成巴利文,然后加以注述。而当时斯里兰卡的许多大长老对他的能力表示怀疑,要求他写出一些心得给大家看,来证明他的能力。于是觉音就写了一部《清净道论》,这部书是他对三藏经典的总结,是三藏经典的精髓,书中按戒、定、慧三学编定,特别强调修定的方法。直到今天,这部书都是南传佛教僧人们修行的重要依据。

目前南传佛教主要流传于南亚的斯里兰卡、缅甸、泰国、柬埔寨、老挝

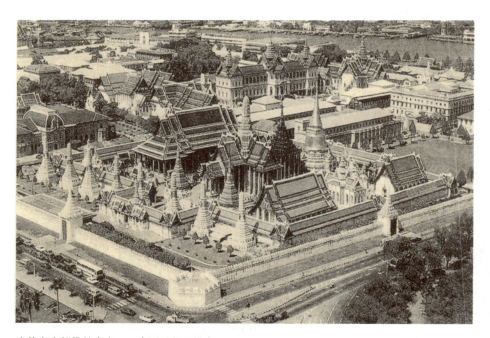

南传上座部佛教寺庙——泰国曼谷玉佛寺

等国家，我国南方傣族等少数民族也信奉南传佛教。而新兴的大乘佛教则主要向印度的东北方向流传，经过西域一带（主要指今新疆、甘肃等地）而传入中国，并在中国发扬光大。

度化众生：大乘佛教

《维摩诘经》说"佛以一音演说法，众生随类各得解"，《华严经》也说"诸佛圆音等世间，众生随类各得解"。它的意思是说：佛陀是以一种声音、语言来演说佛法的，那是一种"圆音""一音"，至于众生听到的是什么，那完全是由众生的种类、根机来决定的。同样一部经，小乘根机的人听起来是小乘经，大乘根机的人听来则是大乘经，印度人听到的是梵语，中国人听到的就是汉语，鸟兽听到的就是鸟兽的语言，这颇似今日的所谓"同声传译"，所谓"一音说法，随类异解。诸佛常行一乘，众生见三，但是一音教也"。

从这个例子可以看到大乘佛教有许多不同于小乘佛教的特点。下面再具体做一些比较。

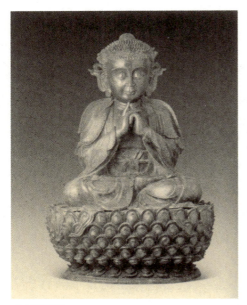

毗卢遮那佛

首先，在对佛陀的信仰上，大乘佛教进一步把佛神化了，建立了三身佛和三世十方佛等观念。

大乘佛教认为任何一尊佛都有三身：法身、报身和化身（或称应身）。

其中法身佛名叫"毗卢遮那佛"，意思是"遍一切处"，也就是一切众生本来具有的永恒不变的佛性，也是一切法平等的真如实相，因此又称为自性身、法性身、如如佛等。它无形无相，而又无所不在，这才是佛的真身。"法身"是

卢舍那大佛

大乘佛教一个非常重要的概念。

　　报身佛名叫"卢舍那佛"，意思是"光明遍照"，它是佛陀因修了种种功德而现出的充满光明、极其庄严的形相。大乘佛教将佛神化，主要体现在它强调佛具有法力无边的报身，中国寺院中塑造的佛像也多是他们的报身形相，按照佛经的描述，报身佛有三十二相、八十种好等种种微妙形相。

　　化（应）身佛才是释迦牟尼佛。在大乘佛教观念中，释迦牟尼是根据众生的根机和缘分而变化出的一个身体形相，他是专门到这个世界来度化众生的，当度化众生的任务完成或者与某地众生的缘分尽了，化身也就随之消失，这就是

　🪷 知识链接

　　龙门石窟卢舍那佛像应是中国最有名的卢舍那大佛。它通高17.14米，螺形发髻，丰颐秀目，身披袈裟，结跏趺坐于束腰须弥座上，嘴角稍翘，做神秘微笑状；头部稍低，略作俯视状，其视线与虔诚的信徒和礼佛者仰视时的目光交汇在一起，耐人寻味、扣人心弦。据说这尊佛像是以当时的女皇武则天为模型雕塑的。按照佛教的教义，报身佛并不是一般人能够见到的，只有菩萨的慧眼才能见到，塑造出报身佛乃至法身佛的"形相"也只是一种方便之计。

我们看到的佛的涅槃，但佛的法身和报身却是永恒存在的。

佛的法身只有一个，但化身却可以有无数个，故大乘佛教有"清净法身毗卢遮那佛，圆满报身卢舍那佛，千百亿化身释迦牟尼佛"的说法。也就是说，当年在印度示现为王子的这位佛陀并非佛的真身，因为真身是不会死亡的，释迦牟尼只是佛的化（应）身。

佛教将我们所处的这个世界称之为"娑婆世界"，"娑婆"也是梵语saha的音译，意思是"堪忍"，就是说，我们这个世界充满苦难，是一个浊恶的世界，但这里的众生却能够忍耐，不思出离，刚强难化。释迦牟尼就是为了度化这样一些众生来到这里的，所以又被称为"娑婆教主释迦牟尼"。

宇宙中存在着无穷无尽的世界，每一个世界都有佛陀教化众生，因此化身佛是无数的。

由此可见，小乘佛教只视释迦牟尼为唯一教主，大乘佛教则认为三世十方有无数佛。佛不仅是一个现实的人，更是永恒真理的化身。

所谓三世佛，是说我们这个世界在过去世、现在世和未来世都有佛出现于世。

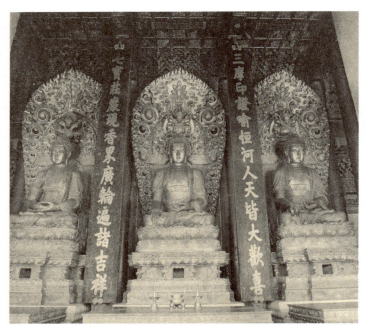

承德普乐寺三世佛像

过去佛，最有名的有"过去七佛"，即毗婆尸佛、尸弃佛、毗舍浮佛、拘留孙佛、拘那含牟尼佛、迦叶佛和燃灯佛。

释迦牟尼佛应该称为"现在佛"，也就是说我们这个世界在释迦牟尼前面已经有七尊"古佛"出世。

对于未来，佛教也早就计划好了，紧接着释迦牟尼之后成佛的就是大名鼎鼎的弥勒佛。

所谓十方佛，佛教将东、西、南、北、东南、西南、东北、西北和上、下，称为"十方"，统指一切空间。大乘佛教说十方有无数世界，但有些世界和我们这个世界关系不大，我们也无从得知，名气最大、在中国影响也最大的他方世界首推阿弥陀佛建立的西方极乐世界，也称为西方净土。此外，东方有净琉璃世界，那里的佛名叫药师佛，能拔苦济难，在中国影响也很大。

其次，大乘佛教发展了自度度人的菩萨思想，与以自我解脱为目标的小乘不同。

菩萨全称"菩提萨埵"（bodhisattva），意译为"觉有情"。"有情"是指一切众生，"觉有情"就是使一切众生觉悟的意思。

菩萨这个词，部派佛教用来称呼释迦成佛以前的状态，后来更用以指称一

知识链接

弥勒在历史上实有其人，出身于印度的婆罗门家庭，本来也是释迦牟尼的弟子，因为被预言将继释迦牟尼后成佛，因此早于释迦牟尼佛圆寂，生到兜率天的弥勒内院中，在那里等待着将来下生到人间成佛。所以严格地说弥勒现在还不能称为佛，应该叫作弥勒菩萨。弥勒在中国有很高的知名度，形成弥勒信仰，影响很大。

菩萨像

🐏 知识链接

小乘佛教的修行阶位称为"四向四果",即须陀洹向、须陀洹果、斯陀含向、斯陀含果、阿那含向、阿那含果、阿罗汉向、阿罗汉果。这里"向"代表起步,"果"则表示结果,因此小乘修行一共有八个等级,称之为"八辈"。

🐏 知识链接

"十地"的名称分别为:"欢喜地、离垢地、发光地、焰胜地、难胜地、现前地、远行地、不动地、善慧地、法云地。"对于每一地的解说非常复杂,这里仅引佛教经典对第七地"远行地"的一段描述,以窥一斑:"如是菩萨住此七地,乘诸波罗蜜船,能行实际,而不证实际。菩萨如是以大愿力故,得智慧力故,从禅定智慧生大方便力故,虽深爱涅槃,而现身生死。虽眷属围绕,而心常远离。以愿力故,受生三界,不为世法之所污染,心常善寂,以方便力故,而还炽然随行佛智。"(《大方广佛华严经》卷二十五)

切以成佛为理想而精进努力的人。大乘佛教把菩萨当成修证目标,使这一概念有了全新的意义。

小乘佛教修习有四种果位,最高的称之为阿罗汉果(简称罗汉),认为到了罗汉便达到了自我解脱的圣境。

但大乘佛教认为罗汉还没有到头,菩萨的含义是上求菩提、下化众生,即不但要"自觉",还要"觉他",最后达到"觉行圆满",即一切功德都修行圆满了,才叫成佛。菩萨是通往成佛的必由之路。

菩萨要"不舍道法而现凡夫事","不断烦恼而入涅槃"。也就是说,菩萨可能并不以一个圣者的面目出现,而表现为如同一个普通人(凡夫),在众生没得到救度之前,菩萨不求自身超脱。

这样一来,在小乘佛教中严格区分开来的此岸世界与彼岸世界,在大乘佛教中的界限就不那么清楚了。不是超脱现实而进入彼岸世界,而是在世俗世界中行菩萨道,菩萨度化众生,也就是同时在积累自己的功德,最终成佛。离开了世俗世界,菩萨也就失去了意义。

因此,按大乘教法,一切过正常生活的人都能成为菩萨。佛教中的菩萨也多是以在家人的形相出现的,与以出家人面目出现的罗汉有明显不同。

在《华严经》里,描述了菩萨修行的十个阶位,称为"十地",其主要

罗汉像

内容是以觉悟的程度来区分的。菩萨思想扩展了佛法的普遍性，使佛法与一般人的现实生活更密切地联系起来，从而发展出"人人可以成佛"乃至"肉身即可成佛"等观念。

大乘佛教认为，释迦牟尼在成佛之前，在这个世间示现过无数次，做过无数次菩萨，而现在我们知道的那些菩萨，在未来也都会成佛。相应的，在小乘佛教中备受尊崇的阿罗汉，在大乘佛教中退到次要地位，或者说，大乘佛教对于罗汉做出了重新解释，在中国佛教中也形成了有趣的罗汉信仰。

在修习目标上，小乘佛教对于证得涅槃后，法身常住还是不常住的问题不加讨论，认为佛涅槃了以后就是断了生死之流，也可以说是断了生命之流；大乘佛教则认为，佛的法身是常住的。小乘佛教证的是"有余涅槃"，即尚有残余依身的涅槃；大乘佛教要证的是"无住涅槃"，即获得了涅槃境界却不住在这个境界里。

那么不住涅槃住什么呢？佛有千百亿化身，化身是为了度众生，所以大乘佛教处处以众生为念，所谓佛以一大事因缘出现于世，是为令一切众生开示悟入佛之知见。

第三，在修习方式上，小乘佛教重视出家修习，认为出家高于在家。修习的主要内容是"三十七道品"："四念处""四正勤"等，重点在于个人伦理和心性修养上。

大乘佛教主要修习"六波罗蜜"，也称为"六度"。梵语"波罗蜜"是"到彼岸"的意思，"六波罗蜜"即通往成佛之路的六种途径，分别是布施、忍辱、持戒、精进、

知识链接

"四念处"是原始佛教的重要教义之一，具体内容是："观身不净，观受是苦，观心生灭，观法无我。"在大乘佛教中，"四念处"的修法同样具有重要地位。

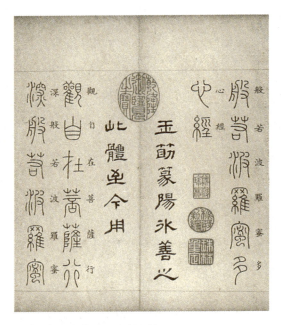

乾隆御笔《般若波罗蜜多心经》

智慧、禅定。

波罗蜜思想有三个特征：

一个是强调行愿，即重视主观的求道愿望，称之为发阿耨多罗三藐三菩提心，简称为"发菩提心"。"阿耨多罗三藐三菩提心"也来自于梵语，意思是"无上正等正觉"，也就是获得最终极觉悟的意思，这被认为是菩萨修行最重要的一点。

二是不仅重视个人修养，还强调人际关系。"六波罗蜜"中，布施、忍辱都属于人际方面的问题。

第三是强调菩萨行，即利他的实践。大乘的修习特别重视慈悲。慈是给予众生快乐，悲是救济众生痛苦，对大众广行慈悲是菩萨修行的核心。特别是在中国的大乘佛教里，观世音菩萨"寻声救苦"的慈悲愿力、地藏菩萨"我不入地狱，谁入地狱"，愿代一切众生受苦的情怀，都是菩萨修习的楷模。

在大乘佛教中，特别是大乘佛教的后期，在家修行者"居士"的地位和作用逐渐上升，甚至形成所谓"居士佛教"，佛法的修习与世俗社会的关系更为接近。

总之，大乘佛教体现出可贵的拯救精神、奉献精神，这是其生命力之所在。

与小乘佛教相比，大乘佛教当然也有其先天的不足。佛教本来认为佛陀并非神，而是一个觉悟的人的观念，这种思想应该说是非常有进步意义的，也是佛教区别于其他一切宗教的根本所在。但大乘佛教又将佛陀神化了，在中国民间，更发展到与传统的鬼神信仰混同，佛陀被视为一个神通广大、主宰一切的神灵，造成新的偶像崇拜（有关这一点，本书第六章也会做出分析和阐述）。

佛教中还有"三乘佛法"的说法，"三乘"分别是指下乘的"声闻乘"、中乘的"缘觉乘"与上乘的"菩萨乘"，也可以分别说成小乘、中乘和大乘。这是大乘佛教用来表示由于众生有三种不同的根机而形成的三种法门。

"声闻乘"即听闻佛陀教诲而修行的意思，专指小乘佛教，其根本教法，是以自我完成为目标的"四谛""八正道"。

"缘觉乘"又称为辟支佛乘，辟支佛是缘觉的音译。与"声闻乘"不同的是，缘觉根机的人不依据别人的教法，而是由于自己观察缘起的道理而开悟的。由于是自己开悟，因此其根机高于"声闻"，但是他们只是以自己的开悟为目的，隐居山林，脱离世俗，是一个独善者。缘觉修习的主要教法叫作"十二缘起"。总之，"声闻"和"缘觉"都是以自我解脱为宗旨，没有救度众生的愿望，因此又都可归为小乘佛教。

"菩萨乘"即是大乘佛教，"菩萨乘"主要修习"六波罗蜜"。

从时间上看，大乘佛教经典的出现是在释迦牟尼圆寂后五百年左右，即公元纪年开始前后。大乘佛教的真正发展，则是得力于一位著名人物：龙树。佛教内部将龙树视为一位菩萨，而学术界有人认为龙树才是大乘佛教的真正创始人，称他为"显密八宗之祖师"，也就是说，大乘佛教的很多宗派，根源都可以追寻到龙树那里。

龙树的生平富有浓郁的传奇色彩，生卒年不详，一般认为他是 2 世纪或者 3 世纪人。龙树生平最有名的事迹就是所谓"入龙宫赍《华严经》"。

据说龙树出家后，有一次到灵山去，山中有塔，塔中有一个老比丘，他教授大乘经典给龙树，龙树非常喜欢，诵读不息，明白

龙树像

了大概意思，但没有通达无碍。

后来他周游列国，寻找其他大乘经典，却一无所获。他就经常一人独自坐在水精房中，闭门静思。

大龙菩萨见了，对他很是喜爱，就把他接到海里，打开宫中的"七宝华函"，取出许多方等经典和无量妙法让他看。龙树这一看就是九十天，觉得非常过瘾。

马鸣像

大龙菩萨问："看完没有？"

龙树说："贵处七宝华函中经典无量，我所读的已经十倍于阎浮提（人间）了。"

龙树离开龙宫的时候，从龙宫中带出了《华严经》的下部，在人间大力弘扬。据说还有很多其他经典，但太多太妙了，人类暂时还看不懂，就留在龙宫里了。

这个传说或许可以解释为什么很多大乘佛教经典会突然出现于世的疑惑：原来它们是释迦牟尼佛在天堂、龙宫等处说的，本不属于人间之物，是龙树菩萨将这些经典从那些地方取来的。

此外，龙树的老师马鸣、弟子提婆等，对于大乘佛教的发展都做出过很大贡献，但最重要的还是龙树。龙树著有《中论》和《十二门论》，提婆则写了《百论》，这三部论是大乘佛教空宗（中观学派）的重要经典，在中国还形成了专门研究和弘扬这三部论典的"三论宗"。

化行人间：本生故事

释迦牟尼在世的时候，弟子们是把他当作榜样、导师，作为现实的人看待的，有关释迦牟尼生平的记载被称为佛传故事，尽管里面有很多神奇的传说，但基本上接近于史实。

到了部派佛教时期，已经出现不少有关释迦牟尼前世修行的故事，他们认为佛之所以成为佛，是他累世修习的结果，这种有关前世的故事称为"本生"或者"本缘"。

到了大乘佛教时期，对于释迦牟尼更做出了重新解释，佛陀被神化了，人们传说他在过去世曾经受生为各种不同的身形和身份而行菩萨道，从而突出体现大乘佛教慈悲为怀、自利利他、普度众生等精神。由于过去世是无限长的，释迦牟尼一个人可以变化出各种各样的形相，因此本生故事越来越丰富，本生经也成为佛教中最富有文学色彩的经典。

许多本生故事颂扬了菩萨的善行，具有宝贵的伦理内容。其中舍己救人是本生故事里常见的主题。

著名的如尸毗王以身代鸽故事，见于《杂宝藏经》《菩萨本生鬘论》《大庄严经论》等多部经典中。

故事是说曾有大国王名叫尸毗，生性仁慈，爱民如子。其时帝释天即将命终，世间佛法已灭，诸大菩萨不复出世，大臣毗首告以阎浮提今有尸毗

知识链接

比较集中地保存本生故事的汉译佛典有十几部，其他经、律、论里也散见不少。其中吴·康僧会所出《六度集经》（包含八十二经）、西晋·竺法护所出《生经》（包含三十一经）、东晋·失译《菩萨本行经》（包含二十四经）等都是集中存录本生故事的经典；此外各种不同类型的譬喻类经典如《百喻经》《贤愚经》《杂宝藏经》等也包含有不少属于本生故事的部分。

尸毗王以身代鸽

王，志固精进，乐求佛道，当往投归。

帝释天听了，决定加以考验。他让毗首变成鸽子，自己变成鹰，鹰追逐鸽子到国王面前，鸽子惊恐地躲藏到国王腋下。鹰作人语要求国王以鸽救饥，结果国王决定以身代鸽，自割股肉。鹰要求分量一定要与鸽身相等，但两相称量，股肉以至臂、肋、身肉割尽，轻犹未等。最后国王奋力置身秤盘上，心生喜足，并发誓说："我从举心，迄至于此，无有少悔如毛发许。若我所求，决定成佛，真实不虚。得如愿者，令吾肢体，当即平复。"当他发这一誓愿时，身体恢复如初。

这时候天神、世人都赞扬为稀有之事，欢喜踊跃。

故事的最后，佛陀告诉大众："那个尸毗王就是我的前身。"

这个故事立意在赞颂菩萨的牺牲精神，结尾有教义的说明，但客观上却把舍己救人的高贵品德表现得淋漓尽致。

萨埵太子舍身饲虎本生

另有萨埵太子舍身饲虎、鹿王本生等故事，都表现了同样的主题。

见于《大涅槃经》的"雪山童子舍身求偈"故事是本生经里含义非常深刻的故事之一。

故事说释迦牟尼前世曾是一个婆罗门，在雪山苦行，叫作"雪山大士"或"雪山童子"。

帝释天为试验他的诚心，变作罗刹，向他说过去佛所说半偈："诸行无常，是生灭法。"

童子听了，心生欢喜，四面观望，只见罗刹，就对他说："你如果能把全部的偈子告诉我，我愿意做你的弟子。"

罗刹说："我现在非常饥渴，不能说。"

童子说："你如果说出后面的一半，我就将用我的身体供养你。"

罗刹于是说出后半偈："生灭灭已，寂灭为乐。"

童子听了，就在石头上、墙壁上、树木上、道路上书写这个偈，然后爬到一棵大树上，投身于地下。

这时罗刹现帝释天形，接取其身。

这里所说的偈名叫"无常偈"，是表现佛教基本教义的偈颂。

这个故事歌颂了雪山童子舍身求法的大无畏品格。

在菩萨的"六波罗蜜"中，布施处于第一位，这说明布施是菩萨行的基础，具有重要的地位。在大乘佛教看来，布施是培养一个人慈悲善心的行为，同时也是消除悭贪心和"我执"的一种训练，因为布施无非就是把自己的东西给予别人，一个人能够做到这一点，他的"自我"意识就会慢慢削弱，最终体认到"众生都是一体的"这一大乘佛教的真理。

布施也有很多种，包括财布施、法布施、无畏布施等，而"以身代

知识链接

汉译本生经有一种固定的结构，一个故事大体分为三部分。第一部分是佛陀现世的状况，这一部分比较简单。另一部分是他过去世的所为，例如曾示现为鹿、猴、兔、鸽等动物或者国王、贵族、商人、平民、穷人、婆罗门等，描述他精勤修道的善行。最后是关联语，由现世佛陀说明过去世与现在世的关联：当初行善的某某就是佛陀自己，作恶的某某就是现在加害或反对他的人，从而说明因果报应之理，警示人们行善去恶等。

祇园布施

鸽""舍身求法"这些故事说的是无畏布施，即把自己的生命都布施出去。

下面我们再介绍一篇较长篇幅的本生故事：《太子须大挐经》。这个故事一方面极力宣扬了大乘佛教的布施、慈悲等精神，同时也可以看到本生故事情节上的丰富、曲折，描写上的细腻、生动，与后世的小说相比是毫不逊色的。

释迦牟尼前世曾经做过一个非常富足的国家叶波国的太子，名叫须大挐。须大挐太子性情仁慈博爱、发菩萨心，广修布施波罗蜜。有一次他看到国内还有很多穷苦人，便请求父王把国库里的一部分金银财宝拿出来，布施给全国人民。

国王只有这个儿子，对须大挐爱若掌上明珠，所以就答应了他的要求，满足他的心愿，举行了七天规模盛大的无遮大会。国王派人到处张贴告示，人们纷纷来求太子布施，太子对所有来求布施的人都是有求必应。人们得到太子布施的深恩厚德，皆大欢喜。

这个国家有一头白象，力大善战，天下无敌，属于镇国之宝，没有国王命令，谁都不许带出宫门。太子广行布施的消息，风闻天下，辗转传到一个敌对的邻国，邻国国王就别有用心地派人前来求太子布施白象。

太子说："白象是我国的镇国之宝，我无权答应，不能布施给你。"

来人说："太子发菩提心，满众生愿，不违人意。如果不肯把白象王宝

知识链接

印度佛教中的"无遮大会"通常指由帝王施设的一种大斋会，一切阶层的人都可以参加，由于圣凡、上下、贤愚相聚一起，没有任何界限，因此叫"无遮大会"。据说印度每五年举行一次这样的大会。在中国古代也模仿此举，作为供养僧俗的一种形式。比如梁武帝、唐懿宗等崇佛帝王，都举办过类似的法会。

布施给我，你的布施功德不能圆满，无遮大会名不副实。"

太子想到发菩萨心要行难能行，不分一切对象广行布施，为了完成功德，当下就答应了。太子亲自把白象牵来，交给邻国派来的使者。大臣们得知后，纷纷报告国王。国王十分愤怒，就把须大挐太子充军到离城六千里之外的檀特山中。

太子满足了他布施的愿行，所以身心安乐，自在无碍。太子的妻子名叫曼坻，生有一子名耶利，一女名罽罗延，他们三人对这样一位仁贤慈悲的亲人万分崇敬，于是都一心一意要跟随太子去檀特山。太子就对妻子和子女说："你们愿意跟我同去，不但要吃苦，我为了发菩提心，行菩萨道，还有可能继续广行布施，你们能答应吗？"曼坻和子女都异口同声地答应了。

太子带领妻子和子女前往檀特山，一路上除了许多受布施的人诚敬送行外，还有许多人来求太子布施，太子又将自己和妻子儿女四人随身所带的金银财宝、车乘衣服等都布施得干干净净。他们四人步行到檀特山时，真是两手空空、一无所有了，就靠着妻子曼坻去采野果维持生活。

檀特山山势巍峨，树木繁茂，流水淙淙，野果甘美，奇禽异兽嬉戏林间。太子高兴地对曼坻说："让我们安心地住在这里，好好修行吧！"他给自己搭了一座小草屋，又给曼坻和两个孩子各搭了一座小草屋，就在山里定居下来。一家人饿了吃林中的野果，渴了喝山间的清泉，生活虽然贫穷却很快乐。森林中的小兽与太子一家人成了亲密的朋友，经常到小草屋附近游玩，甚至一些食肉的猛兽都改邪归正，再也不去伤害其他动物，改为食草。山林中呈现一派和平宁静的气象。

这时又有一婆罗门上门要求布施，太子已没有别的东西可以布施，就将儿女布施给他了。曼坻当时正在外面采集野果，突然心跳意慌，就赶快回来，只见太子一人独坐无言，两个子女不见了。在妻子一再追问下，太子说："他们兄妹二人被我布施给人当奴仆了。"曼坻闻后大哭，痛不欲生。

须大挐太子把亲生子女布施给人为奴，这伟大的布施行为感动了忉利天主释提桓因，他就化身为一个丑陋难看的中年婆罗门，来求太子布施。

太子说："你来迟了，我现在什么都没有了。"

知识链接

释提桓因是佛教所说欲界第二层天忉利天的天主，也称为"帝释天"，一些中国人把他附会为道教的"玉皇大帝"。据说忉利天的众生寿命很长，享受很大的福报，释迦牟尼的母亲生完他之后七天后便去世，转生到这层天上。天主释提桓因对佛教非常欣赏和拥护，是天界神灵中一位著名的护法者，很多本生故事都与他有关。

帝释天

婆罗门说："只要太子能答应，还有可以布施的。"

太子说："你要求什么呢？"

婆罗门答曰："我年长成人，无力婚娶，请求太子把你的妻子布施给我。"

太子眼睛看着曼坻，难以开口。曼坻在旁见此情景，更加悲哀痛哭。

婆罗门又对太子说："你若不把妻子布施给我，就不能圆满你的布施功德。"

须大孥太子为了要圆满布施的大愿大行，于是把曼坻夫人交给婆罗门带走。忽然天摇地动，众鸟飞鸣。这位相貌丑恶的婆罗门，握了曼坻夫人的手，一直往前走了七步，恢复了相貌庄严的帝释天形相，回过身来，把曼坻夫人交还给太子，赞叹说："善哉善哉，太子善行菩萨之道，真心修行布施波罗蜜。"

帝释天又对曼坻夫人说："您有什么愿望吗？"

曼坻夫人曰："我有三个愿望。一、愿父王回心转意，派人来接太子回宫。二、愿一对子女能够早日回到宫中，受诸福乐。三、愿邻国送还白象王宝。"

帝释天都答应了。

且说那个婆罗门又把太子的一对子女转卖到叶波国。国王知道后，就将孙儿孙女叫来问："要多少钱才能把你们兄妹二人赎回？"

孙儿说："以一百两银子赎我的身，以二百两银子赎妹妹的身。"

国王说："自古以来，都是男贵女贱，为什么今日是女贵男贱呢？"

孙儿说："我父是男儿，今日还充军在檀特山受诸苦恼。宫娥才女是女人，今日都在皇宫中享受福乐，岂不是女贵男贱吗？"

国王听了孙子这几句动人心弦的话，心里十分难过，对太子的骨肉之情，顿时涌现心头，马上下令派人去檀特山，迎接须大拏太子与曼坻夫人回宫。

邻国国王得知须大拏太子为布施白象给他，被充军到檀特山受苦，现在才回到叶波国，心生大惭愧，马上派人把白象送回叶波国。从此以后，两国顿释前嫌，变冤家为亲友。这样，不但曼坻夫人的三个愿心都得满足，须大拏太子的布施波罗蜜功德也得到圆满成就。

表面上看，故事中的须大拏太子的所作所为似乎有些过分，甚至显得很愚笨。但是通过这样一个故事，是要说明菩萨视任何众生如同己身的伟大情怀，对于一个彻底体悟到"无我"的人而言，当他把所有的东西都布施出去以后，他并不是一无所有了，而是同时获得了全部。这个故事很能体现佛教独特的世界观、人生观，那种对精神富足的追求，那种以慈悲感化众人包括自己的敌人的精神。

今日人们多将"本生经"视为佛教为了宣扬其教义而创作的一类文学作品。本生故事中记有一些著名的民间传说，这些传说流布于东西方各国，见诸各大宗教的经籍文献，已成为全人类的共同文化遗产。

比如"二母争子"的故事，说一个母夜叉抢得一男孩，强辩说是自己的儿子，与孩子的母亲争吵起来。菩萨为断明此案，在地上划出一条线，将孩子置于线上，命双方拉拽孩子，规定谁能把孩子拉向自己的一方，孩子便归属于谁。孩子在拉拽下大哭起来，生母心疼，松开了手。菩萨断定"心痛孩子者必为其母亲，而只顾拉拽、无动于衷者必为假冒"。

"兔本生"故事讲的是一只兔子，它行无畏布施，跃入大火中，要把自己的肉烤熟给人吃，帝释天感其志诚信笃，把它的形相画在月亮上，以使光照人间。"月中有兔"的传说流传于世界各地，已成为全人类的"信仰"。

道灯法鼓：中观学派、瑜伽行派和密教

印度大乘佛教的发展分为三个阶段，也可以说分为三大思想流派。这就是以龙树为始祖的中观学派，也称为大乘空宗，约产生于 2 至 3 世纪；以无著、世亲为始祖的瑜伽行派，也称为大乘有宗，约产生于 4 至 6 世纪；以大日如来信仰为特征的密教，约产生于 7 至 8 世纪。在这数百年时间里，大乘佛教在印度由极度兴盛而走向衰落，乃至无法与由婆罗门教演变而来的印度教抗衡。而 11 世纪以来，信奉伊斯兰教的阿拉伯人入侵，佛教在印度本土基本上被消灭，世界佛教的中心转移到中国。

当然，中国的大乘佛教也是来源于印度，尽管中国佛教对印度佛教做出了很多新的发挥，但是其基本教义是一脉相承的，所以要了解中国大乘佛学，还要从印度说起。

龙树和他的学生提婆因提出"中道""实相"等重要大乘佛教观念，大力宣扬佛教的"空观"思想，他们建立的学说被称为"中观学派"。

提婆像

中观学派所依据的佛教经典主要有《大般若经》《维摩诘经》《华严经》《妙法莲华经》等，这些经典后来对中国佛教都产生了深刻影响。但他们最重要的经典其实是龙树的《中论》《十二门论》《大智度论》和提婆的《百论》等，这几部论典对"中观"思想做出了全面的阐述。

中观学派认为，人们对于世间一切现象，如果没有真正智慧，就不会得其实相，由此产生颠倒分别，生起执著，而招致人生的无穷痛苦。但这种迷执可以从根本上解除，最重要的是体会到一切事物现象的"实际"，认清一切事物并无实体，本体上是空的，这就是空观。不过，如果只认识到"空"是不够的，还应明白诸法是一种"假名"概念。如果光说空，不就彻底否定整个世界了吗？因此，尽管诸法本质上是空的，但不妨碍它有一个"假名"。既看到空，同时又承认其"假名"，用这种不落一边的方法来观察世间一切现象，这就叫"中道观"。"中观学派"的名称也就是这样来的。

中观学派在解释"空"时，又提出了他们的真理观——二谛说，二谛即真谛和俗谛。他们认为诸法实相是空，是无法用人类的语言来表达的，这个"实相"称为"真谛"，也叫"胜义谛"或者"第一义谛"等。但是佛为了说法的方便，又必须用世俗的"假名"概念来描述这个"真谛"，这个假名就称为"俗谛"。"若不依俗谛，不得第一义谛"，也就是说，如果没有言说施设等俗谛，就无法使人们了解真谛。能够不偏于俗，也不偏于真，这才是中道。

这么说也许太抽象，不妨举一个例子。比如说一张桌子，我们一般人会认为，这个桌子摆在那里是一个真实的存在。中观学派则说：错了！首先要看到这个桌子是由众缘构成的，比如木头、钉子、油漆以及制作这个桌子的工匠等，如果没有这些缘就不会有这个桌子。一切因缘而起的东西都不是实有，当缘不存在的时候，它就会归于寂灭。比如桌子可以被拆掉、烧掉，那时也就没有这个桌子了；另外，在这个桌子还没有制作出来之前，它又在哪里呢？所以从本质上看，这个桌子本体是空的，所谓桌子只是一个"假名"；如果我们此刻是坐在桌子上，那么这个桌子也不妨称之为"凳子"。然

知识链接

当年，中国华严宗的创始人、僧人法藏曾经指着宫廷里一个金狮子向武则天讲解"中观"的思想，并写出一本《华严金师子章》。这里引述其中一段，看看法藏是怎样论述的："金无自性，随工巧匠缘，遂有师子相起。起但是缘，故名缘起。师子相虚，唯是真金。师子不有，金体不无，故名色空。又复空无自相，约色以名，不碍幻有，名为色空。"

而，认识到它本体的空性，并不妨碍我们此时此刻使用这个桌子，只是要时刻记住：我们仅仅是在使用它的"假名"而已。一方面，认识到桌子本体是空，另一方面，也承认在某个特定时空条件下某个桌子是存在的，可以使用它。这个存在并非真实的存在，而是"虚幻的存在"，这样的认识就叫作"中观"。

当然，这里说的"桌子"只是一个例子，中观学派认为，世界一切现象都可作如是观，如果我们把这里的"桌子"替换成"人类"或者"世界"，那么它所表达的一种世界观、人生观就是非常惊人的：这个世界并非真实存在的，它仅仅是一种缘起，一个假名。

"中观学派"的思想对后来的中国佛教产生了深远影响，中国佛教最主要接受的就是中观思想，弘扬的是大乘空宗。虽然在"空宗"之后又产生了"有宗"和"密教"，从时间上看，它们都出现在中观学派之后，但在中国，后两者的影响远远不如空宗大。

另一大乘教派——瑜伽行派，号称是从弥勒菩萨那里传下来的，我们前面介绍过，弥勒是将在释迦牟尼之后，在我们这个世界成佛的未来佛，而目前他住在兜率天上。据说弥勒在那里创造了一套逻辑严密、条分缕析、相当精致的佛教学说，后来传布到人间。这一派以弥勒所著《瑜伽师地论》为主要经典，并由此而得名。瑜伽行派的许多著名人物都是弥勒的信仰者，比如著名的玄奘法师，据说死后就是往生到弥勒净土的。

学术界认为，瑜伽行派的实际创始人是无著和世亲两兄弟。无著和世亲是兄弟，为北天竺犍陀罗国布鲁沙城人，出生在国师婆罗门家庭。据说无著

弥勒

经常在入定状态中，以神通力在夜间升上兜率天，在那里听弥勒菩萨讲大乘经典《瑜伽师地论》，然后白天下来就在寺院里给大众讲解，人们很诧异他那些深密、精湛的思想是怎么来的，岂不知他原来是"现趸现卖"。弥勒的教义就是通过无著这个媒介传播到人间的。

瑜伽行派产生于中观学派之后，是有一定历史原因的。他们认为，"一切皆空"的说法会导致否定"三宝"，如果按照龙树那个公式去套用，连佛也是空的，连成佛的理想境界也是虚幻的，这样的观点会危及佛教自身的存在，于是提出众生的"识"是变现万法的根源，由于万法"唯识所变"，因此万法之境是空的，但能变万法的这个"识"是实有的。此派主张境无识存，所以又称"大乘有宗"，后来在中国形成"唯识宗"，其名称也是这样来的。

在印度大乘佛教思想发展过程中，还出现了一种"如来藏"思想或称"涅槃佛性"说，其中最重要的经典是《大般涅槃经》。《大般涅槃经》宣称如来法身常住不变和一切众生悉有佛性，皆可成佛，佛性的存在才使作为果的菩提成为可能；一切众生皆有此心，故皆可能成佛，但因为众生被烦恼所障蔽，不能察觉自身的佛性，也就是所谓"心性本净，客尘所染"，只要转染成净，恢复本心，便能成佛。这些思想也都对中国佛教产生了很大影响。

印度的瑜伽行派还发展出一套精细的逻辑学。佛教中的逻辑学称之为"因明"，其主要代表人物是世亲晚年的弟子陈那，主要著作为《因明入正理论》《集量论》等。陈那是南印度案达罗国人，住在都城瓶耆罗西南二十余里的孤山，深受当地国王的尊崇。印度自古就有因明学，但陈那结合佛教的思想，将因明学发展到一个新的阶段，他在因明学上的贡献，是印度逻辑史上的一大里程碑。

印度的因明与西方的形式逻辑，有很大的互补性和对称性，一方有点儿像是另一方的倒推。比如因明这样论证一个论题：

宗（论题）：声是非永恒的；

因（理由）：因为声是生成的；

喻（例证）：同喻：如果是生成的，人们见到它们都非永恒，犹如瓶子等；

异喻：如果是永恒的，人们看到它们都不是生成的，犹如虚空等。

西方的形式逻辑，推导这个问题则是用三段论：

大前提：凡生成的都是非永恒的；

小前提：声音是生成的；

结　论：所以声音是非永恒的。

这两种方式究竟哪个更好，也是公说公有理，婆说婆有理。近代高僧太虚法师在其《因明概论》一书中对两者做了比较，当然是更推崇因明。他指出："逻辑仅考理之法式，因明兼立言之规则"，"逻辑用假拟演绎断案，因明用实证解决问题"，"逻辑非如因明已含有归纳方法"，"逻辑非如因明之注重立论过失"等等。总的来看，西方学术中，形式逻辑和辩证逻辑是分开的，而在因明中，这两者是结合在一起的，在形式推论中即已包含辩证的观点，也许这也是佛教富有辩证思维的证明吧。

大乘有宗另一重要成就是在心理学方面。唯识学为了建立其理论体系，对人的心识做出细密的分析，达到了很高水平。他们对世俗世界（有为法）、彼岸世界（无为法）进行了分类归纳，总结出"五位百法"的理论，即八种心法、五十一种心所有法、十一种色法、二十四种心不相应行法及六种无为法。在百法中，心最殊胜，称之为"心王"，"色法"（物质世界）是由"心法"变化而来的。除六识外，特别提出了"末那识"（第七识）与"阿赖耶识"（第八识）。末那是梵语，意思是"染污"，这一识与我痴、我见、我慢、我爱四惑相应，是形成"自我"观念的根本。阿赖耶识又叫"藏识"或"种子识"，此识为宇宙万有之本，含藏万有，使之存而不失，即所做的一切皆储存于此识之中，也是生死轮回的根本。

唯识的特色，在于对百法彼此间的组合与关系做出归纳，说明心的活动与现象，具体把握精神现象的多样性与复杂性。具体可以列成这样一个表：

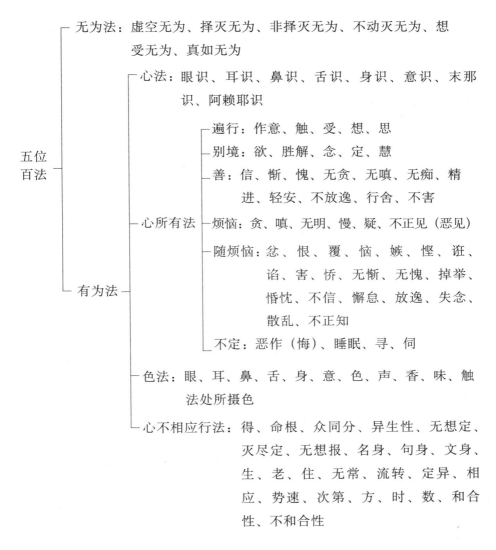

五位
百法

无为法：虚空无为、择灭无为、非择灭无为、不动灭无为、想
受无为、真如无为

有为法

　心法：眼识、耳识、鼻识、舌识、身识、意识、末那
识、阿赖耶识

　心所有法

遍行：作意、触、受、想、思
别境：欲、胜解、念、定、慧
善：信、惭、愧、无贪、无嗔、无痴、精
进、轻安、不放逸、行舍、不害
烦恼：贪、嗔、无明、慢、疑、不正见（恶见）
随烦恼：忿、恨、覆、恼、嫉、悭、诳、
谄、害、憍、无惭、无愧、掉举、
惛沉、不信、懈怠、放逸、失念、
散乱、不正知
不定：恶作（悔）、睡眠、寻、伺

　色法：眼、耳、鼻、舌、身、意、色、声、香、味、触
法处所摄色

　心不相应行法：得、命根、众同分、异生性、无想定、
灭尽定、无想报、名身、句身、文身、
生、老、住、无常、流转、定异、相
应、势速、次第、方、时、数、和合
性、不和合性

这样，一共用一百个概念形成一个相当庞大的体系，而且又对其中的每一种现象和概念都做出精细的分析，应该说是对人类心理现象研究做出的很大贡献。因为人类只有明了自己的心，才能最终降伏自己的心，超越自己的心。

在唯识学中，心其实是被分成两部分的，打个比方，就像一所两层结构的房子。地上是起居室，叫作"意识"；下面是地下室，叫作"藏识"。藏

大日如来

知识链接

陀罗尼，梵语 dharani 的音译，意译为"总持"，是集种种善法、灭除众罪、趋吉避凶、消灾免难等；通常称之为"咒语"或者"真言"，它是佛、菩萨、诸天等所说的具有不可思议力量的神秘性语言，代表了佛教教义的真髓，它的意义不是一般众生所能理解的，因此陀罗尼不可以翻译，或者说只能音译，人们只要诵读出它的声音即可。因此密教在中国也称之为"真言宗"。

识中，我们曾做过、经历过或察觉到的所有事情，都以"种子"或"胶片"的形式储存起来了。我们的地下室是一个档案馆，人们能够想象得到的每一种"电影"，都被装到录像带里，储存起来。当它们从地下室被翻上来的时候，我们就坐在楼上起居室里的一把椅子上，观看着这些"电影"。实际上，我们的每一个心理活动和现实行为，都是过去种子萌发的结果，一颗种子在我们的意识中每出现一次，它返回"储藏室"的时候，力量就增强一次，我们的生活质量就取决于我们藏识中种子的质量。

唯识学就是用这样一种方式解释人类各种意识形成的根源。近代西方心理分析学说提出"潜意识"等概念，可以说佛教中早就有，而且佛教的认识较之心理分析学说更为深刻。

7 世纪左右，印度又出现了密教，这是大乘佛教发展的最后一个阶段。密教产生之后，又将此前的佛教称之为"显教"，以示区别。学术界一般认为，密教是佛教与印度传统宗教婆罗门教结合的产物，以高度组织化的咒术、坛场、仪轨和各种神格信仰为其特征。仪轨极为复杂，对设坛、供养、诵咒、灌顶等都有严格规定，主张修"三密"，即手结印契（身密）、口诵陀罗尼（语密）和心作观想（意密）。三密相应，即身成佛。

密教也将此前的大乘中观学派和瑜伽行派的理论观点融入其教义中，作佛教特别是密宗的修持，主张以"三密相应"为主，用某种特殊的方式净化身、口、意三业。其中结手印代表身密，诵咒语代表语密，冥思观想代表意密。"手印"即是配合所修的本尊佛而做出的各种手形，也叫"印契""密印"等。据说结手印比较容易感受佛、菩萨的力量而使修行者与本尊成为一体，从而有助于修法的成功。不同的手印有不同的内涵，不同的佛菩萨通常也有各自独特的手印。现代有人用电视机天线的原理来解释手印，不失为一种形象有趣的说法。

为其仪式等的理论依据，所以龙树等人也被视为密教的祖师。释迦牟尼佛以及大乘佛教的文殊菩萨、普贤菩萨、观音菩萨等仍然是其最高祖师，不过大多有了新的名称，比如释迦牟尼被称为"大日如来"，普贤菩萨被称为"金刚萨埵"，等等。

陀罗尼早就流行于大乘佛教中，在大乘显教经典中，也多有密咒出现，比如《般若心经》中的"大明咒"、《首楞严经》中的"楞严咒"等。但是，这些咒语只是显教理论的一种辅助，并非全经的主干，但由此可见显、密两派的血缘关系。4至5世纪，出现了新的密教经典——《持明咒藏》。它以手印和陀罗尼相配，将陀罗尼密典和大乘经典中的陀罗尼品改造成一种新

1.施无畏印　2.与愿印　3.触地印　4.说法印　5.合掌印　6.安慰印
7.转法轮印（即说法印）　8.弥陀定印　9.金刚合掌印　10.法界定印
11.内缚拳印　12.外缚拳印　13.智拳（智慧）印

的东西。

据说龙树的弟子难陀在西印度专心持咒十二年，得到很大感应，每到吃饭的时候，食物自动从空而下。后来他又念咒求得一个如意瓶，并于瓶中得到持明咒的经典。这些传说就相当神秘了。

其后，密教又增加了供养法、像法、曼荼罗法等内容，发展成一个完备的体系，形成金刚乘这一密教最重要的派系。

密教时期僧团日益衰败，内部派系纷争不已，从而日渐衰微，分裂局面从7世纪中叶延续到11世纪，期间穆斯林不断侵入印度，仅从1001年起的二十六年中，就入侵印度十七次。穆斯林的入侵，给佛教以沉重的打击。特别是1203年，伊斯兰教军队焚毁孟加拉地区的超戒大寺，以此为标志，佛教在印度本土基本上消亡了。

知识链接

曼荼罗，梵语 mandala 的音译，其含义是"获得本质"，在形式上，是指将佛菩萨等尊像，或种子字、三昧耶形等，依一定方式加以配列的图样。由于曼荼罗被认为是真理之表征，犹如圆轮一般圆满无缺，因此或有译之为"圆轮具足"的。又由于曼荼罗被认为有"证悟的场所""道场"的意思，而道场是设坛以供如来、菩萨聚集的场所，因此，曼荼罗又有"坛""集合"的意义。

印度密教的思想和实践传入中国，始于三国时代。自2世纪中期至8世纪中期的六百年间，汉译佛经中约有一百多部陀罗尼经和咒经，在此期间，印度、西域来华的译师和高僧也多精于咒术和密仪。

据佛书记载，西晋永嘉四年（310）来洛阳的佛图澄"善诵神咒，能役使鬼物"。约于北凉玄始十年（421）至姑臧的昙无谶明解咒术，善于预测，号为"大神咒师"。北魏永平初来洛阳的菩提流

佛图澄像

支也"兼工咒术"，"莫测其神"。

但在中国弘传纯粹密教并正式形成宗派的，实始于善无畏、金刚智、不空等。当时这几位从印度、西域来的僧人主持翻译了大量密宗的经典，其中最重要的典籍有《大日经》《金刚顶经》等，密宗在唐代中期有很大发展。

进入宋代之后，密宗的教义遭到儒家士大夫阶层的普遍质疑，宋朝廷公开下令禁止密宗的传播，这样，汉译密宗经典虽然没有被禁毁，却束之高阁，密宗在汉族地区的传承基本上中断了。但是密宗在中

善无畏像

国西藏地区却得到很大发展，并与当地的传统宗教——苯教相结合，形成藏传佛教，是佛教中的一个重要分支。

从密宗流传的地域和过程看，也颇符合佛教所谓"缘起"的观点，或许可以这样说：宗教的传播也是需要缘分的，当印度众生已与佛教无缘之时，佛教的中心就转移到中国；密教与中原地区传统文化隔膜太大，也属无缘，密教的传承便主要在与其缘相近的西藏地区开展。佛教宣称：将来终有一天，这个世界的所有众生与佛教的缘分已尽，那么佛教在这个世界上自然会消灭。佛教丝毫不忌讳这一点，这也是它与其他宗教很大的不同之处吧。

第三章

佛教东渐：佛教在中国的传播

贝叶经

震旦因缘：佛教东传及其中国化

佛教究竟是什么时候传入中国的，已经很难确切考知了。

佛教内部获得认可的佛教传入中国的时间为东汉汉明帝永平年中。有一次汉明帝夜里做了一个梦，梦见有一个神人，全身闪闪发光，在殿前飞行。第二天他把这个梦告诉大臣。学识渊博的大臣傅毅说："我听说天竺有佛，能发光，能在空中飞行，陛下梦见的也许就是他。"永平十年（67），汉明帝正式派出使者蔡愔、秦景等十二人，赴天竺求取佛法。在西域大月氏遇到月氏僧人迦叶摩腾、竺法兰，于是将二人迎入中国，同时带回一些佛经和佛像。迦叶摩腾、竺法兰来到洛阳后，在城西修了一座佛寺，并在那里开始翻译佛经。由于迦叶摩腾等人是乘骑白马抵达洛阳的，所以就把这座佛寺叫作"白马寺"，白马寺也成为中国的第一座佛寺。

白马寺

这个说法，最早见于《四十二章经·序》，这部经也一直被认为是迦叶摩腾等翻译的汉译第一部佛经。但近代有学者考证，认为《四十二章经》并非出现那么早，应该是东汉末年的作品，"永明求法"的记载是否可信也要存疑。

目前比较可靠的资料应属《三国志》注引《魏略》的记载："昔汉哀帝元寿元年，

博士弟子景卢受大月氏王使伊存口授浮屠经。"元寿元年是公元前 2 年，"浮屠经"即佛经，这里也是说的从大月氏取得佛法，而大月氏的使臣向中国博士弟子传授佛经是完全可能的，且时间上比"永明求法"还要早半个多世纪。

总起来说，佛教是在两汉之交即公元前后传入中国的，这是比较可信的。

传说唐太宗作过一首《白马寺》诗（也有的题为《焚经台》诗）：

> 门径萧萧长绿苔，一回登此一徘徊。
> 青牛漫说函关去，白马亲从印土来。
> 确实是非凭烈焰，要分真伪筑高台。
> 春风也解嫌狼藉，吹尽当年道教灰。

写的是刚刚传入中国不久的佛教与本土的道教相互"斗法"的故事。

老子骑牛图

据说在汉明帝永平十四年，最早的佛教经典翻译出来后，当时中国本土宗教道教对于朝廷如此礼遇两个"胡僧"以及如此尊重外来的佛教经典颇为不满，于是一些道士联合上书，请求将佛道两教经典焚烧，以验证真伪。汉明帝于是下令建了个焚经台，正月十五这一天，汇集大众观看验烧两教经典，结果是，道教书全部烧成灰烬，而佛经丝毫无损，这样一来，道士们无话可说，佛法才在中国流传开来。

诗中的"青牛漫说函关去"一句是说：道教中有一种说法，说老子晚年骑了一头青牛，出了函谷关，来到西域、天竺国去度化那里的人，这种传说在道教中称为"老子化胡说"，无非是说佛教也不过来自于道教。而佛教则以其人之道还治其人之身，认为老子出了函谷关没有错，不过他的化身是摩诃迦叶，最后还是做了佛的弟子，没有"化"成胡，最后反而被胡所"化"。"青牛漫说函关去，白马亲从印土来"一句是说："不要讲什么老子骑着青牛到印度去了，其真假很难说；但佛教是从印度传来的，这件事确实是真的。"

当然，对于两教中的这种种传说，我们不必信以为真，即使是上面这首诗，也可以认为是后人伪托。不过，透过这些传说，我们还是可以从中看到：佛教传入中国之初，确实与中国固有的本土文化发生过很多摩擦、碰撞和冲突，经过漫长时间的磨合，最终走向融合。佛教中国化了，而中国文化也真正接纳了这个外来的文化因子，两者相当圆融地结合在一起，这不能不说是世界文化交流史上的一段佳话。

佛教传入时期的中国已经是一个文化相当成熟的国家。虽然中国自古宗教观念比较淡薄，缺少佛教这样成系统的宗教体系，儒教和道教也还没有真正形成，但是中国人固有的宗教意识、文化观念等已根深蒂固。这与外来的佛教既有相适应的一面，也有相矛盾、冲突的一面。佛教中国化的过程和儒、道、佛"三教合一"的局面是在激烈的、反复的斗争中逐渐形成的。

早在东汉末年，一个叫牟子的人作了一篇《理惑论》，里面就指出："尧、舜、周、孔，修世事也；佛与老子，无为志也"，并比喻"五经则五味，佛、道则五谷"，各适其用。东晋的孙绰强调"周、孔救极弊，佛教明其本"，认为儒与佛有"治外"与"治内"的区别。

道教是中国本土宗教，它产生在佛教传入中国之后，但中国自古就有道家学说和神仙思想，佛、道之间有相似之处，也有很大不同。早在东汉时期，即有老子西入夷狄为浮屠之说，这种说法后来在道教中形成老子西游成仙，化佛陀为其弟子的故事，形成所谓《老子化胡经》。当然，佛教对此也有自己的解释。三教之中，主要由于佛教具有的调和性、中道性，最终造成了三教并存的局面。

佛教与中国文化形成比较明显冲突的事件，在历史上主要有以下几件：

因果报应之争：

东晋末年，戴逵作《释疑论》，认为"贤愚善恶，修短穷达，各有分命，非积行之所能至"。这是用中国传统的命定论来反对佛教的业报思想。周续之曾著论反对。

其后高僧慧远作了《三报论》，首次从理论上阐发了佛教的因果报应思想，也是对戴逵那些疑惑的解释：文中提出"业有三报"，一种叫现报，一种叫生报，一种叫后报。现报就是所作善恶在今生今世就受到报应；生报则是来生才受报应；后报则是多生之后乃至百生千生之后受报。处在六道轮回中的众生，生生死死，都是依业受报，所谓"善有善报，恶有恶报"，这是必然之理，丝毫不会有差错的。但"报"又不是马上能够体现的，如同一颗种子种在地下，要经过一段时间才能发芽、结果。人既作了"业"（善行或恶行），就不会消失，逐渐积累就导致报应。今生的报往往是前世作业的结果，福祸倚伏，所以世间就会有善人得恶报、恶人得善报的现象，对于这些人来说，现世的行为应得的报应还未显现，将来会有后报，所谓"不是不报，时候未到"。

慧远的这套看法，与原始佛教关于"业"的思想已经有很大不同，他是利用中国传统的灵魂不死说与报应思想来改造佛教的业报理论，这种思想对后世中国人影响很大，它既是佛教的，也是中国化了的。

 知识链接

在中国，常称僧人为"方外之士"，这里的"方"是指世俗秩序或国家律法。一般人都在世俗秩序及国家律法的规约内，故称为"方内之人"。在这种世俗价值体系规范之外的，称为"方外之人"，如慧远《沙门不敬王者论》："出家则是方外之宾，迹绝于物"，一般用来指佛教和道教的出家者。

沙门礼敬王者之争：

东晋成帝时，大臣庾冰提出"沙门应尽敬王者"，也就是出家人要礼拜帝王。这一点与印度佛教的传统有很大不同，在印度佛教兴盛时期，帝王与沙门相见，帝王要礼敬沙门而不是相反。是否"礼敬王者"，涉及佛家与世俗政权地位、关系、权力等方面的矛盾，因此是个非常敏感的问题。

慧远写了《沙门不敬王者论》，他认为出家人要"抗礼万乘，高尚其事，不爵王侯，而沾其惠"，也就是出家者要远离世俗，显示自己高尚脱俗的品格，不必礼拜君王。

但慧远的这种主张没有得到认可。南朝宋孝武帝时，下令沙门必须跪拜皇帝。后来直到唐朝，僧侣方面仍不断为"不拜"的主张进行申辩，但最终以世俗政权的胜利而结束。

从中唐开始，出家人见到皇帝要跪拜，已为中国佛教普遍接受，乃至后来寺院中做法事活动、课诵等仪式之前，要先为当朝君王祝寿，为国家祈祷，等等，这也是很典型中国化的表现，反映了中国佛教与封建政权的基本关系。

到了宋代，君主不但见了僧人不拜，甚至见到佛像也可以不拜，而且得到一些僧人的赞同。传说宋太祖赵匡胤有一次进入一个寺院，问："我拜不拜佛？"在旁边陪同的高僧赞宁说："不必拜，现在佛不拜过去佛。"这个回答确实机警，既没有否定佛教的权威，又给了皇帝面子，称皇帝为"现在佛"，所以很得太祖皇帝的欢心。当然，一个崇佛的皇帝，他愿意拜佛就

道安法师故事版画

 知识链接

　　在佛教史上，道安为中国僧徒制订了最初的佛教戒规，其中规定，出家者既然名为"出家"，就要放弃原来的"俗姓"，但同时也不能没有姓，因出家者皆以释迦牟尼为导师，因此一律以"释"为姓。由此成为定规，称呼出家者一般在其法号前加一个"释"字，如"道安"应称为"释道安"。从此，"释"与中国其他姓氏具有了等同意义，后来"释氏"成为佛教及其教徒的泛称。

拜，但那是个人信仰，与国家政权的礼法无关。

在中国，佛教一直是自觉地从属于世俗政权之下的，从来没有像某些国家或地区那样，形成"政教合一"的局面和至高无上的神学权威。对此，释道安曾有一个很好的概括："不依国主，则法事难立"，认为佛教如果没有君王、大臣们的支持，是很难发展的。

形神之争：

这是中国佛教史上理论价值最高的一次争论，它与前面介绍的因果报应之争是有联系的，因为如果人死神灭，因果报应和三世轮回就失掉了根据，没有了承受者，所以形神之争可以视为比因果报应之争更深一层的理论争鸣。

挑起这一争论的是南齐时的一位思想家范缜。范缜（450？—510？），字子真，舞阳（今河南汝阳）人。他曾在南齐竟陵王萧子良西邸发表言论，反对佛教因果报应之说，其后写成长篇论文《神灭论》，引起一场轩然大波。

佛教证明神不灭，常以形神相离为依据，并以薪尽火存来比附。而范缜则坚持"形神相即"，反对离开物质而存在精神实体的主张，认为肉体（形）是生命（神）的主体，肉体死亡，精神也就随之灭亡，而不会转世，所谓："未闻刃没而利存，岂容形亡而神在？"这种主张的矛头直指佛教的哲学根基——神不灭论，因而当时崇奉佛教的梁武帝组织了一批人，写了很多文章与范缜争论。

现代一些人认为范缜的"神灭论"即是无神论，却属误解。"无神论"的"神"是鬼神的神，"神灭论"的"神"是精神的神，二者含义完全不同。范缜并非不相信有鬼神存在，如《神灭论》中写道："妖怪茫茫，或存或亡……有人焉，有鬼焉，幽明之别也。人灭而为鬼，鬼灭而为人，则未之知也。"很明显，范缜只是否定人和鬼之间互相转化的说法，而并不否定世界上有鬼的存在。这种鬼神观即是中国固有的鬼神观：人是人，鬼是鬼，它们之间有"幽明"之别，但不可能互相"轮回"。所以确切地说，范缜只是以中国固有的鬼神观来反对外来的佛教思想，神灭与否的争论是两种文化观相冲突的表现。

范缜另一个重要观点就是否定因果报应。世间的善恶贫贱等现象是客观存在的，佛教用因果来解释，认为一切都是必然的，范缜对此也提出了自己的解释，《梁书·儒林列传》记载，范缜回答竟陵王说："人之生譬如一树花，同发一枝，俱开一蒂，随风而堕，自有拂帘幌坠于茵席之上，自有关篱墙落于溷粪之侧。"

在范缜看来，既然没有前世来生，人生的一切都是偶然的，人生在何处，如同树叶随风而坠，完全没有自主性，也没有必然的规律可循。

这种观念进一步引申，就必然会得出如西方存在主义所讲的"人有如被抛掷于世界之上"的思想。既是被抛掷，则人生的价值和意义都值得怀疑，因此对人生不但悲观，而且绝望。

比较而言，佛教则在看似悲观的前提下，给人以乐观的希望，这一点也不能不注意到。

从历史来看，"神灭论"在中国并未获胜，佛教的因果报应思想在其后一千余年的时间里，占据了很重要的位置，古代很多中国人是相信这一点的。

佛教与中国固有文化的冲突，并非都以佛教的让步来达成妥协，好比两个谈判的人，要达成一个协议，必定是双方都要做出某些让步，才能成功的。总的来看，在纯粹的思想领域，佛教以其深刻的义理征服了很多中国人；而在社会制度层面，佛教则更多地服从中国固有传统。同是慧

知识链接

唐代思想家韩愈曾说："舜禹在位百年，此时中国无佛；汉明帝时始有佛法，在位才十八年。"对此，元人刘谧在《三教平心论》中反驳："寿命的长短与善恶有关系，而善恶的报应通于过去、现在、未来三世，因此说：'欲知前世因，今生享者是。欲知后世果，今生作者是。'由此可知这一生寿命的长短，是由前世的善恶决定的，而今世的善恶，又是后世寿命长短的根源。统治国家长久的，那是前世积累了善的缘故，统治时间短的，那是前世的恶所造成的，怎么可以仅从眼下的情形来论呢？……"在佛教看来，颜回仁慈却短命，盗跖凶残却反而长寿，这样的事例只有用三世因果才能解释清楚。

远的主张，他的"三世果报论"得到很多中国人的拥护，但他的"沙门不敬王者论"则没有被普遍接受。这也许很能说明问题。

佛教传入中国后，中国僧尼虽然基本遵守印度佛教的戒律和教仪，但为了适应中国的国情，在若干方面也相继产生了变化。比如僧官制度的设立，即由朝廷任命僧人管理全国佛教僧尼事务。这一点从东汉即开始，一直延续下来。

此外，国家政权牢固地掌握着僧尼名籍簿册、寺院僧尼数目以及僧尼行为模式和活动内容。这应是中国佛教的一大特色。

另外一个很重要的特点是：与印度僧人托钵为生（乞食）不同，中国僧人虽然也可以游化托钵，可以到其他寺院去参访、修学，但是在其定居时，必须依照中国的习俗定居于某寺院，这样寺院就必然自筹资粮，自办饮食，集财蓄物，乃至经营田地山林，治理产业等，形成中国古代独特的寺院制度和寺院经济，伴随而来的是佛教一步一步走向世俗化。

玄中寺外景

功标青史：取经与翻译

晋宋齐梁唐代间，高僧求法离长安。

去人成百归无十，后者安知前者难。

路远碧天唯冷结，沙河遮日力疲殚。

后贤如未谙斯旨，往往将经容易看。

这首《取经诗》出自唐代高僧义净，歌颂了从晋朝到唐朝的数百年间，很多前往印度求取佛经的人不辞辛劳、为法捐躯的精神。正是这无数坚定的信仰者们，将印度的佛经取到中国（当然，也包括很多从印度、西域将经典带到中国的"梵僧"），并翻译出来，这才留下宝贵的汉传大藏经，成为中华传统文化的重要组成部分。

中国人的西行求法，可以说是中外文化交流史上的壮丽诗篇。求法行动不仅仅是一种宗教行为，也是文化交流的重要形式，至于求法的人表现出的为追求真理而锲而不舍、不畏牺牲的精神，更是令人敬佩。

我们现在所知的第一位自内地西行求法的人，是三国时期魏国颍川的朱士行（约3世纪）。他也是见于记载的第一个受戒为沙门的中国人。

他出家后，专心研读佛经，当时译本最流行的是《道行般若经》，他在洛阳经常阅读，但是由于这部经早期的翻译者理解不深，很多地方翻译得不准确，还有很多矛盾的地方。他感叹这样重要的大乘经典

知识链接

沙门为梵语 sramana 的音译，后来正译为"室啰末拏"，是出家修道者的通称。出家后要举行受戒仪式，表示接受佛所制定的戒法，受戒之后才能称之为"沙门"。佛教戒律有很多层次，包括沙弥戒（沙弥尼戒）、式叉摩那戒、比丘戒（比丘尼戒）、菩萨戒等。在二十岁后受的比丘戒、比丘尼戒最为正规，称之为"具足戒"。

竟翻译得这样不好，于是萌发了去西方寻找原本来弥补这一缺憾的志愿。

甘露五年（260），他从长安西行出关，越过沙漠，辗转到了大乘经典集中地的于阗。在那里，他果然得着《道行般若经》的梵本。但是，当地的僧人却阻止他将这部经带回去，直到太康三年（282）才由他的一个弟子带回洛阳；又经过十年，才由两位来到汉地的西域僧人翻译出这个经本。朱士行本人则终身留在西域，八十岁时圆寂在那里。

由此开端，见于记载的西行求法者，约有一百人。正像义净所说，"去人成百归无十"，由于取经道路非常艰难，可谓九死一生，困顿、客死于中途的人很多。在这些取经者中，最幸运也最杰出的应推法显、玄奘和义净三人。

法显俗姓龚，平阳武阳（今山西临汾）人。他三岁就出家，在寺院中长大，二十岁时受具足戒。当时虽然已经译出不少佛经，但戒律却很残缺。这是他产生向天竺求法愿望的重要原因。晋隆安三年（399），他和慧景、道整、慧应、慧达等人，从长安偕伴出发，到了张掖（今甘肃张掖县），又遇到智严等五位僧人，一同西行。但是这些僧人，有的中途改道，有的中途病死，真正到达天竺的只有法显、道整二人。由此可以想见西行道路的艰难，需有坚定的信心、意志和耐力才能征服。

当时正是印度佛教相当兴盛的时期，法显和道整一起游历了北天竺和中天竺。在那里，他们获得许多佛教经、律、论，如著名的《摩诃僧祇律》《方等般泥洹经》（即《大般涅槃经》）等。

📖 知识链接

《摩诃僧祇律》是印度佛教小乘大众部所传的一部戒律，由法显翻译为汉文。律中含有一些大乘佛教的思想，对于研究佛教思想的发展很有价值。这部律典的翻译对于中国佛教戒律学的发展有重要影响。

法显决心将这些经典带回国，但道整不愿意回国，留在了印度。法显一人南下，到达南天竺和师子国（今斯里兰卡），在那里住了两年，又获得一些佛经，后来搭乘商船东归。这只商船在海上刚走两天，就遇到大风，船漏水，商人们把贩来的财货都抛到水中，但这些佛经总算保留下来了。在海上漂泊了十三天，到了一个小岛上，把船补好，又继续前进。就这样走了一程又一程，在暴雨狂风、惊涛骇浪的海面上，漂泊了将近一年时间才到达青州长广郡（今山东崂山）。第二年夏天，才到达首都建康（今南京）。

法显从长安出发，经过六年到印度，游历六年后，又经过三年回归，前后共用了十五年时间。后来，他把自己这些神奇的旅程记录下来，撰成《历游天竺记传》（又名《法显传》或《佛国记》）一书。他还和当时著名的天竺僧人佛驮跋陀罗一起，翻译他取回的经、律，八十二岁时逝世。在古代中国，法显的西行是足以和后来玄奘的西行相媲美的，在时间上，他还比玄奘早了两个多世纪。

法显著书图

玄奘的"知名度"比他的前辈法显要大得多。以至于"唐僧"或"三藏法师"这些本来是泛指的称号，都让给了他一个人。历史上的玄奘也确实称得上是一位英雄。

玄奘（600—664），俗姓陈，名祎，生于洛州缑氏县（今河南省偃师县）。十三岁时，赶上隋炀帝敕令在洛阳度僧，得以在净土寺出家。

出家后，他主要学习《涅槃经》。大乘、小乘佛教都有《涅槃经》，大乘《涅槃经》又分为北本和南本两种，玄奘学习的

知识链接

"度僧"是中国从南北朝时开始施行的佛教出家制度，它不同于印度人出家是一种比较自由的选择，而是由国家组织考试，欲出家者必须通过考试后，才被准许出家，称为"试经度僧"。隋唐之后成为中国佛教的一种基本制度，日本也有类似的"度僧"制度。

玄奘

是大乘《涅槃经》。当时佛教各派对"涅槃""佛性"等重要佛教理论问题，各有说法，纠缠不清。同时，玄奘听说在印度又有很多新的佛教经典，即大乘瑜伽行派的学说，但这最新的学说究竟是怎么回事，当时中国僧人都不很清楚。这使年轻的玄奘萌发了西行求法的志愿，但一开始并没有被允许。

唐太宗贞观三年（629），玄奘二十八岁，长安闹饥荒，朝廷令百姓可自行求生，他趁此机会，独自一人西行，经凉州（今甘肃武威），违反当时的出关禁令，偷越玉门关，以后又沿着丝绸之路，历尽艰险，辗转到达中印度摩揭陀国王舍城，这是释迦牟尼长期说法的地方，也是佛教"第二次结集"的圣地。后来玄奘进入当时的佛教中心那烂陀寺，向戒贤法师学习佛教大乘经典，主要便是

那烂陀寺

学习瑜伽行派的经典《瑜伽师地论》等。

玄奘在那烂陀寺学习五年后，又遍访印度。那时，摩揭陀国王尸罗逸多在曲女城举行无遮大会，邀请他参加。他在会上做"论主"（主讲者），讲演的题目是《会宗论》和《制恶见论》，博得极高荣誉，被称为"大乘天"。

贞观十九年（645），玄奘携带大量梵文佛经和佛像等返国，此时他才开始引人注目。

唐太宗晚年感到佛教的许多教理确实很玄妙，对维护统治有利，所以逐渐改变早期对佛教的压制政策；这时听说玄奘归来，命令宰相率领群臣远出迎接，并在洛阳亲自接见玄奘。

据说唐太宗曾劝说玄奘还俗，以共谋朝政，他大概觉得玄奘这样的人做和尚太"屈才"了。但玄奘谢绝了唐太宗的要求，表示终生要从事译经事业。唐太宗于是将玄奘安置在长安城南的慈恩寺，并命令在全国选取、调集硕学高僧，组成规模宏大的译场，协助玄奘翻译佛经。

在以后多年的时间里，玄奘和他的助手们共译出佛经七十四部、一千三百三十五卷，在数量上约占八百余年全部译经总量的四分之一，特别是大乘瑜伽行派的主要经典，几乎全部是玄奘翻译出来的。

玄奘西行求法，往返十七年，旅程五万里，是一位真正虔诚、博学、勇敢的人。在古代僧人中，他是兼取经、译经、开宗立派于一人的。玄奘和他的弟子窥基开创的佛教宗派

玄奘西行

是以弘扬大乘瑜伽行派为主的法相宗；因该宗主张"万法唯识"，因此也叫唯识宗；因玄奘主要住在慈恩寺，所以也称慈恩宗。中国诸多的佛教宗派，大多属于大乘空宗一系，而真正精通大乘有宗学说的只有玄奘和他建立的法相宗。

玄奘曾经把一些中国经典如《老子》翻译成梵文，介绍到印度等国家，促进了两国的文化交流。玄奘还将他的西行历程记录为《大唐西域记》一书。从这部著作中，我们可以了解到有关古代印度、西域诸国和西南亚一些国家的宗教情况、历史文化乃至风土人情。玄奘去印度的时候，印度的佛教已经处于衰落时期，当年法显去的时候还很兴盛的地方，到玄奘再去的时候已经面目全非了，许多佛教圣地已破落不堪。比如释迦牟尼曾在那里说法长达二十五年的舍卫国祇树给孤独园，已是"都城荒颓""祀坏良多"。这常常让玄奘感叹不已，颇有

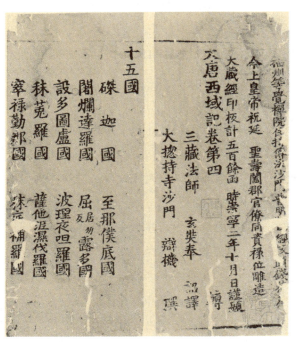

《大唐西域记》书影

到邻居家串门的人看到主人自毁宝物的那种感觉。也许真的是佛菩萨在冥冥之中保佑着玄奘，让他在印度佛教即将灭亡的前夕，将这些经典取回到中国来的吧！

义净（635—713），俗姓张，齐州（山东济南）人。他少年出家，仰慕法显、玄奘的高风，于唐高宗咸亨二年（671）在广州搭波斯商船泛海南行，经室利佛逝（今苏门答腊），于咸亨四年到达东印度。他到各地参学，游历了三十余国，在那烂陀寺住了十一年，学习佛学，兼习医方、因明。

武则天垂拱三年（687），他重到室利佛逝，停留二年，从事译述。天授二年（691），他派弟子回国，带来所译经、论和所著的《南海寄归内法传》，书中有很多当时印度佛教的宝贵资料。

证圣元年（695），他回到洛阳，受到热烈欢迎。他在印度旅行二十五年，往来都走海路，回国后翻译的主要是律仪方面的经典。他写的《大唐西域求法高僧传》，记载了自玄奘西行回国后，到该书写出为止的四十六年中，中国僧人西行求法的事迹。他还编有《梵语千字文》，是中国第一部梵文字书。

义净以后，仍有一些人到印度取经。天宝十载（751）有一位悟空法师，到印度犍陀罗国出家，于贞元六年（790）返回长安，这是有记载的唐代西行的最后一人。

到宋代初期，朝廷派遣行勤等一百五十七人赴印求法，但并没有

义净译经故事版画

大的收获，因为此时印度佛教已经极度衰微，佛教中心早已转移到中国了。到 12 世纪伊斯兰教势力侵入西北印度，西行求法运动便完全终止了。

佛经是佛教教理的重要依据，从佛教传入那时起，中国本土就兴起了佛经的翻译事业。从东汉中期佛教经典开始翻译，直到北宋景祐四年（1037）译场正式关闭，中国的佛经翻译事业经历了八百余年。这期间，翻译经典一千三百余部，五千余卷，印度佛教大小乘的经、律、论三藏几乎全部被译成汉文，汉译佛典成为迄今保存最完整的佛教经典系统，这也是中国人对世界文化做出的一大贡献。

中国确切可考的第一部翻译佛典当为东汉桓帝时期安世高翻译的《明度五十校计经》。安世高是西域安息国太子，后来出家修行。汉桓帝建和初年（147）来到中国洛阳，不久即通晓汉语。当时中国虽有一批佛教信徒，但主要是奉行祭祀、祈求福德等，并不明佛法。于是安世高便开始把印度佛经译

成汉文。在二十余年时间里，他先后译出《安般守意经》等三十五部经。安世高所译的主要是小乘佛教经典，特别注重传译禅数之学。他的翻译力求保存原来面貌，不喜修饰，但过于质直，有些术语也含混不清。这也是早期佛经翻译的共同特点。

和安世高差不多同时到达洛阳译经的月支人支谶也是中国佛经翻译事业的先驱者，他先后译出《道行经》《般舟三昧经》等十四部佛经，基本上属于大乘经典，对于大乘般若理论在汉地的传播有开创性的贡献。

再往后一点，最有成就的翻译家是支谦。他的祖先也是东汉灵帝时移居中国的月氏人，但他自幼受到汉族文化影响。他在东吴黄武元年（222）到建兴中（253）约三十年间，先后译出《维摩诘经》《大般泥洹经》《法句经》《阿弥陀经》《瑞应本起经》等四十九部佛经。他的翻译文辞比较优美，已改变此前偏于直译的倾向，开创了中国佛经意译的先河。

此外，三国时期的康僧铠、康僧会等人也翻译了不少有影响的佛经。

西晋时期的译家则以竺法护最为有名。他是世居敦煌的月氏侨民，据说通晓西域十六种文字，曾搜集大批经典原本带到长安。从晋武帝泰始二年（266）开始，先后译出经、论一百五十九部、三百零九卷，是中国早期佛教史上译经数量最多的人。所译经典包括《般若》《华严》《宝积》《法华》《大集》等大乘经，种类繁多，

康僧会求舍利版画

为其后大乘佛教在中国的弘扬开辟了道路。

东晋以后，佛教翻译事业更是获得很大发展，进入兴盛时期。自东晋至隋代约有译家近百人，译出佛典千余部，而且许多中国佛教徒也积极地加入到译经事业中。同时，译经的规模也越来越大。早期的翻译，多是个人进行，最多是一两个人合作，此后转为多人的集体合作。这方面的首创之功当推东晋高僧道安。

道安，永嘉六年（312）生于常山扶柳县，十八岁出家，长期在邺都、襄阳一带居住。他学识渊博，对很多大乘经典都有研究，成为一代佛学大师。在道安主持的译场里，出现了较周密的分工，设置了对校、正义、考正、润文等环节，为后来国立译场的建立奠定了基础。道安还总结出"五失三不易"等翻译理论，为后来的译经工作指出了正确的道路。

此后不久，北朝姚秦时期，中国佛教史上第一位大师级翻译家出现了，他就是鸠摩罗什。北朝苻坚建立的前秦和姚苌建立的后秦政权都崇尚佛教，他们用武力抢夺并扣留了来自西域的高僧鸠摩罗什，后来姚苌之子姚兴在长安建立了译经道场，请鸠摩罗什主持，并选出名僧慧慕、僧迁、僧睿、僧肇等五百余人共助译事，这是第一个国立译场，其规模之巨大，堪称空前绝后。这种大规模的国立译场成为中国古代高水平翻译事业的根本保证。

鸠摩罗什的译经标志着中国的译经事

 知识链接

道安概括的翻译"五失三不易"指出了梵文（胡）译为汉文（秦）应特别注意的事项，主要内容为："译胡为秦，有五失本也。一者，胡语尽倒而使从秦，一失本也。二者，胡经尚质，秦人好文，传可众心，非文不合，斯二失本也。三者，胡经委悉至于叹咏，丁宁反覆，或三或四，不嫌其烦，而今裁斥，三失本也。四者，胡有义记，正似乱辞，寻说句语，文无以异，或千五百，刈而不存，四失本也。五者，事已全成，将更旁及，反腾前辞已，乃后说而悉除，此五失本也。然般若经，三达之心覆面所演，圣必因时俗有易，而删雅古以适今时，一不易也。愚智天隔，圣人叵阶，乃欲以千岁之上微言，传使合百王之下末俗，二不易也。阿难出经，去佛未久，尊者大迦叶令五百六通迭察迭书，今离千年而以近意量裁；彼阿罗汉乃兢兢若此，此生死人而平平若此，岂将不知法者勇呼？斯三不易也。"

🦁 知识链接

早期的佛经翻译,有一个很重要的现象,称为"格义",即借用一些中国已有的术语来翻译佛教概念,比如用"无"翻译"空",用"无为"翻译"涅槃"等。从翻译角度看,这样的翻译可能不那么准确,容易造成对佛教教义的歪曲。后来的佛经翻译逐渐改变了这种现象。

鸠摩罗什

业进入一个新的发展阶段。鸠摩罗什,生于晋康帝建元元年(343),祖籍印度,其父移居西域的龟兹,他七岁随母出家,兼通大小乘佛教,因学识渊博、辩才无碍而声誉日隆。前秦建元十五年(379),中国僧人僧纯、昙玄等游学龟兹归来,赞扬其地佛教的盛况,当时道安正在长安主持译经事业,对鸠摩罗什非常仰慕,一再劝苻坚迎请这位高僧东来。建元十八年(382),苻坚派大将吕光领兵七万攻打龟兹,叮嘱他攻下龟兹时,将鸠摩罗什带回国。后来吕光攻破龟兹,带着鸠摩罗什归来途中,在凉州传来苻坚被姚苌杀死的消息,于是就在凉州自立为帝,并扣留鸠摩罗什不放。直到十七年之后,姚兴出兵攻下凉州,又得到鸠摩罗什,此时他已五十八岁。鸠摩罗什的事迹颇能说明,当时一些崇奉佛教者,为了获得鸠摩罗什这样的高级人才,竟然不惜兴兵讨伐,这也是早期佛教史上一段有意思的往事。

姚兴对鸠摩罗什十分敬重,奉为国师,请住长安逍遥园的西明阁,开始译经。在众多僧人的参与下,用了八年的时间,译出《大品般若经》《法华经》《维摩诘经》《阿弥陀经》《金刚经》等大乘经典,又译出《中论》《百论》《十二门论》《大智度论》《成实论》等论典,共九十八部、四百二十五卷,这些经典系统地介绍了大乘中观学派(空宗)的学说。大乘空宗是中国佛教影响最大的一系,因此鸠摩罗什翻译的经典对中国佛教各宗派的影响也很大,至今人们读诵最多的,可能就是鸠摩罗什翻译的经典。

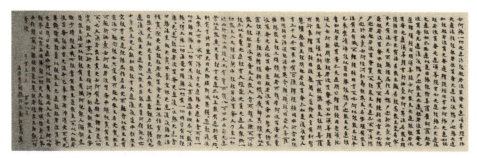

大智度论

　　鸠摩罗什在翻译文体上改变了过去朴拙的译风，主要采用意译的方法，使中国的诵习者易于接受和理解。他的译籍在力求不失原意的前提下，更注意保存原本的语趣。他兼擅梵语、华语两种语言，同时对文学还有高度的欣赏力和表达力，因而他的译经华美流畅，读起来有一种特殊的美感。以鸠摩罗什译经为代表的这种华梵结合、韵散结合、雅俗共赏的文体，称之为"译经体"，它对其后中国语文的发展产生了一定影响，是文体史上的一个成就。

　　南北朝时期，除鸠摩罗什之外，还有一批成就较高的翻译家，如昙无谶、佛陀跋陀罗、真谛、彦琮等等。这一时期的特点是，翻译者以外来僧人居多。

　　中国佛经翻译事业真正成熟起来是进入唐朝后，其标志是由精通教义、通晓梵汉语言的中国僧人担任主译。同时，翻译制度也更为完善。这里具体介绍一下玄奘的译经。

　　玄奘翻译的主要是大乘瑜伽行派的经典，这些经典为中国唯识宗的建立奠定了基础。但是他也翻译了大乘中观学派的经典，这就是中观学派最重要的《大般若经》，此经一共六百卷，是所有佛教经典中部头最大的一部，玄奘在其生命的最后四年全力翻译出这部经典。此外，中观学派有一部号称最小的经典《般若波罗蜜多心经》，只有二百六十个字。此经有多种译本，但是最流行的也是玄奘的译本。由此可见，玄奘在佛学上并不偏颇，他是以很严格的学术眼光看待佛经，力求将瑜伽行派与中观学派结合起来，调和大乘

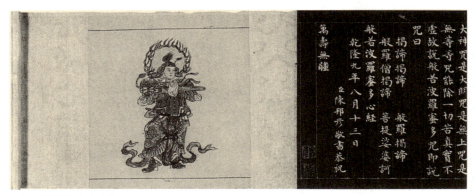

《般若波罗蜜多心经》

人们一般将中国佛教翻译史分为三个阶段，以两个人物为标志。将鸠摩罗什之前的翻译称为"古译"，将鸠摩罗什至玄奘之间的翻译称为"旧译"，将玄奘及其后的翻译称为"新译"。

佛教的"空""有"之争。他在译经时特别注意各家学说的来龙去脉，力求做出完整介绍，人们可以从他的译籍里了解到当时印度佛学的全貌。玄奘译经态度谨严，着笔审慎，以精赅著称，这一点不同于鸠摩罗什的翻译。正如现代学者所评价的：玄奘的翻译对原文忠实，读起来又不别扭，

玄奘译经图

两者兼顾，达到了登峰造极的地步，开创了中国佛教翻译史上被称为"新译"的一个新阶段。

唐代重要的翻译家除玄奘之外，不空、实叉难陀、菩提流支、义净等人的影响也很大，其中，实叉难陀新译出的八十卷本《大方广佛华严经》成为开创中国华严宗的主要经典。不空翻译的主要是《金刚顶经》等密教经典。菩提流支翻译的《大宝积经》一百二十卷，也是一部部头相当大的经典。义净则主要翻译了律藏的几部重要经典，为中国僧团戒律的实行和律宗的建立提供了依据。

鸠摩罗什之后的佛经翻译，在组织机构上相当严格，特别到了唐代，可以说已经非常科学，现代的翻译恐怕都难以做到这个程度。

根据一些佛教史书记载，当时的翻译程序包括：

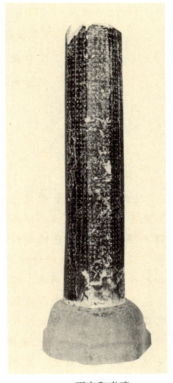

不空和尚碑

一、译主，即译场主持人，在译经时手执梵本，坐于译场的中间正位，面朝外，口宣梵语，大声宣读。

二、证义，又称证梵义，译经时坐在译主的左面，与译主评量已译出的梵文意义与梵文经卷原文有何不同，以便酌量修正，不使发生理解上的错误。

三、证文，亦称证梵本，译经时坐在译主的右面，听译主高声诵读梵文，以检验诵读时是否有差错。

四、书字，又称度语，系根据梵文原本写成汉文，但仍是梵音。

五、笔受，又称执笔，即翻译梵音为汉语。

六、缀文，又称次文，负责调理文辞，把梵文的倒装句等重新组织成符合汉语习惯的句子，使成句义。

七、参译，又称证译，参核汉梵两种文字，使之完全相合，不出语意上的错误。

八、刊定，又叫校勘、铨定等，刊削冗长、重复的句子使之简练，等等。

九、润文，又名润色，位于译主的对面，负责润色文辞。

十、梵呗，用高声念经的调子将新译的经唱诵一遍，以检验是否顺口顺耳、美妙动听。

知识链接

《首楞严经》全称《大佛顶如来蜜因修证了义诸菩萨万行首楞严经》，主要讲述的是如何获得"首楞严三昧"的种种途径，后人称它是"宗教司南，性相总要，一代法门之精髓，成佛作祖之正印"，对中国禅宗发展的影响非常深远。它文辞优美典雅，义理深邃，通常认为，这是翻译这部经典时"笔受"者乃唐代著名崇佛文人房融的缘故。宋代之后，它也成为士大夫学佛者最喜欢读的佛经之一。

由此可见，当时的佛典翻译是多么认真！一部经典的翻译成功是多人合作的结果，其"译主"仅仅是一个组织者而已，相当于现在的"主编"。特别值得一提的是，第五道程序"笔受"是将梵语翻译成汉语，这是相当关键的一个环节，其承担者往往由一些汉语水平较高的文人担当，比如谢灵运就担任过《大般涅槃经》翻译时的"笔受"，另一部被公认为文辞优美的经典《首楞严经》的"笔受"者为唐初著名文人房融。应该说，这些文人的加入，使得佛经的翻译更为准确和生动了。

无尽妙藏：大藏经与佛教文献

佛教在传入中国前，在印度有过四次三藏的结集，但内容都属于小乘佛教。在大乘佛教产生后，主要经典都传入中国并译为汉文，总数达五千余卷。如此庞大的经典集合，如果没有一定的分类和整理，是很难阅读和保存的。

在南北朝时期，中国的佛教界即开始为已经翻译过来的佛经编辑目录，并将这些集合在一起的佛教经典称为"大藏经"，又称"一切经"，也就是全部的佛经。从 10 世纪开始，佛教在印度开始衰落，到 12 世纪基本消亡。佛教的原始经典，即所谓梵文经典，大部分都灭绝了。而佛教大部分典籍被翻译成汉文，而且保存完好，同时，又从中国传入日本、韩国等国家，形成佛教经典中最为系统、完整的一支，即汉传佛教经典。

大藏经不仅仅是佛教的主要经典，同时在哲学、天文、医学、雕刻、艺术、翻译、旅游等方面，保存有丰富的资料，是一份宝贵的文化遗产。

现存最古的三藏目录和译经文献是梁朝时释僧祐（445—518）所撰《出三藏记集》十五卷，除保留当时翻译的佛经目录外，还保存了很多原始史料，如经典的序文、跋、记等等，有些文献相当珍贵。

对后代影响最大的佛典目录是唐代释智升于开元十八年（731）撰写的《开元释教录》二十卷，这部目录补充了《出三藏记集》之后新译出的大量佛典，同时提出了一种佛典分类方法，一直为后世所采用，直到日本人编撰《大正藏》才改变了

知识链接

世界上现存最早的雕版印刷书籍，是唐代咸通年间（860—873）所刻的一部《金刚经》，现藏于大英博物馆。从目前发现的早期雕版印刷品看，大多是佛经，从某种意义上说，中国人发明雕版印刷术，最初的目的就是为了适应佛教典籍流传的需要。

房山石经

知识链接

　　房山石经是中国现存规模最大的石刻佛经，存于北京房山云居寺石经山。由隋代僧人静琬发起刻造，历经隋、唐、辽、金、明五个朝代，前后达千余年才完成。据挖掘统计，房山石经计有大小经版一万五千余块，所刻佛经约一千余部，三千四百多卷。这些石经保留了早期佛经的面貌，绝大部分石经镂刻技术精湛，书法秀丽，不仅是有价值的佛教文物，也是中国书法与雕刻的精品，具有极为珍贵的史料价值。目前房山石经已整理成册，出版发行。

　　这种分类方式。《开元释教录》共著录一千零七十六部，五千零四十八卷经典。我们知道，中国佛教经典的汉译，到唐代中期之后，已经很少了，因此《开元释教录》开列的这个目录基本上囊括了中国翻译经典的大部分内容，为其后编刻大藏经提供了依据，打下了基础。

　　当时除了这些目录之外，也有手写本的大藏经，但都没有保存下来。另外，从北魏起开始在石头上刻经，称为"石经"，这些"石经"更容易保存下来，其中以隋代开始刻的房山石经最为完整和宝贵。

　　木版刻经，也是从唐代就开始了，但当时尚不具备将大藏经全部刊刻的条件。首次刊刻全部大藏经，开始于北宋开宝年间，这部大藏经被称为《开宝藏》。它正是以《开元释教录》的经目为依据，刊刻了五千零四十八卷三藏经典。可惜的是，这第一部木板雕刻的大藏经没能流传下来，目前只有少量的残卷、残页，可以让我们一窥它的面貌。

　　其后，经过金、元、明、清几个朝代，在一千多年的时间中，先后共有二十二个刻本大藏经诞生。如此众多的大藏经的刊刻，充分说明中国人对于佛教经典的重视，这些佛经也成为中国文化的重要典籍之一。

　　特别要关注的是，中国佛教徒不仅仅是翻译经典，他们还对这些佛教经典做出各种注释、疏解等等，目录的编辑也不只是列一个书单，而是尽量汇集大量相关资料，并加以解说，这一点对中国目录学的发展也有促进意义。

可以说，中国古典文献学、训诂学所具有的各种形式，在佛教中几乎都有，其中有些最早的来源还是佛教，其后才应用到其他学术领域中的，比如"正义"这种形式，主要不是对经典注解字句，而是阐发其义理，同时将已有的各家学说进行会通，这是起源于佛教的。唐代孔颖达主编了《五经正义》，对儒家经典也采用"正义"的方式，这便是儒家对佛教的借鉴。

又如，佛教理论家特别重视对经典题目的解释，往往一个题目就用动辄上万字的篇幅进行阐发，借此概括全经义理，这种方式称为"开题"。今日博士论文、硕士论文，在正式写作前也有一个"开题"的过程，这种方式也与佛教经典解释的传统有关。

可见，佛学的研究确实对中国学术、思想文化的发展起到很大的作用。在后代编辑的大藏经中，也收录了很多中国佛教人士撰写的著作，他们对于研究中国人的佛教思想、观念具有重要的价值。

以下对现存的主要大藏经做一些介绍：

我国现存最早的基本完整的一部大藏经是《赵城金藏》，是 1933 年首次在山西赵城县霍山广胜寺发现的。它是金朝佛教信徒私人募捐雕刻的一部

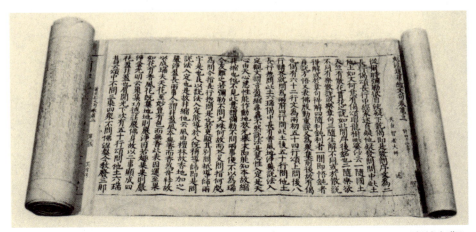

《赵城金藏》

藏经，大约从金皇统九年（1149）在山西解州（今山西运城）天宁寺开始雕刻，到金大定十三年（1173）完工。它是北宋《开宝藏》的复刻本，因此在《开宝藏》已失传的情况下，《赵城金藏》是最能代表我国早期刻本大藏经的风貌的。但现存的《赵城金藏》并非金代刻本，而是元代中统二年（1261）的补雕印本，共计四千九百五十七卷，以后又陆续发现一些残卷，合计有五千一百余卷。抗日战争期间，日本侵略军曾向广胜寺发动进攻，企图劫走这部《赵城金藏》。当时驻在山西的八路军派出部队进行保护，并将藏经转移到一个山洞中保存。由于洞内潮湿，不少卷册遭到毁损。新中国成立后经过十多年的细心修补，终于恢复了原貌。

20 世纪 80 年代开始，我国开始编辑出版最新版的大藏经——《中华大藏经》，其主要底本就是《赵城金藏》，此外，还参考了房山石经等古代珍贵文献，基本上汇集了我国佛教藏经中的一些宝贵版本。

此外，宋代著名的藏经还有在福建刊刻的开元寺版、在平江刊刻的碛砂藏版，元代则有普宁寺藏等。

明代永乐年间刻印了两部大藏经，分为《南藏》和《北藏》。其中《南藏》是永乐初年在南京开始刊刻的，经卷增加到一千六百一十部、

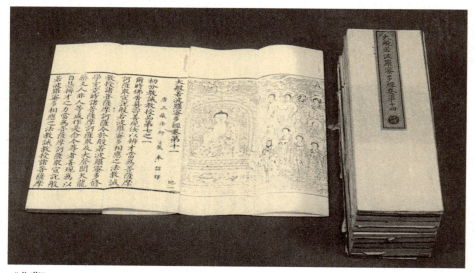

《北藏》

六千三百三十一卷。明朝首都迁到北京以后，永乐十九年（1421）又在北京雕造了《永乐北藏》，到正统五年（1441）才完成，收录经卷为一千六百二十一部、六千三百六十一卷。《永乐北藏》是由国家组织刊刻的，称为"官刻本"，不同于《赵城金藏》那样的"私刻本"。《永乐北藏》保存得非常完好，近年出版了影印本。

到了明朝嘉靖、万历年间，又出了一种著名的私刻版大藏经，称之为《嘉兴藏》。《嘉兴藏》是由明代后期一批著名的佛教人士集资刊刻的，万历十七年（1590）开始在山西五台山雕版，后来又转移到南方的嘉兴、吴江等地，最后在嘉兴的楞严寺完成，分《正藏》《续藏》和《又续藏》三个部分。到清代后又继续修订，

知识链接

摺装式是一种书籍装订形式，又叫贝叶装或梵夹装。因印度自古不使用纸张，其经典是抄写在树叶上的，写好后，在树叶中间烫一个孔洞，用绳穿好订成一册，称为"贝多罗"，简称贝叶装。中国佛教印制佛经开始也采用这种形式，纸张是折叠串联在一起的，称为"梵夹"，故在一般文献中提到"贝叶""梵夹"，都是指佛经，如唐代戈昼《送僧法和》诗："问经翻贝叶，论法指莲花。"欧阳炯《贯休应梦罗汉画歌》："绳开梵夹两三片，线补衲衣千万行。"

共计收录二千零九十部、一万二千六百余卷，是古代编辑的大藏经中数量最多的一部，主要是加入了中国佛教界的很多新著述以及禅宗语录等。《嘉兴藏》另一个重要的特点是使用了线装书册式，如同我们今天看到的那些线装书一样，这样更方便阅读，也更符合中国人的阅读习惯，而此前的佛教大藏经多是采用摺装式的制式。

清代也编撰了一部有名的大藏经，叫《乾隆藏》，也简称《龙藏》。这个大藏经是雍正十三年（1736）开始编集的，到乾隆三年

《嘉兴藏》

《龙藏》

（1739）时完成。它是以明代的《永乐北藏》为底本，有所增减，共收录一千六百六十二部、七千一百六十八卷。

除中国刊刻的这些大藏经外，日本、韩国等汉传佛教国家也刊刻了一些重要的藏经，其中韩国的《高丽藏》尤其珍贵。

它也是根据北宋的《开宝藏》复刻的，于1025年完工，称为《高丽藏初雕本》。1090年又根据一些新出的目录进行校勘，雕刻了《高丽续藏经》四千余卷。《续藏经》和《初雕本》一同藏于高丽的符仁寺，可惜的是，1232年全部毁于蒙古入侵高丽的战火。到了1236年，又开始重新雕刻，目前流传下来的《高丽藏》就是这次雕刻的版本。《高丽藏》的校对很精细，错误很少，应该说是在所有流传下来的大藏经中版本最好的一部。

后来，日本人在大正年间（1912—1925）以《高丽藏》为主要底本，重新编辑了一部大藏经，叫作《大正藏》。这部经收录了中国著述和日本著述，其中中国著述为二千二百六十七部、九千零四十二卷。这部藏经因为编辑得较晚，总结了此前各种大藏经编辑的得失，并且采用了新的佛经分类法，比较方便现代人使用，因而是目前大家使用得最广泛的一部大藏经。这些大藏经收录的著作大部分是中文，其基础都来自宋代编辑的《开宝藏》。

就佛经来说，大约可以分为八大类经典，每一类经典都有其重点所在，在整个佛教体系中都有其地位，形成一个完整的系统。这八类分别是：

1. 阿含经典：了解佛教的基本教义；

2. 般若经典：了解佛教谈空说妙、破迷斥妄之玄义；

3. 法华经典：了解佛教度生方便及众生成佛之玄义；

4. 华严经典：了解佛的宏大境界与宇宙圆满的实相；

5．涅槃经典：了解佛教不生不灭的涅槃思想和修禅境界；

6．唯识经典：了解佛教转识成智、万法唯心之玄义；

7．净土经典：了解佛教净土之意，生起舍去秽土、求取净土的信念；

8．密宗经典：了解佛教的仪规、陀罗尼等。

在中国佛教的诸多著述中，有几类作品很重要，应该有所了解。

首先是论辩性文集。代表性著作是梁朝僧祐编的《弘明集》十四卷，选录了汉末至梁代共一百二十余人的佛教论著一百八十三篇。唐代道宣编了《广弘明集》三十卷，是《弘明集》的续编，收录《弘明集》之后出现的佛教论著二百余篇。有意思的是，这两部书除了收入佛教的"护法"作品外，也收录了不少反对佛教的论著，比如范缜的《神灭论》等也收录在内，从中可以看到当时双方论战的真实情况，也反映了佛教思想上比较开放的论辩观念。

其次是传记作品。其中最重要的是僧人传记，代表作有梁朝慧皎编撰的《高僧传》十四卷，采用中国传统的传记体形式，记载了从东汉至梁代共二百五十七人的事迹。唐代道宣编撰了《续高僧传》三十卷，是继慧皎的《高僧传》而作的，收入梁末至唐初共四百九十八人的事迹。宋代赞宁编撰了《宋高僧传》三十卷，收录自唐高宗时至宋初共五百三十一人的事迹。这三部《高僧传》基本囊括了我国佛教最兴盛时期的众多僧人传记，从中可以看到这一时期佛教史发展的概况。梁代宝唱编撰的《比丘尼传》，记载了一些中国出家女尼的事迹。唐宋之后，佛门居士的地位上升，出现了很多著名居士，清代彭绍升编撰的《居士传》五十六卷，记录了历史上一些著名居士的言行。彭际清还

道宣像

编撰了一本《善女人传》，专门收录信仰佛教的在家女性事迹，共计五十八人。这些传记作品，基本上将佛教的"四众"事迹收罗全面了。

另外还有一种专门记述禅宗师弟子传法事迹的传记，称为《传灯录》，其含义是借灯的火种相传来表示禅宗法脉的流传，可以视为禅宗宗派史。早期禅宗灯录作品流传下来的是《祖堂集》十五卷，五代时期静、筠二禅师编撰，保存了禅宗史一些最早的完整文献。此书在中国一直失传，直到近代才在韩国发现，重新引起佛教界的重视。历史上最有名的灯录作品是宋代道原编撰的《景德传灯录》三十卷，记载了一千七百零一名禅师的事迹，里面多是有关这些禅师的语录、公案、赞颂、诗文等，这部灯录在后代影响很大，成为文人士大夫阶层最喜爱阅读的著作之一。《景德传灯录》之后，宋人又编撰了《天圣广灯录》《建中靖国续灯录》《联灯会要》《嘉泰普灯录》等禅宗灯录，其中内容多有重复之处。南宋时释普济将上述五部灯录作品删繁就简，合五灯为一，编成一本《五灯会元》，因简明扼要，因此流通很广。

《景德传灯录》书影

第三是佛教史书和类书。著名的佛教史书有南宋释志磐编撰的《佛祖统纪》四十五卷，这是一部以天台宗为中心的佛教史书，仿照中国正史的体例，分为本纪、世家、列传、表、志等，书中采集了很多史料，可以视为一部资料翔实的佛家《史记》。编年的体裁也应用到佛教史书中，元代释念常编撰了一部《佛祖历代通载》二十二卷，以禅宗为正统，用编年的形式记载自佛教传入至元代元统元年的史实。此外，元代释觉岸的《释氏稽古略》四卷，明代幻轮的《稽古略续集》三卷等都是比较有名的佛教史书。如果说《佛祖历代通载》类似于《资治通鉴》的话，后面两部史书则类似于朱熹的《纲鉴易知录》，可见中国传统史传著作的几种主要形式都运用到佛教中了。这些佛教内部编撰的史书，汇集了很多中国佛教史的原始资料，从一个个侧面反映了中国佛教发展的历程。

佛教类书，顾名思义是分门别类地采集佛教原典，编排在一起，以利于初学者阅读或者查阅某些专题。最有名的佛教类书是唐代释道世编撰的《法苑珠林》一百卷。此书广采佛家故实，分门别类，资料相当丰富，读此一书，相当于读了一部缩编的大藏经。这部类书还引用了很多感应缘故事，其中一些被后代视为小说，并成为其最原始的出处，有较高史料价值。

第四章

宗派繁盛：中国佛教的主要宗派和思想

药师佛

开宗立派：从学派到宗派

南北朝时期，随着大乘佛典大量输入中国，出现了以译经集团为核心而形成的佛教"义学"学派，这些学派通常以研究某一部经典著名，对佛教义理有其独特的理解与发挥，形成"问学有多门，是处闻师说"的繁荣局面。这些学者被称为"师"，他们的学问被称为"师说"，主要有三论学、涅槃学、成实学、摄论学、毗昙学、地论学、律学和禅学等。这些学派是隋唐之后佛教宗派的滥觞，他们探讨的很多佛学问题为其后佛教的发展做了比较充分的思想准备。

三论学的开创者是鸠摩罗什，其所依据的经典就是他主持翻译的《中论》《百

鸠摩罗什像

论》和《十二门论》。当时的佛教译场，同时还是一个教学机构、研究机构，主译者就是导师，其门下有几百名甚至上千名学徒，逐渐形成某个学派。鸠摩罗什的弟子僧肇、僧睿等都是三论学的大师，僧肇所做的《肇论》四篇，是中国三论学的重要著作，文笔优美，结构严整，深寓哲理，具有很强的思辨性，代表了当时中国大乘空宗的最高哲学论辩水平。

此外，僧朗、僧诠、法朗等都是这一学派的重要人物。由于对真谛、俗谛和中道的解释不同，他们的看法各有差别，最后到隋代吉藏（549—623）那里，将二谛、中道和涅槃佛性相结合，归为一统，创立了三论宗。

涅槃学也是此时影响很大的学派，他们所推崇的是大乘佛教的《涅槃经》。《涅槃经》论述的核心问题是佛身常住不灭，涅槃常乐我净，一切众生悉有佛性、一阐提人可以成佛等大乘佛教的重要思想。

"一阐提"是梵语 icchantika 的音译，意思是"断善根"，也就是没有一点善根，如不信因果、不信业报、无有惭愧等皆属于一阐提的表现。按照小乘佛教某些派别的观点，一阐提人是永远也成不了佛的。据说晋宋之交时有一位道生法师，他根据自己的理解，坚决主张"一阐提可以成佛"，当时引起很大轰动，很多人认为道生的说法违背了佛教。传说当时无人听道生说法，道生只好一个人对着石头讲说佛法，说得石头都点头，成语"顽石点头"就是这么来的。今日苏州虎丘山尚有"生公说法台"和"点头石"的遗迹。后来昙无谶翻译的《大般涅槃经》传到南方，里面果然明确地说"一阐提可以成佛"，大家这才相信道生的说法。道生并没有读过

知识链接

《大般涅槃经》是对中国佛教影响很大的一部经典。其中四十卷本为北凉昙无谶译，共有十七品。这部经传到南方刘宋后，由慧严、慧观、谢灵运等人参考了法显所译的六卷本《大般泥洹经》，重新修订而成为三十六卷二十五品的《大般涅槃经》，称之为"南本涅槃经"，昙无谶翻译的那个经本则称为"北本涅槃经"。此外，法显还翻译过一种三卷本的《方等泥洹经》，佛陀耶舍、竺佛念翻译的《长阿含经》中的第二经《游行经》等属于小乘佛教的《涅槃经》。大乘《涅槃经》和小乘《涅槃经》内容上有很大不同。

虎丘生公说法台

《涅槃经》，但他的思想却与佛经不谋而合，这成为佛性平等的生动例子。这种人人有佛性、个个能成佛的主张，非常适合中国人的口味，中国人所谓的"大乘气象"，在这里充分表现出来。

　　成实学推崇中印度诃梨跋摩所著的《成实论》，这部论也是鸠摩罗什翻译的。此论特别否定"心性本净"的大乘观点，而主张善性恶性都是后天形成的，有人认为这种观点属于"小乘佛教"，但它与三论学一样，也崇尚二谛和中道思想，因此很多三论师如昙影、僧睿、僧导等都

宋人成实论册

研究《成实论》。成实学主张法无自性说，比如木头没有火性，要因缘和合才能生出火来；一般人认为木中既然没有火性，火必定是从外而来了，三论学认为这种看法也不对，指出火不在木内，不在木外，也不在中间；不从内

出，不从外来，也不从中间出，总之，任何法的"自性"都是找不到的。宗派佛教产生后，成实学或者归入了三论宗，或者归入了唯识宗一系。

摄论学以传习、弘扬《摄大乘论》（简称《摄论》）而得名，其学者称摄论师，代表人物是梁朝的真谛。在唐代唯识宗形成后，摄论学被纳入唯识学。

毗昙即梵文"论"的意思，但南北朝时期的毗昙学特指小乘论典，"三论"等大乘论典是不包括在内的。当时，除了弘扬大乘佛教之外，道安等人也组织译出大量小乘论典，慧远在庐山请僧伽提婆重译了《阿毗昙心论》和《三法度论》等，毗昙学开始在南北流传开来。《阿毗昙心论》属于小乘"说一切有部"经典，主张"诸法离他性，各自住己性，故说一切法，自性之所摄"。意思是万物自性不变而现象虚妄。

当时，慧远和鸠摩罗什互相通信讨论佛法，他们之间的分歧就在于此。鸠摩罗什主张不但现象，连自性也是虚妄的，一切皆空。慧远却抓住自性不放，认为自性不空，比如说木有火性、水有湿性、地有坚性，物种不灭，三世实有，不可更改，随缘而现；所以身死神不灭，因果轮回，业报不失，命有定数。鸠摩罗什的看法属于"正宗"的大乘空宗，其思想多为后来的知识阶层——士大夫所欣赏。慧远的看法更多地融入了中国人的某些观念，其思想更容易被老百姓所接受。早期的这些佛学问题的讨论，对后来中国佛教的发展是有着很大影响的。

所谓"地论"是指《十地经论》，由北魏时僧人菩提流支译出，据说是印度瑜伽行派宗师世亲对《十地经》的解释。《十地经》即是后来流行的《华严经》的一部分，相当于《华严经》的《十地品》，当时《华严经》还没有全部翻译出来，但有关"十地"的内容已流传到中国。"十地"讲的是菩萨修行要经过的十个等级，最后达到佛位，也就是成佛，地论学也是中国早期对瑜伽行派接受的成果。

地论学又分为南北两派，主要围绕着成佛而引出的一系列问题争论不休，思想分歧很大。比如：人本来有佛性吗？心性本净吗？人人的佛性都完全一样吗？众生的佛性和如来的佛性是一样的吗？等等。我们前面介绍过，唐代时玄奘之所以下决心去印度取经，就是感到中国人没能看到瑜伽行派的主要经典，往往疑惑不定，争论不休。此外，这一时期形成的摄论学是以印度无著的《摄大乘论》为主要经典，也属于瑜伽行派学说在中国的早期弘传。宗派佛教建立后，地论学和摄论学或归入华严宗，或归入唯识宗。但早期中国僧人们的那些探讨并非没有意义，他们表现出中国僧人对佛法探求的精神以及佛教如何适应中国文化的背景等，都是很有价值的。

律学，顾名思义是研究经、律、论三藏中的戒律的。戒律也分为大、小乘。释迦牟尼在印度时，根据当时具体情况随时制定和修订戒律。临涅槃时，嘱咐弟子们今后以戒为师，等于佛陀在世，可见戒律在佛门中是非常重要的。北魏的慧光（468—537）是北朝律学大师，被后人奉为律宗的先祖，但在南北朝时期还只有律学，没有形成律宗。流行我国的小乘戒律有《十诵律》《四分律》《摩诃僧祇律》等；大乘戒律则有《梵网经》《菩萨戒本》《优婆塞经》等。小乘律有戒杀、盗、淫、妄语、酒等最重要的戒律，其他如行、住、坐、卧，乃至上厕所、吐痰等日常生活，皆有戒律，无所不备，这一点与儒家完备的礼法礼

《十诵律》书影

仪相映成趣，且更为严格。大乘戒律更强调动机的纯正和愿望的宏大，认为心的约束比形的约束更为重要，也更为艰难。在教义上坚持大乘佛教思想，但在戒律上却基本执行小乘戒律，这是中国佛教一个很重要的特点，显示了中国佛教特有的灵活性和包容性。

《楞伽经变》局部

梵语 dhyana 的汉语音译为"禅那"，简称为"禅"，意译为"静虑"，是"系心于一境，正审思虑"的意思。它本是印度宗教中非常重要的一种修炼方式，也就是瑜伽，一般称之为"禅定"，是很恰当的。禅在佛教产生之前就有，佛教产生后将其纳入自己的理论体系，成为"戒、定、慧"三学中"定学"的基础。早期传入中国的禅法多属于小乘禅，如东汉时安世高翻译的《大安般守意经》《禅行法想经》《大十二门经》《小十二门经》《禅法经》《禅定方便次第法经》《禅行三十七品经》；支谦译出的《修行方便经》《禅秘要经》；三国时康僧会译出的《坐禅经》；西晋时竺法护译出的《法观经》《修行道地经》等，都属于这种禅法，这是当时习禅的主流。

从鸠摩罗什开始翻译大乘禅学经典，其中以求摩跋陀那最为突出。他在宝云、慧观两位中国僧人的帮助下，在刘宋元嘉二十年（444）左右译出四卷本《楞伽经》，这部经典受到从印度来到中国的菩提达摩的推崇，将它作为禅修的重要经典，对后来中国禅宗的建立影响很大。

《楞伽经》其实不是专讲禅法的书，但是涉及禅法的一些问题。在四卷本的卷二中，将禅分为四种：第一叫"愚夫所行"，指的是小乘禅法，它的修法是"观人无我"，也就是将"我"观空；第二叫"观察义"，指的是大乘禅，修法是"观法无我"，也就是将"法"也观空；第三叫"攀缘如"，指的是突破前两种禅只观"我""法"为空的消极方式，从积极方面来观"诸法实相"；第四种叫"如来禅"，意思是"自觉智境"，通过禅修获得佛的内证境界。

《楞伽经》所讲的这种禅法，与此前在中国传播的小乘禅确实有很大区别，在大乘禅看来，小乘禅只是禅修最初级的阶段，而且称之为"愚夫所行"。达摩所传的这种大乘禅法后来就被称为"如来禅"。不过，这时禅宗并没有真正形成，还属于"禅学"阶段；禅宗真正形成后的禅被称为"祖师禅"，也就是禅宗六祖慧能所开创的禅法。

以上介绍的这些佛教学派在中国佛教的发展上有着重要意义，它们为后来佛教宗派的形成奠定了思想基础，很多宗派就是由某些学派演变而来的。但这一时期的佛教学派还不能称为"宗派"，因为二者有着本质的不同。

首先，佛教宗派的形成与寺院经济的发展有密切关系。隋唐时期寺院经济有很大发展，僧侣地主阶层逐渐形成。大的寺院构成了佛教的经济中心，经济利益的传承是佛教宗派建立宗法式传承关系的重要原因。例如第一个佛教宗派天台宗的活动中心在天台山国清寺，那里有朝廷所赐的以及施主贡献的大量土地。有的宗派传承短暂，如唯识宗，这与它主要活跃在长安寺庙中、经济基础薄弱有关，用今天的话说就是缺少发展的经济基础。隋唐之前的佛教，虽然也有很大发展，但也没有形成这种经济基础。

慧能大师像（丁云鹏　绘）

🔆 **知识链接**

中国宗法制度中有所谓"五宗"，是指始祖为大宗，高祖、曾祖、祖、父为小宗，大宗一、小宗四，合称为五宗。中国佛教宗派也基本采用这样一种制度而形成其传承谱系，宗师之间的代际关系有如父子相传。

🌸 知识链接

中国历史上，主要有北魏太武帝拓跋焘、北周武帝宇文邕、唐武宗李炎、后周世宗柴荣主导的著名"灭佛"事件，史称"三武一宗法难"，其中又以唐武宗的"会昌法难"影响最大。

唐武宗在一些道士的支持下，于会昌四年（844）下令禁止民间举行佛教仪式，废除各类小佛寺，这些小佛寺中的僧尼全部还俗；会昌五年（845）敕令淘汰佛教，除长安、洛阳保留四座寺院，地方各州只保留一座寺院之外，其他的一律拆毁。"会昌法难"总共废除四万四千余座佛寺，被迫还俗的僧尼二十六万余人，对佛教的发展是一次沉重打击，禅宗之外的很多宗派的传承从此中断，经典被毁灭。

其次，在传法观念和传法系统上更加中国化。一个佛教宗派，都有其"祖统"，也就是"初祖""二祖"往下传承，这是很地道的中国宗法观念的表现，是将中国传统的宗法制度移植到佛教中的产物，在印度并没有这种观念，所以早期的学派中是没有这种"祖宗"观念的。

有一点很值得注意，即宗派形成后，早期佛教学派中的一些人物被尊为"祖"，乃至一般人会误解以为这个宗派真是由那个"祖"开创的，其实，"祖"往往是后人的追认，并没有多少真正的历史依据。典型的如菩提达摩被尊为中国禅宗的"初祖"，龙树被天台宗尊为"初祖"等等。

第三是佛教各宗派不但在学理观点上有所不同，而且从根本教义和修持方法上都有很大差异。这一点集中表现在各宗派的"判教"上。"判教"是中国佛教史上的一个重要概念，是指各宗派根据佛教义理的深浅、说法时间的先后等方面，将后世所传的各种佛教思想，加以剖析类别，分出层次，形成一个完整的体系。几乎每个宗派都有自己推崇的经典作为"判教"的主要依据，并由此形成不同的修持方式。

佛教宗派的建立是中国佛教发展到成熟阶

白瓷达摩立像

段，理论水平达到巅峰的象征。但同时也要看到，佛教宗派也具有一定的封闭性和排他性，各宗派之间往往互相贬低，甚至互相攻击，这又是它走向衰落的因素之一。加上唐代中期之后"安史之乱"的影响、"会昌法难"的重创，中国佛教宗派在经历隋朝、初唐、盛唐时期的繁荣后，走向衰落，只有少数宗派如禅宗、净土宗、天台宗等继续有所发展，各宗派之间出现重新融合的趋势，中国佛教进入了一个新的历史发展时期。

　　中国佛教宗派众多，隋唐之后，至少形成了八大宗派，分别为：律宗、三论宗、天台宗、华严宗、法相宗、禅宗、净土宗、密宗。还有的学者将六朝时期的俱舍宗和成实宗加上，称为十宗。下面重点介绍在中国影响最大的四个宗派。

会三归一：天台宗

天台宗是中国佛教最早确立的宗派，其名称是因为它的实际创始人、隋朝的智顗禅师长期住浙江天台山而来。又因为该宗的教义主要依据《妙法莲华经》（简称《法华经》），所以又称为法华宗。

🪷 **知识链接**

天台宗、华严宗等宗派的僧人一般也称为"禅师"，也修禅观，但每个宗派的禅修方式都有些不同。古代很多文献中常提到某某禅师，我们不能一看到"禅师"二字就想当然地认为他属于禅宗，其实更多时候，特别是在唐代，"禅师"多是属于天台宗或是华严宗的。

天台山国清寺

不过，在天台宗的祖统谱系中，智顗并非"初祖"，而已经是"四祖"。在他之前，有龙树、慧文、慧思三位祖师。慧文禅师生活于南北朝的北齐年间，他是因为读了龙树的《中论》而开悟的，这样的开悟属于"无师自悟"，因此后来天台宗就将自己的渊源推溯到龙树那里。

慧文禅师所悟的是什么呢？那就是根据《中论》里"众因缘生法，我说即是空，亦为是假名，亦是中道义"这个偈子，而悟出了"一心三观"的观行方法，也就是说，在一心之中，同时具备了"空、假、中"这三种观，其中"空观"是出世法，称为真谛，"假观"是世间法，称为俗谛，"中观"是真俗圆融的第一义谛。

《中论》中的那个偈是龙树开创的大乘空宗的核心思想，说的是一切诸法皆是从因（根据）和缘（条件）的结合产生的，离开了因缘之外，别无实体可得，完全是随缘而生，缘散自灭，本性是空的。但虽说诸法皆空，而假名是有，这个"名"是

天台山国清寺智者塔院

人们主观上妄执客观实有而安立的，虽然没有实体，但有假相。从假名来说而非全无，从性空来说而非全有，非有非空，这就是中道。由此可见，天台宗可以说是充分发挥了大乘空宗的学说而成立的，这是它的根本所在。

其后，慧文将此法传授给弟子慧思禅师。慧思俗姓李，豫州汝阳郡武津（今河南上蔡）人。十五岁出家，二十岁受具足戒。他出家后每天读诵《法华经》，数年之间读诵了不下数千遍。据说他学习了慧文禅师"一心三观"的禅法后，结合《法华经》的读诵，悟得了"法华三昧"，一时间名声远播，著述有《诸法无诤三昧法门》《立誓愿文》《随自意三昧》《法华安乐行义》《大乘止观法门》等。因为他主要居住在南岳衡山，因此有"南岳尊者"的称号。他的弟子很多，智颉就是其中之一。

智颉（538—597）俗姓陈，祖籍颍川（今河南许昌）。十八岁时出家，二十岁受具足戒，后来主要跟慧思禅师学法，也是因为读《法华经》而悟得"法华三昧"。智颉开悟后，到各地弘法，主要住在浙江天台山，在山的北面山峰创立寺院，栽松引泉，行头陀行，昼夜禅观。智颉曾经为晋王杨广（即后来的隋炀帝）授菩萨戒，被杨广尊称为"智者"，所以后人也称他为"智者大师"。智颉一生著作丰富，最主要的有《法华玄义》《法华文句》《摩诃止观》《维摩诘经玄疏》《金刚经疏》等，他的著作系统地提出了天台宗的纲领和理论，他的几部著作是天台宗的根本典籍，所以他才是天台宗的真正创立者。

在中国佛教史上，智颛也是首先提出"判教"观念的人，此后，判教被各个佛教宗派采用，尽管具体的判教内容都不相同。

智颛把佛陀一代教法判为五时八教。

五时即"华严"时、"阿含"时、"方广"时、"般若"时、"法华涅槃"时。这是根据《大般涅槃经》中从牛出乳，从乳出酪，次第而成生酥、熟酥、醍醐五味的譬喻而建立的理论。乳比喻一时的"华严"，酪比喻二时的"阿含"，生酥比喻三时的"方广"，熟酥比喻四时的"般若"，醍醐比喻五时的"法华涅槃"。智颛认为这是佛陀在不同时期对不同听众分五个阶段说出的五类教法，叫作"五时谈教"。

从佛陀说教的方式方面来判为"化仪"四教，从内容方面来判为"化法"四教，合称八教。"化仪"的四教是"顿、渐、秘密、不定"，智颛认为"华严"属顿教，"阿含、方广、般若"属渐教，但在顿渐中都有"秘密"和"不定"二教。"化法"四教是"藏、通、别、圆"，"藏教"是指释迦牟尼最初在鹿野苑谈的"阿含三藏"，属小乘典籍，是专对小乘根机人而说；"通教"指方广类大乘经典，古人解释说"理正为方，文富为广"，是说这类经典道理很正，内容也很丰富，其中有顿、有渐、有权、有实；"别教"是般若类经典，专为舍弃小乘转向大乘的人而说；"圆教"是指《法华》《涅槃》等佛陀晚期的教法，达到了最纯粹、最圆满的程度，高于其他一切诸教，是佛教的根本教义。

智颛的这种"判教"方式将佛教的不同学说组织成一个完整的严密的系统，在分析方法上相当细密，对后世影响很大。

天台宗最推崇的印度佛教经典是鸠摩罗什翻译的《妙法莲华经》，这部经由于天台宗的巨大影响，是隋唐时期人们读诵最多、最广的经典之一，在佛教界是大名鼎鼎的。鸠摩罗什翻译的这部经典行文流畅，辞藻华美，在佛教思想史、文学史上具有重要的地位和价值。

这部经指出："三乘"的说法是权宜之计，一乘才是佛的本意。之所以有前面的两乘，是佛考虑到众生的心量不够大，开始无法接受大乘观点，佛就指导他们先修行自我解脱的方法，最后等众生根机成熟了，再"会三归一"，演说最真最高的无上妙法，这就是《妙法莲华经》。经典所涉及的"权法""实法""了义经""不了义经"等，是大乘佛教中相当重要的观念，天台宗的"判教"思想显然是发挥了这部经典的观点而提出的。

智顗还融合了南北朝时期地论师和摄论师两个学派的观点，做出新的发挥，提出了"性具"学说，这也是天台宗的重要理论。这是针对"本有佛性是清净的还是染污的"这个佛教重要理论问题做出的一种解释。智顗所说的"性具"，就是一切法都是自然存在的，既不是自生的，也不是他生的，同时这种存在不是单一的存在，而是互相联系作为全体而存在的。我们每个人当下的一心就具有三千大千世界的全体，这叫作"一念三千"。

"一念三千"的含义是：凡夫的境界可以分为六道（天、人、阿修罗、畜生、饿鬼、地狱），圣人的境界可以分为四道（声闻、缘觉、菩萨、佛），合在一起称为"十法界"，每一类的众生所看到的法界（即宇宙）各不相同，人所见不同于畜类，畜类又不同佛、菩萨所见，等等。再用"十如"来配合十法界，每一法界都有十如，十法界就有百如。再从十法界本身看，它们之间又可以互相转化，因此，每一法界就蕴含有其他九种法界在内，譬如人类中有些人生活如在天堂，有些人生活如同地狱等等，这样，就由百数达到了千数，就有千如，再配以"过去""现在""未来"三世，就变成"三千如"了，但这"三千如"并不在外面，而是在每个众生的心念之中，所以叫作"一念三千"。外在的三千大千世界也是这个内在的"三千如"的显现而已。

每一个众生在其一念之中都存在三千种境界，只是由于业感缘起的不同而显现出差别，最高的是佛境界，最低的是地狱境界，两者虽有天渊之别，但也都是心的显现。智顗又依据《法华经》中"诸佛世尊唯以一大事因缘故，出现于世"的说法，认为释迦牟尼之所以示现"八相成道"的应化之

🌸 知识链接

"十如"也叫"十如是"，是天台宗的重要概念，是指相、性、体、力、作、因、缘、果、报、本末究竟等十种范畴，这是对佛教所谓"实相"的一种分析。"实相"本来是无相的，是无法用语言来描述的，但为了使一般人了解"实相"的内涵，可以从十个方面来分析，它实际上是对世界存在形态的一种描述。

身，其目的是为了开示佛之知见，令众生悟入佛之知见，也就是体悟自己本来具有的佛性，最终获得圆满。这样，就明确地将学佛的根本目的确定为"成佛"。

天台宗的具体修行方式，最主要的叫作"止观法门"。"止"是梵语 samatha（奢摩他）的意译，指专注于特定的对象以消除一切妄念，也就是所谓"定学"；"观"是梵语 vipasyana（毗婆舍那）的意译，指由专注观想的对象而生起正智，也就是所谓"慧学"。天台宗将这二者结合起来，提出"止观双修"的概念，也就是两者不可偏废，互相辅助。

总之，天台宗的这些思想都是对大乘佛教非常重要的发挥和总结，很多思想是相当卓越的，它的建立标志着中国佛教哲学的成熟。

智顗在世的时候，隋炀帝杨广便要为他建立一座寺院，但还没有建成，

天台山国清寺

智颉便去世了。此后，在天台山佛陇峰南麓建了一座规模宏大的国清寺，此寺几经变革重建，沿革至今，被视为天台宗的根本道场。

智颉的主要著作都是由其弟子灌顶（561—632）集录成书的，灌顶还作有《智者大师别传》《国清百录》等宣传天台宗的著作，为智颉学说的普及做出了很大贡献。

进入唐代之后，天台宗的发展一度不如后起的华严宗。在中唐时期，天台宗又出现一位著名宗师湛然（711—782），他"中兴台教"，使天台宗重新出现繁荣局面，被列为天台宗的九祖。

湛然俗姓戚，常州荆溪（今江苏宜兴）人，世称荆溪大师，他的著作主要有《法华玄义释签》《法华文句记》《摩诃止观辅行传弘决》等，对智颉的几部著作做出阐解，借鉴了唐代兴起的华严宗、唯识宗等宗派的学说，对天台教义重新加以解释，显示了宗派间在相互争论中又相互融合的趋势。此外，湛然的俗家弟子梁肃是中唐时期著名的崇佛士大夫，他主张儒佛会通，对天台宗教义也做出了一些新的发挥。

中国天台宗还直接影响了日本天台宗的建立。日本僧人最澄于805年来到中国，向湛然的弟子道邃和行满学习，回国后，在比睿山开创了日本佛教的天台宗，日本后来的日莲宗乃至现代的创价学会等都是由天台宗演变而来。

"会昌法难"之后，加上五代时期的战乱，天台宗的主要典籍几乎全部湮灭。北宋初期，僧人义寂劝说信奉佛教的吴越王钱俶遣使到高丽和日本，觅求抄写天台宗经典，高丽国僧人谛观送来了流传到那里的天台宗的主要典

知识链接

智颉的《摩诃止观》《修习止观坐禅法要》等书介绍了修习止观的方法，兹举几例：1. 系心脐中像豆子那么大，能治诸病，也能发生诸禅，因为息从脐出，还入至脐。又人托胎之时，带系在脐，是肠胃的根源。2. 诸如上气、胸满、两胁痛、背脊急、肩井痛、心热烦闷、烦不能食、脐下冷、上热下冷、阴阳不和以及咳嗽等，可以用意守丹田的方法治疗。如果止心丹田仍觉痛切，可以移心于足三里穴。若还不能止，则可以移心两脚大拇指甲的横纹上，以愈为度。3. 心缘两脚之间可以治愈头痛、眼睛赤疼、唇口热、疮疮、腹绞痛、两耳聋、颈项强等病。4. 经常止心在足，能治一切病。因为我们平常用脑的时候多，气强冲腑脏，反而成病，心如缘下，则五脏顺而清化力增强，众病自愈。

天台宗自古也有"九祖传承"的说法，这九祖分别是：第一祖龙树，第二祖北齐慧文，第三祖南岳慧思，第四祖天台智颐，第五祖章安灌顶，第六祖法华智威，第七祖天宫慧威，第八祖左溪玄朗，第九祖荆溪湛然。这个"祖统"到湛然为止，这也说明天台"祖统"的建立是在中唐时期完成的。

籍，天台宗才重新得以复兴。此后，天台宗内部围绕着争论智颐所撰《金光明玄义》广本的真伪问题而分裂为山家、山外两派。通常认为山家派为正统派，以四明知礼禅师为代表；山外派为非正统支派，以庆昭、智圆禅师等为代表，两派之间的争论内容和过程非常复杂。

宋代之后的天台宗虽然仍有发展，每个朝代也有一些杰出的僧人出现，但总的来说不如隋唐时期兴盛了。

万法圆通：华严宗

华严宗是另一在中国佛教史上占有重要地位的宗派。顾名思义，它是因为推崇和发挥大乘佛教经典《华严经》而得名的，又因为它的实际创始人法藏世称"贤首大师"，所以也称为"贤首宗"。

不过如同天台宗一样，华严宗的祖统也不是从法藏开始的，在法藏之前还有两位祖师——杜顺和智俨，法藏被列为三祖。

杜顺（557—640），法名法顺，雍州万年县（今陕西临潼）人，出家后主要住在终南山，宣扬《华严经》，相传著有《华严法界观门》《华严五教止观》，不过都没有流传下来。传说唐贞观十四年（640）十一月十五日，杜顺法师示寂于南郊义善寺，世寿八十四。他圆寂前，有一位僧人赴五台山礼拜文殊菩萨，刚走到山麓，碰到一老人说："文殊菩萨已到长安教化众生去了。"僧人问："是谁？"老人说："他化身为杜顺和尚。"僧人听了立即前往长安，可是在他到达的前一日，杜顺和尚已寂化离开了人间。因此，后来人们传说杜顺和尚就是文殊菩萨的化身，并推他为华严宗初祖。

智俨（602—668），天水人，是杜顺的弟子，随师研究《华严经》《十地

华严初祖法顺灵骨塔

经论》等著作，著有《华严经搜玄记》《华严一乘十玄门》《华严五十要问答》《华严经内章门等杂孔目章》等。智俨的弟子也很多，其中有新罗国的义湘（他回国后，开创了新罗国的华严宗），但最有名的弟子要算是贤首法藏了。

法藏（643—712）的祖先是康居国人，他本人生于长安，十七岁时，师从智俨学习《华严经》，深通玄旨。二十八岁时，武则天让他在太原寺讲《华严经》，并参与当时对《华严经》的重新翻译。新译《华严经》完成后，他又在洛阳佛授记寺等地开讲这部经典。

传说他为武则天讲经，讲到天帝网义十重玄门、海印三昧门、六相和合义门、普眼境界门时，武则天感到过于抽象，有些茫然不解。法藏于是指着殿上金狮子作譬喻，讲到一一毛头各有金狮子，一一毛头狮子同时顿入一毛中，一一毛中皆有无边狮子，重重无尽。同时，他又取来两面镜子，将两面镜子互相对着，这样就可以看到一个镜子中有对面的镜子，对面的镜子里又有自身，一层一层的，也是重重无尽。武则天于是豁然领悟，因而把当时所说集录成文，叫作《华严金师子章》。武则天非常欣赏法藏的讲经，下旨将《华严经》中贤首菩萨的名字赐给他作称号，从此法藏也被称为贤首和尚。

《华严经》全称为《大方广佛华严经》，据说是释迦牟尼成道后不久，在

华严寺全景

菩提树下为文殊、普贤等大菩萨所宣说的自内证法门，当时小乘根机的人完全听不懂，如聋如盲，于是释迦牟尼才不得不开始说小乘经典。

《华严经》部头结构非常宏大，展现了万德圆满、妙宝庄严、无限华丽神秘的诸佛境界，以至后来有人把它比作一部规模宏大的神魔小说，所以自古被尊称为"大经"，有"不读《华严》，不知佛家富贵"的说法。

按照华严宗的解释，这部经说的全部是佛的微妙的觉悟之境，是佛教的根本法门，叫作"称性本教"。这部经由龙树从龙宫中带到人间，才开始流传。

《华严经》

汉译本总共有三种，第一种是东晋时佛陀跋陀罗所译，六十卷三十四品，称为"旧译华严"或"六十华严"。第二种是唐代实叉难陀等译，八十卷三十九品，称为"新译华严"或"八十华严"。第三种是唐代般若翻译的四十卷本，全称《大方广佛华严经入不思议解脱境界普贤行愿品》，称为"四十华严"。实际上"四十华严"也就是对前面两种译本《华严经·入法界品》的详译，并不是全经。

在上面三种译本中，以"八十华严"最完备，也是华严宗建立时所依据的主要经典，它翻译的年代就是武则天当政的时候。当然，在《华严经》全部翻译之前，它的部分内容早就被介绍到中国，主要有《十地经论》等，这些都为华严宗的建立奠定了基础。

与天台宗一样，华严宗也对整个佛教做出"判教"，也是分为五教，不过具体的分法与天台宗有区别。华严宗的五教分别是：

1.小教：为小根钝机不能接受大法的小乘学者说四谛、十二缘起等法，使二乘之人破除我执、断烦恼，从而证得阿罗汉和辟支佛果。

2.大乘始教：这是为由小乘转大乘者所说的教法，其中又分为"空始教"和"相始教"两类，空始教指的是般若类经典，表明一切皆空而破除法执；相始教指瑜伽行派诸经，表明万法唯识而融通心境。

3.大乘终教：又称为实教，指《楞伽经》《法华经》等经典，表明"如来藏心"、诸法实相，认为二乘之人甚至一阐提众生皆能成佛。

4.大乘顿教：指顿悟顿修的教法，如《维摩诘经》等，主要指当时已经兴起的禅宗法门。

5.大乘圆教：即圆融无碍的教法，也就是《华严经》。由此可见，各个宗派判教时，都是将自己最推崇的经典作为最高的门类。

华严宗最重要的思想是有关法界缘起的理论，也就是关于世界生成和真实状貌的理论。它用缘起因分、性海果分二门阐明宇宙万法的实相。性海果分就是诸佛的境界；缘起因分就是法界缘起，它的相状是无尽圆融的。宇宙间的万法，无论是有为、无为，色、心、依、正，过去、现在、未来等法，都是互为因果，或者一法为因，万法为果，或者万法为因，一法为果。自他之间互为缘起，相互依存，圆融无碍，所谓一即一切，一切即一，举一尽收，以一尘为主，诸法尽摄，相即相入，重重无尽。

具体来说，又分为四法界。第一叫事法界，它指的是宇宙万有一切色心诸法都各自具有一定的特性，彼此之间各有分别，互不混淆。第二叫理法界，是说一切色心诸法虽有千差万别，但彼此之间都无实体，真如实性毕竟平等，周遍圆满。第三叫理事无碍法界，是说差别的事相和平等的理性交融无碍，所谓理由事显，事揽理成，理事不二，相即相入。第四叫事事无碍法界，是说一切色心诸法都属于缘生，没有实体，如梦如幻，大能容小，小能容大，称性融通，重重无尽。

在此基础上，还有"十玄门"等理论，非常繁复。总的来说，就是要人打破宇宙时空的种种界限，悟到"万法唯心所造"的佛教真理。

华严法门的这套非常精妙的哲学因法藏等人的发挥和弘扬，在唐代广为流行。

　　唐代有一位名叫李渤的士大夫，他听归宗禅师讲说华严宗的理论后说："须弥纳芥子，我不怀疑，但说芥子藏须弥，恐怕没有这个道理吧？"

　　归宗禅师说："人们都说学士你读书破万卷，是不是啊？"

　　李渤说："当然。"

　　归宗说："你的心如椰子大小，腹也不过如桶那么大，请问那万卷书都放在哪里了？"

　　李渤听后恍然大悟。

　　由这个例子可以看到，华严宗所看到的圆融无碍的法界是将一般人以为有实体的东西抽象为一种精神体，正如现代物理学认为的，任何可见的物质最终都可以转化为无形的能量，世界上千变万化的现象无非是能量的转化而已，而无论怎么转换，能量都是守恒的。这大概就接近所谓"华严境界"吧。

　　中唐时期，华严宗又出了一位大师级人物，这就是被尊为华严四祖的清凉国师澄观。

　　澄观（738—839）字太休，俗姓夏侯，越州山阴（今浙江绍兴）人。他出家后，曾游历五台山、峨眉山等佛教名山，后来住在五台山的大华严寺，在那里讲授《华严经》，并为八十卷本《华严经》作疏解。从唐德宗兴元元年（784）正月开始，到贞元三年（787）十二月，历时四年，撰成一部二十卷的《大方广佛华严经疏》。后来他又多次演说《华严经》，并将这些演说的内容汇集成一部长达九十卷的《大方广佛华严经随疏演义钞》。这两部大部头的书都流传至今，是中国华严宗的重要著作。不久，般若开始翻译南印度乌荼国新送来的《华严经》后半部分的梵本，也由他进行审定，这就是前面介绍过的"四十华严"。他还入皇宫为唐德宗讲解《华严》，被授以"清凉国师"的称号。他又号称"华严疏主"，一生的著作多达四百余卷，数量

　　十玄门包括：一、同时具足相应门；二、广狭自在无碍门；三、一多相容不同门；四、诸法相即自在门；五、秘密隐显俱成门；六、微细相容安立门；七、因陀罗网境界门；八、托事显法生解门；九、十世隔法异成门；十、主伴圆融具德门。

是相当惊人的。唐文宗开成四年（839）他以一百零二岁高龄圆寂。

华严宗的五祖宗密（780—841）也是中国佛教史上一位重要人物。

宗密，俗姓何，果州（今四川西充）人，出家后拜澄观为师，因长期住在终南山草堂寺南的圭峰兰若，诵经修禅，从事著述，因此人称"圭峰禅师"。宗密除了学习《华严经》外，还特别弘扬另一部大乘佛教经典《圆觉经》，将此经纳入华严宗的教义。他刚出家时因读《圆觉经》而心开悟解，后来疏释了此经，有《圆觉经大疏》十二卷、《圆觉经大疏释义钞》十三卷、《圆觉经大疏钞科》二卷、《圆觉经略疏》四卷、《圆觉经道场修证仪》十八卷等。《圆觉经》义理深邃，文辞优美，篇幅又不是很大，得到中国士大夫学佛者的推崇，成为他们常读的佛经。

宗密生活的时代，禅宗开始兴盛，宗密早年也学习过南宗禅荷泽系的禅法，对禅学有很深的研究，他把禅门各家阐述自己宗旨的文字句偈集录成书，称为《禅源诸诠集》，这部书已经失传，只流传下宗密为此书作的《都序》，从中可以看到早期禅宗的很多思想以及宗密的评判，非常有价值。这些情况也显示出当时禅教融合的发展趋势。

"会昌法难"之后，华严宗也走向衰落，但并没有完全中断，华严宗的很多思想融入了禅宗、净土宗等其他宗派，每个朝代都有一些以研读华严著称的高僧。比如宋代的子璇禅师，特别推崇宗密，讲授《普贤行愿品疏钞》及《华严法界观门》等，并用华严宗的义旨疏释《首楞严经》。其后净源法师为澄观的《华严疏钞》做过注，叫作《华严疏钞注》，部头很大，只流传下来一部分；元朝的普瑞法师作过《华严悬谈会玄记》，清朝的续法法师作有《贤首五教仪》等，不过总的来说，在思想的创造方面已远不如唐代了。

拈花微笑：禅宗

在所有佛教宗派中，禅宗可能是对中国社会、思想和文化影响最深广的一个宗派。它也是中国化最彻底的一个佛教宗派，它的出现代表中国佛教发生了根本性变革。前面介绍过，印度也有禅，是思维修、静虑的意思，主要是指戒、定、慧三学中的"定学"，通过数息、调息等手段使心安住于静虑。但中国禅宗却更加强调"慧学"即禅的智慧，将禅宗视为破迷开悟、解脱生死的最高途径，所以中国禅宗特别强调"心印"，禅宗在中国也被称为"佛心宗"。

按照后来禅宗的说法，禅宗是从佛陀曾在灵山会上拈花示众、迦叶尊者默识心通、破颜微笑、得佛当下印可并亲传衣钵开始的，摩诃迦叶被推为印度禅宗的"初祖"。中国禅宗的创始人传说是印度来华的高僧菩提达摩，在印度他已经是第二十八祖。在他之前很多印度佛教的著名人物被列入禅宗祖统的名单，比如前面介绍过的马鸣、龙树，分别是禅宗的第十三祖和十四祖。这也说明禅宗主要继承的是大乘空宗一系。

据说达摩的师父二十七祖般若多罗对他说：你的缘分是在中国，等我圆

《马鸣菩萨传》

🐟 知识链接

禅宗中还流传着达摩"一苇渡江"的故事：达摩离开皇宫后，梁武帝把他与达摩的问答告诉了他的师父志公禅师，志公听后说："达摩的开示好极了，他便是观世音菩萨乘愿来传佛心印啊。"梁武帝非常懊悔，当下派人追赶达摩。达摩正走到长江边，忽见一队人马赶来，于是随手折一枝芦苇，掷于江中，脚踏芦苇，悠然渡江北去。这些故事都将达摩塑造成一个神妙莫测的神僧。

达摩"一苇渡江"

寂之后，你可以到那里去传播禅法。

达摩遵从师嘱，于梁武帝普通七年（526）乘船来到中国。他先到达广州，然后到达梁朝首都建康，见到了以崇佛闻名的梁武帝。当时他们之间有一段对话：

梁武帝问："朕即位以来，造寺写经，度僧不可胜数，有什么功德？"

达摩答："并无功德。"

梁武帝又问："为什么没有功德？"

达摩答："这只是人天小果，有漏之因，好比影子跟着东西走，并没有实际效果。"

梁武帝问："那么，什么是真功德？"

达摩答："净智妙圆，体自空寂。这种功德，不从世俗求得。"

梁武帝问："如何是圣谛第一义？"

达摩答："空洞洞的，没有圣谛。"

梁武帝问："那么朕对面的又是谁呢？"

达摩答："不认识。"

两人之间的对话很不投机，达摩便离开南朝，渡江北上，来到洛阳。

不过这个故事出现得很晚，不但一般正史、野史都没有记载，就是禅宗文献，也是直到774年左右编撰的《历代法宝记》一书才有了这种记载，后来更晚出现的《六祖坛经》《祖堂集》《景德传灯录》等著名禅书都引述过这个故事，因此影响非常大。达摩会见梁武帝的故事其实表明了禅宗要求远离世俗、不追求世俗的"福德"等重要的宗旨，这与后人认为禅宗非常世俗化的看法正好相反。

达摩到洛阳后，止于嵩山少林寺，据说曾面壁禅坐九年，一言不发，人莫能测。今日少林寺附近五乳峰上有一幽邃的石洞，人称"达摩洞"，据说就是他当年面壁的地方。传说因为他禅定功夫好，他的精灵进入石壁，在石壁上留下了他的整个人影像，成为一段佛门佳话。

达摩传法给弟子慧可的传说也相当有名。

在达摩面壁打坐的时候，一位名叫神光的僧人一心要拜达摩为师。一开始，达摩没有收留他，只是时常面壁端坐，并不加以教诲。

一个寒冬大雪之际，神光彻夜立正，侍候在达摩大师身旁，直到天明，地下积雪已经过膝，可是他侍立愈加恭敬，最后竟然砍掉了自己的一只手臂，来表示求道的决心。

达摩问神光："你到底要求什么？"

神光说："我心不得安宁，请大师为我说安心法门。"

达摩便说："你把心找出来，我便为你安心。"

神光听了这话，当时便怔住了，良久方说："我找我的心在哪里，了不可得啊！"

达摩又说："对啊！这便是你安心的法门啊！"

神光言下大悟。达摩便将大法传与他，并为他改名慧可。

 知识链接

达摩传授给弟子神光的"坐禅偈"非常简单："外息诸缘，内心无喘，心如墙壁，可以入道"，是说心要如墙壁那样凝定在内外隔绝的境界之上，从而消除妄想，达到空寂灵知，湛然圆寂，朗照明净，心境一如，言语道断，心行处灭。

达摩面壁

达摩所传的禅法主要以四卷本《楞伽经》为依据，这部经典主张离名绝相，所以达摩特别嘱咐修禅者不可执著于语言文字，而要在诸法实相上离言现观，亲证真如，所以有人总结说："达摩西来无一字，全凭心地用功夫"，确实概括出达摩禅法的主要特征。

菩提达摩圆寂之后也有一段富有传奇色彩的"只履西归"故事。据说达摩圆寂三年之后，北魏人宋云奉命出使西域，在回国途中，走到葱岭时遇见达摩。只见他手里拿着一只鞋，翩翩独行。宋云问："师父往哪里去？"达摩答："回西天去！"宋云归国后，将此事禀报朝廷，北魏孝宗皇帝命人开启墓穴，打开棺材一看，发现棺内只有一只鞋。可知达摩真的"西归"印度了。

后代两位禅师，对此事做过一次颇为有趣的讨论。景祥禅师问："达摩西归，手携只履，当时何不两只都将去？"僧答："此土也要留个消息。"

菩提达摩之后，禅宗蔚为勃兴，成为中国佛教的主流，它不但广泛地影响了中国佛学的发展，同时，也深刻地影响了整个中国文化的发展。

按照禅宗传法谱系，二祖慧可传三祖僧璨，僧璨传四祖道信，道信又传五祖弘忍。到弘忍时期，禅宗的教义才真正明确起来。现代一些学者研究认为，从菩提达摩到僧璨的禅史属于传说时期，很多传说尚难以找到历史根据。中国禅宗的实际创始人应从道信、弘忍、神秀算起，到六祖慧能及其弟子神会时最终完成；从马祖道一和石头希迁开始，禅宗进入了兴盛阶段；晚唐之后禅宗以"五家七宗"的成立为标志，进入了一个新的发展时期。根据这些观点，可以将禅宗史概括为传说阶段、创始阶段、完成阶段、兴盛阶段和发展阶段。每个阶段都以几位代表性人物的出现为标志。

道信禅师是蕲州（湖北广济县）人，俗姓司马。他天生聪明，据说幼年即遍览佛教大小乘诸经。隋开皇十二年（592），他年仅十四岁，以沙弥身份参见三祖僧璨，说："求和尚慈悲，乞与解脱法门！"

僧璨问："谁缚你了？"

道信回答："没有人缚。"

师曰："那还求什么解脱？"

道信言下大悟。

道信在唐武德七年（624）回到蕲州，住在破头山（后名双峰山），大振法道，学侣云集。贞观十七年（643），唐太宗听说道信禅师的名气很大，多次下诏征他入京，道信都上表辞谢不就。唐太宗有点恼怒，第四度遣使，并且下令说："如果再不从命，就将他的首级取来。"使者来到道信之处传达圣旨，道信就伸出脖子等待刀刃，神色俨然。使者不得已，回京禀奏，唐太宗对他更加仰慕。从这个传说可以看出，道信坚持了自达摩以来不参与世俗政治的禅修风格。他留下的著作有《入道安心要方便门》等，对禅修宗旨的阐述很详尽。

五祖弘忍（601—674），俗姓周，湖北黄梅人。

据说一日道信禅师前往黄梅去，路上遇见一个小孩，骨相奇秀，异于常童。

道信问："你姓什么？"

小孩回答："性是有，不是常性。"

又问："是何姓？"

回答说："是佛性。"

道信说："你没有姓吗？"

回答说："性空故。"

在这段公案里，道信问的是"姓"，而小孩答的是"性"，用谐音双关方式打着机锋。道信觉得这个小孩的根器很难得，就到他家里，乞求他的父母让这个小孩随自己出家，这小孩就是后来的五祖弘忍禅师。在四祖圆寂后，弘忍从破头山迁至黄梅东山，定居二十余年，门徒众多，当时称他的禅学为"东山法门"。

弘忍禅学的一个新发展是：他除了坚持菩提达摩以来"依《楞伽经》以

五祖弘忍

🌸 **知识链接**

> 早期的禅宗被称为"楞伽宗"，禅师被称为"楞伽师"，表明他们是以《楞伽经》为修行的根本依据。中唐时禅僧净觉所做的《楞伽师资记》一书是对这种禅法的一个总结，也就是人们后来所说的"北宗"。这部书以《楞伽经》的翻译者求那跋陀罗为首，其下收入菩提达摩、慧可、僧璨、道信、弘忍、神秀、普寂等人的事迹。胡适先生曾作《楞伽宗考》一文，认为从达摩到神秀，都是楞伽宗系统。至于慧能、神会一系，则以《金刚经》取代了《楞伽经》。

六祖慧能

心法为宗"的传统，还常告诫学人"受持读诵《金刚经》可以见性成佛"。一般认为，自弘忍开始，禅宗的经典依据由《楞伽经》改变为《金刚经》了。不过在当时，两部经的地位应该是相等的。

弘忍之后，禅宗出现分化，他的弟子慧能、神秀分别被推为南宗和北宗的"六祖"，这是禅宗发展史上一个很重要的事件，禅宗真正中国化也是在这时完成的。

慧能（638—713）是广东岭南新州人，俗姓卢，其祖先可能是北方的一个大家族，因故被贬谪到岭南的。慧能的父亲逝世很早，家境贫寒，慧能早年以打柴为生，奉养老母。

传说有一天慧能在街上卖柴，刚出客店，忽闻隔壁有一客人正在诵经。慧能一听，当即觉得内心非常欢喜，智慧顿生，于是走上前问道："客人所念是什么经？"

那人回答："《金刚经》。"

又问："此经从何而来？"

答曰："从东山黄梅弘忍大师处得来。"

慧能听了，下定决心，安置好母亲，便从广东岭南至湖北东山参见弘忍大师。

途经数月，甚是艰辛，到时正遇弘忍升座说法，慧能便上前参礼。

五祖见是一位粗皮大汉的樵夫，就问道："哪里来？"

答曰："岭南来。"

五祖大声说："南蛮獦獠也来听佛法么？"

慧能说："人有南北，佛性岂有南北？和尚您的身与獦獠身不同，佛性岂也有异？"

五祖又问："你来做什么？"

答曰："不求别的，只求作佛。"

弘忍听后，知道慧能根机大利，是真正能够成佛作祖的人才，就不再多说，让他到米房舂米。

一天，弘忍向大众说："我已经老朽，欲传衣钵，众位弟子对佛法大意领悟如何，各作一偈，如果能明佛法大意，即付衣钵，为六代祖师。"

当时他的大弟子神秀威望很高，被很多人认为一定会成为弘忍接班人的，他在南廊壁上作偈一首："身如菩提树，心似明镜台。时时勤拂拭，莫使惹尘埃。"

弘忍看到后，也没有多说，就让大家讽诵此偈。

一天，一个童子口中诵着神秀的偈语，从慧能的舂米房门前走过，慧能一听，知道此偈没有见性，于是也说了一偈。他并不识字，是由人代写在墙壁上的，慧能的偈是："菩提本无树，明镜亦非台。本来无一物，何处惹尘埃。"

当时众人感到很吃惊，弘忍走过来看后说道："亦未见性。"

但当天晚上弘忍来到舂米房，见慧能将大石系于腰上，正不知疲倦地用力舂米。

弘忍问："米熟了吗？"

慧能回答："米熟久已，只欠筛来。"

弘忍就用杖击碓三下而去，慧能深明其意，于当夜三更走进弘忍丈室，弘忍便以《金刚经》与慧能印心，并密授衣钵，让慧能连夜离开寺院南行。

慧能受此衣钵后，便独自南行，先后在猎人队伍中隐避了十五年。

唐仪凤元年（676），慧能到了广州南海法性寺。当夜在大殿里听到两位僧人因为看到佛殿里挂的长幡被风吹动而争执。一个说是风动，一个说是

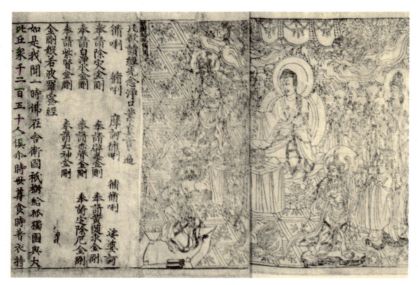

《金刚经》

慧能接受印宗禅师剃度后，主要住在广东省韶关市南的宝林寺，这里有一条河流，称为曹溪，人们便将慧能在此地所传的禅法称为"曹溪法门"。宝林寺在宋代之后改名为南华寺，至今成为禅宗的祖庭。

幡动，彼此争论不休。慧能便说："不是风动，不是幡动，是仁者心动。"

当时在场的一位名叫印宗的禅师，听到慧能的话十分敬佩，便为他剃度，并授具足戒。

此后，慧能广传禅法，据说凡是听了慧能开示的人，没有不倾心敬佩、见道开悟的。

从此，这种以心传心、不立文字、教外别传的禅宗法门便大行于中华了。

但是，在慧能离开黄梅山、弘忍禅师圆寂之后，众弟子仍然推神秀为"六祖"，相对于慧能在南方所传禅法来说，称之为"北宗"。北宗在很长的时期内并没有中断，而是继续传播着。

据说唐中宗听到慧能的名声后，也派人来召慧能入京。慧能以久处山林、年老多病为理由，推辞不去。可见他仍然坚持达摩以来不参与世事的风格。七十六岁时，慧能在这里圆寂。他的遗体没有按照佛教一向的传统火化，而是涂上漆料，保存为肉身像，至今供奉在广东韶关南华寺中。

中唐时期，南宗禅的发展走向兴盛，慧能的名气也越来越大，并被朝廷加了谥号为"大鉴禅师"。著名文人柳宗元撰写过《曹溪第六祖大鉴禅师碑并序》，刘禹锡也撰有《曹溪大师第二碑》。

慧能据说也有十大弟子，其中出名最早的弟子是神会。

神会（686—760），俗姓高，襄阳（今属湖北）人。他从小学习儒家五经，又好老庄之学，后来他出家投到慧能门下。慧能圆寂后，他于开元十八年（731）到洛阳大弘慧能学说。此前慧能的禅法一直局限在南方地区传播，神会促使其向北发展，因为当时北方是唐代政治中心。

后来他又到滑台（今河南滑县）大云寺，同崇远禅师进行辩论，抨击对方"师承是傍，法门是渐"，而称自己为"师承是正，法门是顿"。这次辩论的影响很大，从此南方慧能一系被称为"南宗""顿宗"，北方神秀一系被称为"北宗""渐教"，"南顿北渐"的说法由此开始。

"安史之乱"爆发后，神会应朝廷请求，设坛度僧收取"香水钱"以供

慧能肉身像

北宗神秀朝见武则天版画

军饷，因有功于朝廷，使南宗的名声和地位陡然上升。叛乱平定后，唐肃宗对他倍加尊崇，造了一座荷泽寺供其居住，世称荷泽大师，他所开创的门派被称为荷泽宗。

奇怪的是，尽管神会对于南宗的发展有着很大的功劳，但是在后来禅宗确定的法统中，他却没有什么地位。自慧能之下，禅宗分出两大支派，分别是慧能的另外两个弟子怀让与行思。此后南宗禅的发展基本上是这两个支派的繁衍，荷泽宗只是兴盛一时，此后就几乎消失了。

怀让禅师（677—744），俗姓杜，金州（今陕西安康县）人，他在慧能圆寂后，往南岳衡山的般若寺大弘禅法，人称"南岳怀让"。

行思禅师（671—740），俗姓刘，吉州（今江西吉安市）人，他在慧能圆寂后，回到吉州青原山静居寺传播禅法，人称"青原行思"。

这两个人各有一个杰出的弟子，正是他们将南岳和青原两派的禅法弘扬

南岳怀让救僧故事版画

青原行思传法故事版画

光大的。这就是怀让的弟子道一和行思的弟子希迁。

道一（709—784），俗姓马，汉州什邡（今四川什邡县）人，后人尊称为"马祖道一"。

道一幼年出家，唐玄宗开元年间来到衡山，结庵而居，整日坐禅，对任何来往的人都不搭理。

怀让当时正住在般若寺，觉得道一是个上等的根器，便有意启发他一下。他也不说话，只是在道一坐禅的旁边，拿了一块砖放在石头上磨。

一开始道一也没有说话，但日子久了，有一天道一终于开口问："你磨砖干什么？"

马祖道一

怀让说："磨砖作镜。"

道一很奇怪，说："磨砖怎么能成镜呢？"

怀让说："既然磨砖不能成镜，坐禅岂能成佛？"

道一又问："请教这是如何说？"

怀让说："如果你用牛驾车，车如果不走，你是打车呢还是打牛？"

道一回答不上来。

怀让又进一步启发道："你是学坐禅，还是学坐佛？要是学坐禅，禅不是坐不是卧；要是学坐佛，佛没有定相。禅和佛都是无住之法，不应当有取舍。你要是坐佛，就是杀佛。"

道一闻言，如醍醐灌顶，就礼拜问法，求为弟子。

后来马祖道一游化于江西洪州一带，他的禅法被称为"洪州禅"，是其后在中国流传最为广泛的一派。

从上面"磨砖作镜"的故事也可以看到怀让、道一一系禅法的特点，他们不是追求坐禅的外在形式，而是追求禅的内心境界。在他们看来，一个人如果只能在坐禅时心安定下来；出了禅定，心马上又乱了，这是丝毫没有意义的，这样坐禅是成不了佛的，只有在生活日用中的任何时候都保持一颗禅心，那才是真正的禅定。

马祖道一提出很多新的禅修方式，以"触类是道、任运自在"为根本，比如"平常心是道""道不用修，但莫染污"等，成为禅宗的名言。平常心就是无造作、无是非、无取舍、无断常、无凡圣、行住坐卧、应机接物尽皆是道，要人放弃任何执著，保持一颗平常心，活泼干净，不为文字污染。

这种禅修理念与佛教传统以打坐为主的禅定功夫差别很大，是彻底中国化的佛教，特别受到士大夫阶层欣赏，因而中唐之后，在其他佛教宗派衰落的背景下而广泛传播。

庞蕴居士是唐代一位富有传奇色彩的人物。年轻时，他本来想去参加科举考试，在赴考途中，遇到一位禅师，那位禅师告诉他，应该投奔到马祖大师门下，因为"选官不如选佛"。庞居士言下大悟，后来作了一首传诵久远的诗偈："十方同一会，各各学无为。此是选佛处，心空及第归。"从此成为一个虔诚的佛教徒。

虽然他一生没有出家，只是个居士，但由于悟到"心空""心无碍"，因此丝毫不为世俗所累，生活得非常潇洒。庞居士本来富有家财，但某一天，他却将万贯家财全部装到一只船上，沉入大海。人们以为他疯了，有人问："你不愿意要这些金银财宝，拿去做一点好事、救济别人不好吗？"居士说："好事不如无事。我多劫以来，为布施所累，所以这次把它们沉入海底！"

对此，明代高僧莲池大师有一番妙解："凡夫胶着于布施，沉海之举，是并其布施而布施之也，是名大施，是名真施，是名无上施，安得谓居士不施？"这是说，庞居士的所为，是将"布施"这种"功德"也"布施"了，因此才是真正的大布施。因为钱财的布施都是"有相"的，它可以让一个人来生获得大富贵，却不能使其获得真正的解脱，这正是庞居士所谓"多劫以来，为布施所累"的含义啊！

马祖道一门下人才辈出，主要有百丈怀海、大珠慧海、南泉普愿等，后来都成为著名禅师。特别是百丈怀海（720—814），他在禅宗史上的一大贡献是制定了"百丈清规"的丛林制度，俗话说"清规戒律"，"清规"就是来自于此。

由于国情不同，印度佛教的一些戒律到了中国有些难于实行，比如僧人的乞食制度。中国以农业立国，僧人靠乞食生活，容易被人看作懒汉。在隋唐以前，中国的僧人多半靠政府的优待和王公贵族供养，或者靠自己募化，这就不免跟世俗和朝廷发生利益冲突，曾经多次引起排佛事件。为此，百丈立下清规，明确规定僧人不分等级，一律从事劳动，自己解决生活问题。这种变革使禅宗与世俗生活融为一体，有了自己的经济基础，得以长久立足于社会。由于适合国情，这一制度逐渐盛行于全国。

"百丈清规"规定确立德高望重的大德为丛林住持，尊为长老，住在方丈之中，僧众一律住在僧堂，等等。百丈自己躬行清规，上了年纪以后，仍然坚持"一日不作，一日不食"，垂为世范。丛林制度实行众生平等，天下一家，集体生活，账目公开，成为中国佛教的一种重要制度。

百丈怀海门徒众多，其中沩山灵佑、黄檗希运为上首弟子。这两人后来一个创立沩仰宗，一个开辟临济宗，成为中唐以后最为繁盛的两个禅派。

再说另一大支派青原系。

行思禅师有一弟子名叫石头希迁，端州（今广东高要县）人，俗姓陈，年青时即聪明果断，自信力很强。他反对乡里杀牛祭祀，迷信鬼神；每逢祀期，便前往夺牛，态度坚决。后投六祖慧能门下，受度为沙弥。六祖圆寂不久，他便前往吉州青原山静居寺依止师兄行思禅师，因他机辩敏捷，受到行思的器重，享有"众角虽多，一麟足矣"的称誉。

唐玄宗天宝初年（742），希迁离开行思禅师，到湖南衡山，某地有一大块石头，平坦如台，他在上面结庵而居，因此，时人就称他为石头希迁和

知识链接

百丈禅师的"丛林要则二十条"：

丛林以无事为兴盛，修行以念佛为稳当。
精进以持戒为第一，疾病以减食为汤药。
烦恼以忍辱为菩提，是非以不辩为解脱。
留众以老成为真情，执事以尽心为有功。
语言以减少为直截，长幼以慈和为进德。
学问以勤习为入门，因果以明白为无过。
老死以无常为警策，佛事以精严为切实。
待客以至诚为供养，山门以耆旧为庄严。
凡事以预立为不劳，处众以廉恭为有礼。
遇险以不乱为定力，济物以慈悲为根本。

尚。他作有《参同契》一文，提出一种在对森罗万象的参验中体会万法本体上平等的禅观方法。

总的来看，青原派禅法有融合南北两宗的特点，《参同契》里提出："人根有利钝，道无南北祖。灵源明皎洁，支派暗流注。"它也不否定传统禅法的打坐修行。而南岳一派则是典型的南宗禅。所以南岳、青原虽说都属南宗，但风格上是有差异的。

另外，南岳、青原两个禅派到了第二代，其传法地点也发生了一个有趣的变化：道一从湖南到了江西，而希迁从江西到了湖南。但不管怎么说，都没有离开这两个地方，因其影响都很大，很多人来往于这两个地方行脚参禅，当时称之为"走江湖"。

进入晚唐五代时期后，禅宗进一步分化，出现五家传承的局面，即南岳系下形成临济、沩仰两家；青原系下形成云门、法眼、曹洞三家，合起来是五家。到了宋代，从临济宗下又分出黄龙、杨岐两派。将这些门派综合起来，禅宗史上称为"五家七宗"。从宋代之后的禅宗发展看，又以临济宗最为兴盛，曹洞宗次之，其他宗派则逐渐衰落了。

有关"五家七宗"的传承关系比较复杂，下面通过一个列表大体介绍一下：

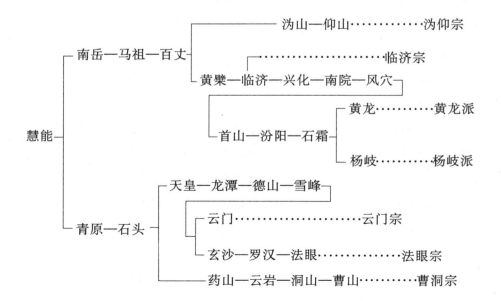

早期禅宗本来比较接近民众，禅师多是在远离权力中心的僻远地区活动。但到了五家七宗时代，却大多依赖在地方权势之下，如临济宗在河北三镇之一成德镇所在地的镇州，得到割据军阀王氏一族的支持；法眼宗则受到南唐李氏、吴越钱氏的庇护，等等。宋代官僚、文人士大夫阶层广泛习禅，禅宗各派也受到朝贵的支持，宋代禅宗出现空前的繁荣局面。但前期禅宗思想新颖，见解独创，富于批判精神和肯定个性等因索逐渐淡化，禅主要转化为说"公案"、斗"机锋"的文字禅。禅门间形成了上千个公案，结果"不立文字"的禅变成最讲究言句文字。从某种角度说，形式上最为活泼自由的禅变成一些僵化、教条的东西，禅宗由最初的远离世俗演变成较为世俗化的佛教宗派。

 知识链接

禅宗祖师们的语录，是表现他们禅的内在的经验记录，不只是个人的传记，而且是佛法的记述，因为在他们，人和佛法是不二的，人就是佛法，佛法就是人。他们之间的问答机缘，后人称为公案。公案原是指公府的案牍，是用来剖断是非的；祖师们对机锋垂示所用的语言和动作，是用来剖断迷悟的，因此也称为"公案"。机锋的本义是弓箭上的机牙和箭锋，禅家用以比喻敏捷而深刻的思辨和语句，也叫"禅机"。如苏轼《金山妙高台》诗："机锋不可触，千偈如翻水。"禅家多用机锋之言验证对方的悟道程度。

这些转变当然都与当时的具体历史背景有关，但有一点值得肯定，那就是从宋代至清末的上千年间，禅宗作为中国佛教的主流宗派，对中国文化的发展产生了重要影响，包括对宋代的理学、明代的心学以及道教的发展等，都有着重要影响。

由于禅宗提倡"在俗修道"，为社会各阶层在家人士学佛提供了方便法门，居士佛教此后有着越来越重要的地位。

禅宗还与同样兴起于唐代的净土宗融合，成为这一时期中国人学佛的两大主要途径。

禅宗的经典相当独特。早先它以《楞伽经》为主要经典，从弘忍、慧能开始，转变为以《金刚经》印心，主要原因可能是因为《金刚经》更加凸显了大乘空宗关于"一切相皆是虚妄"的思想，符合南宗禅不执著于外在修行形式的要求。

在慧能圆寂之后，众弟子汇集慧能的言教，形成中国禅宗自己的一部独特经典——《六祖坛经》。

再往后，禅宗则主要通过禅师的语录、灯录来体现其教义，更加突出了禅宗主张的"口耳授受"的传统，禅语的记录具有很强的随机性、灵活性，师徒间语默相对的一瞬间，不著任何迹象就传达了一般语言文字难以传达的内涵，成为中国佛教一种独特的著述方式。

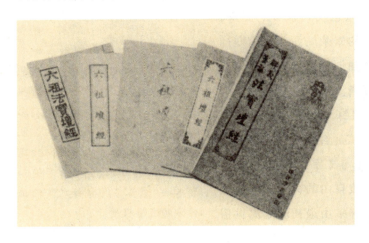

《六祖坛经》部分版本

佛光普照：净土宗

禅宗之外，净土宗也是一个富有中国特色的佛教宗派，是因专修往生阿弥陀佛净土而得名。

有关阿弥陀佛的来历，据《无量寿经》等记载，在过去久远劫世自在王佛住世时，有一个国王发无上道心，舍去王位出家，名为法藏比丘。他观察到世间众生的痛苦，发誓建立一个无苦纯乐的净土世界，在历经五大劫的思虑之后，他共发了四十八个大愿，每一愿都说：如果这一愿不能实现，我就不成佛。此后，又经过不断积聚功德，在距今十劫之前，距此世界向西十万亿佛土之外，愿行圆满，成为阿弥陀佛。

阿弥陀在梵语中有"无量寿"和"无量光"等意思，也就是说，他的寿命是无限的、光明是无限的，前者代表突破有限的时间，后者代表突破有限的空间，因此他所成立的世界无限美好，没有其他世界众生的任何痛苦，没有地狱、畜生等恶道，生到那里的所有众生都是无量寿、无量光，最终都能修行成佛，因此称为西方净土，或者叫西方极乐世界。

阿弥陀佛四十八大愿之一就是接引十方世界的众生往生到这个净土，方法很简单，只要真心信仰阿弥陀佛，愿意往生到西方净土，平时持诵阿弥陀佛的

知识链接

《佛说阿弥陀经》对西方极乐世界环境的描写："极乐国土，有七宝池，八功德水，充满其中。池底纯以金沙布地，四边阶道，以金、银、琉璃、玻璃合成。上有楼阁，亦以金、银、琉璃、玻璃、砗磲、赤珠、玛瑙而严饰之。池中莲华，大如车轮。青色青光、黄色黄光、赤色赤光、白色白光，微妙香洁。……彼佛国土，常作天乐，黄金为地，昼夜六时，雨天曼陀罗华。……彼佛国土，微风吹动，诸宝行树，及宝罗网，出微妙音，譬如百千种乐，同时俱作。闻是音者，自然皆生念佛、念法、念僧之心。"

西方三圣

名号，那么在这个人临终时，阿弥陀佛就会出现在他面前，将其接引到极乐世界。阿弥陀佛因此也被称为"接引佛"。

净土法门的基本理论，概括地说就是"信、愿、行"三个字，修行方法就是"念佛"。在西方极乐世界，还有两尊大菩萨辅佐阿弥陀佛度化众生，这就是观世音菩萨和大势至菩萨，通常这两位菩萨像位于阿弥陀佛两旁，合称为"西方三圣"。

由于西方极乐世界无限美好，极容易引起人们的向往，特别是对那些苦难中的人们，极乐世界是一个理想的安身之所。同时，它的修行方法又极为简单，只要念佛就可以，即使不识字的人也可以修学，而且非常快捷，一生即可以成就，因此净土法门得到广大民众阶层的积极支持，广泛流行。

按照净土宗经典的描述，因往生者修行的程度有高低胜劣，往生的品位是有差别的，往生后见到佛、成佛的时间也有长有短，从而分有上、中、下的三辈九品。但即使是最下等的"下品下生"，也同样达到了不生不死的境界，是远远超过生到天堂中的。在修行方法上，它改变了佛教坚持以自力为主的原则，提倡依靠阿弥陀佛慈悲愿力获得解脱的他力法门，具有极强的信仰性。因此净土宗被视为释迦牟尼所说的一个特别法门，称为"捷径中的捷径"。

印度佛教中即有净土和念佛观念，在现存大乘经论中，记载阿弥陀佛及其极乐净土之事者约有二百余部，可见有关弥陀信仰及净土教义是大乘佛教中相当重要的部分。但是将专门念诵阿弥陀佛名号、求生净土作为一种独立的修行方式，形成以念佛法门为主的净土宗，应是中国佛教的一个创造。虽然它与禅宗的理念有很多不同，但是在顿捷成佛这一点上，却又是精神相通的。

净土宗也有自己的祖统，但这个祖统形成得相当晚，直到民国年间才真正确立。

宋朝编撰的《乐邦文类》、元朝编撰的《佛祖统纪》等，都列出一些净土宗的祖师，如慧远、善导、承远、法照、少康、延寿、省常等。但所列的多是弘扬净土法门的著名人物，并没有学说上的传承关系，更没有师承关系，均为后人据其弘扬净土的贡献推戴而来。

清朝末年，印光法师对此前的名单增减若干人，确定了净土宗十二祖，分别是：初祖庐山东林慧远；二祖长安光明善导；三祖南岳般舟承远；四祖五台竹林法照；五祖新定乌龙少康；六祖杭州永明延寿；七祖杭州昭庆省常；八祖杭州云栖莲池；九祖北天目灵峰蕅益；十祖虞山普仁截流；十一祖

江西庐山东林寺

杭州梵天省庵；十二祖红螺资福彻悟。民国年间印光法师圆寂后，他被门下推为净土宗第十三祖。这是目前为止获得公认的净土宗祖师。

慧远（334—416），雁门楼烦（今山西崞县）人，俗姓贾。他是我国早期对佛教发展做出过杰出贡献的高僧。他在毗昙学、中观学、禅学、律学等方面都有很多论述，特别对于净土法门，是有开辟之功的。

慧远长期住在江西庐山东林寺，在这里，他集合了僧俗共一百二十三人，结为莲社，提倡往生净土，所以后世又将净土宗称为"莲宗"。之所以叫作莲社，是因为根据净土宗经典，往生到西方极乐世界的众生都是从莲花中化生出来的，不同于其他世界众生的血肉之躯，因此极为洁净，永生不死。

慧远在佛教理论上，极力主张神识不灭的理念，推衍出三世因果论，用来破斥一般人对善恶因果无法验证的怀疑，这种神识不灭的思想也为净土宗往生提供了理论依据。从慧远留下的著述看，他提倡的净土法门与后世以念佛为主的修行方式不太一样，他们主要是用观想的方式，将净土与禅观结合起来，这种禅观，他称之为"念佛三昧"。

学术界一般认为，中国净土宗的实际创立者应是唐代的善导。

善导（613—681），俗姓朱，临淄人。幼年出家，后读到《观无量寿经》，大为欣赏，决意专修净土。他曾问学于一位提倡修学净土法门的道绰法师。在道绰法师圆寂后，善导来到首都长安，在这里弘扬净土法门。善导的著述有《观无量寿佛经疏》《往生礼赞偈》《净土法事赞》《般舟赞》和《观念法门》等，系统阐述了净土宗的原则和方法。

其实，在慧远与善导之间，至少还有两位弘扬净土宗的著名人物，一是

知识链接

三昧是梵语 Samadhi 的音译，又译为"三摩地""三摩提"，意为正思维指导下的定力。龙树《大智度论》说："善心一处住不动，是名三昧。"慧远《大乘义章》说："以体寂静，离于邪乱，故曰三昧。"佛教认为修行能证得"三昧"，则能引发种种神通妙用。慧远认为，观想经典所描述的阿弥陀佛和西方极乐世界的形象，可以使人进入三昧状态，心清净到极点，自然感应生到西方净土。

北魏时期的昙鸾（476—542），二
是善导的师父道绰（562—645），
都主张专修净土。有人主张应该将
他们列入净土宗祖师的行列，但最
后确定的名单中并没有他们，直接
以善导上接慧远，主要原因可能在
于：善导是昙鸾和道绰净土思想的
集大成者，也就是说善导的净土法
门已经包含了前两者的观点，并且
论证得更为完善。

　　善导与慧远在净土修行方式上
有两点重要的区别：一、慧远主张
往生净土是自力和他力的结合，也
就是说自己要有禅定的功夫，然后
再依靠阿弥陀佛的力量得以往生。
善导更强调他力的作用，认为只要
念佛就可以往生，往生的根据不在
于自己的修行功夫，而是阿弥陀佛
的慈悲愿力。二、慧远主要以观想
念佛为主，实质上仍是一种禅观的
方法；慧远也没有提倡专修净土，
并没有排除其他修学法门。善导则
强调称名念佛的方式，也就是口称
阿弥陀佛名号，不必作观想，主张
净土修学要专精，不必再学其他法
门，只要一心念佛即可。从后世净
土宗发展来看，主要是沿着善导的
这条途径，因此说善导才是中国净

昙鸾大师画像

善导塑像

土宗的真正创立者。

昙鸾、道绰和善导有两个非常重要的观点：末法观念和难行道、易行道的辨别。这是中国净土理论的核心，也是提倡修行净土的前提。这个思想被后世净土宗所继承。

佛教关于"末法"的概念，有很多种说法，比较通行的看法是：在释迦牟尼入灭（圆寂）后五百年内，为"正法"时期，此后的一千年为"像法"时期，然后进入"末法"时期，"末法"时期共有一万年，末法之后，佛教在此世界彻底毁灭。

按照这种分法，此世界的世风越来越浊恶，众生根机越来越陋劣，僧团也越来越腐败，在"正法"和"像法"时期，还可以依靠一般法门修学而有所成就，进入"末法"之后，一般的法门已经失去作用，只有依靠净土这个特别法门才能获得解救。而按照释迦牟尼圆寂的日期推算，到道绰、善导生活的那个时代，正好开始进入"末法"时期。这是他们大力提倡净土法门在时间上的重要依据。

与此相应，将净土之外的其他法门称为"难行道"，依靠那些法门修行，时间漫长，众生的根机也无法领会；净土法门则称为"易行道"，因为有一个现成的西方极乐世界可以往生，有阿弥陀佛的慈悲愿力，因此修学净土法门就相对容易得多，几乎可以说是"末法"时期众生获得解脱的唯一出路。一旦生到极乐世界，这个世间的种种苦难包括修学佛法的一切难题彻底解决。"难行道"和"易行道"的区分，可以视为净土宗一种独特的判教方式。在净土宗里，有着浓厚的救赎观

知识链接

《六祖坛经》论念佛："东方人造罪，念佛求生西方；西方人造罪，念佛求生何国？凡愚不了自性，不识身中净土，愿东愿西；悟人在处一般。所以佛言：随所住处恒安乐。""使君心地但无不善，西方去此不遥。若怀不善之心，念佛往生难到。今劝善知识，先除十恶，即行十万，后除八邪，乃过八千。念念见性，常行平直，到如弹指，便睹弥陀。使君但行十善，何须更愿往生？不断十恶之心，何佛即来迎请？若悟无生顿法，见西方只在刹那。不悟念佛求生，路遥如何得达？"代表了早期禅宗对净土宗排斥的观点。

念，它也是所有佛教宗派中最强调信仰的一宗。

　　善导之后，净土宗继续流传，历代名师辈出。先有承远、法照、少康等继续弘扬，这几位法师都继承善导的净土思想，可以称之为"善导系"。

　　中晚唐和五代时期，禅宗兴盛，早期的禅宗一度是排斥净土的，他们认为净土的修行是"向外求法"，是"执著"，这与禅宗"即心即佛"，不执著于任何法相的观念是相违背的。禅宗完全以自力求解脱，这与净土宗依靠他力信仰求解脱的方式也似乎极为矛盾。在禅宗看来，如果说有净土的话，净土也不在别处，就在自己的内心，所以不应该求什么往生，只要修好自己的内心就行了。

　　五代末期，杭州永明寺（即净慈寺）的延寿禅师（904—975）本来是法眼宗的宗师，但晚年归向净土宗，主张禅净不二，提倡禅净兼修，著有《万善同归集》等，发挥净土思想，开辟了禅宗以念佛为修行方式的途径。永明延寿论证说：唯心净土与西方净土并不矛盾，佛教所谓的"唯心"是指我们的妙明真心，它竖穷三际，横遍十墟，即是宇宙的全体，西方极乐世界当然也在其中，生到西方极乐世界也就是生到唯心净土。从佛教所说的理事圆融看，唯心净土是理，西方净土是事，

延寿像

观世音菩萨

两者都是存在的，如果认为只有唯心净土，没有西方净土，这是执理弃事，同样是一种偏见和执著。

永明延寿的影响非常大，宋代尽管禅宗非常兴盛，但净土宗同样盛行，两者并行不悖，成为近一千年来中国佛教的两大主流宗派。

净土的信仰更是深入民间，宋元时期出现了白莲社、净业会、净土会等多种民间佛教组织。

观世音菩萨也是西方极乐世界的大菩萨，他发誓说：十方世界的众生，遇到危急灾难时，只要诚心称诵观世音菩萨名号，观世音菩萨会立刻去解救他，使其脱离苦难，这称之为"寻声救苦"。阿弥陀佛的作用是接引人死后往生，观世音菩萨则是救度现世的灾难，两者正好起到相辅相成的作用。因此，宋代之后，出现"家家弥陀佛，户户观世音"的局面，也就是大多数家庭都供奉这两尊佛菩萨像，弥陀信仰和观音信仰同属于净土法门，因为二者都以称诵名号这种简单方式体现佛教的慈悲救度。

宋代之后专门弘扬净土的著名人物，如明代的莲池袾宏（1535—1615）、蕅益智旭（1599—1655）、清代的彻悟际醒（1741—1810）等，很多是从禅宗、华严宗、天台宗等宗派归向净土宗的。

 知识链接

我教原开无量门，就中念佛最为尊。
都融妄念归真念，总摄诸根在一根。
不用三祇修福慧，但将六字出乾坤。
如来金口无虚语，历历明文尚具存。

——《省庵法师语录》卷下

从永明延寿到彻悟禅师，又显示了初祖慧远的影响，即将净土修学与其他法门结合起来，因此这几位净土宗祖师可以称为"慧远系"。

近代的印光法师则提倡专修净土，似乎又回到了"善导系"的途径。

净土宗的经典主要有《无量寿经》《观无量寿经》《佛说阿弥陀经》和世亲所著的《往生论》，合称为"三经一论"。

其中《无量寿经》的篇幅较大，详尽地描绘了法藏发四十八大愿、建立西方净土、成为阿弥陀佛的过程，描述了西方极乐世界讲堂、精舍、宫殿、楼观、宝树、宝池等的微妙严净，众生往生到那里都是莲花化生，入正定聚，形象庄严，永无生死，等等。同时也讲述此方世界（秽土）的种种罪恶、痛苦，劝人生起信心和愿望，往生到西方净土。

《观无量寿经》主要从十六种观想方面描绘了极乐世界的种种庄严以及获得观佛三昧、念佛三昧的途径。这部经介绍的主要方法是观想念佛，在早期净土宗中地位非常重要。

鸠摩罗什翻译的《佛说阿弥陀经》篇幅短小，内容与《无量寿经》相同，只是比较简略，其中特别强调执持阿

 知识链接

《观无量寿经》第九观"无量寿佛观"节录："次当更观无量寿佛身相光明。阿难当知，无量寿佛身如百千万亿夜摩天阎浮檀金色，佛身高六十万亿那由他恒河沙由旬，眉间白毫，右旋宛转，如五须弥山。佛眼如四大海水，青白分明。身诸毛孔，演出光明，如须弥山。彼佛圆光，如百亿三千大千世界，于圆光中，有百万亿那由他恒河沙化佛，一一化佛，亦有众多无数化菩萨以为侍者。无量寿佛，有八万四千相，一一相中，各有八万四千随形好，一一好中，复有八万四千光明，一一光明，遍照十方世界念佛众生，摄取不舍。其光相好，及与化佛，不可具说。但当忆想，令心眼见。见此事者，即见十方一切诸佛。以见诸佛故，名念佛三昧。作是观者，名观一切佛身。以观佛身故，亦见佛心。佛心者，大慈悲是。以无缘慈，摄诸众生。作此观者，舍身他世，生诸佛前，得无生忍。是故智者，应当系心，谛观无量寿佛。观无量寿佛者，从一相好入。但观眉间白毫，极令明了。见眉间白毫相者，八万四千相好，自然当现。见无量寿佛者，即见十方无量诸佛。得见无量诸佛故，诸佛现前授记。是为遍观一切色身相，名第九观。作是观者，名为正观。若他观者，名为邪观。"

弥陀佛名号的修行方式，成为持名念佛的根本依据。由于篇幅适中，在明代之后，它成为中国佛教寺院中每天"早晚课"的必读经典，是中国佛教徒最熟悉的佛教经典之一。

第五章

觉悟之道：佛教的核心信仰

法界缘起：佛教的宇宙观和世界观

唐卡《须弥山图》

佛教向我们展示了一个无穷大、无穷长的宇宙时空。所谓"世为迁流，界为方位"，"世"是不断迁流的时间，"界"是东西南北等多种方位的空间。那么世界是如何形成的？有没有开始和结束？它究竟有多大？我们要理解佛教的理论，首先要了解其世界观。

先说空间——界。佛教认

为，"界"是以须弥山为中心形成的，须弥山周围环绕着九山、八海、四大洲、太阳、月亮，合称为一个"小世界"。一千个如此的小世界，称为一个"小千世界"。一千个小千世界，为一个"中千世界"。一千个中千世界为一个"大千世界"，也就是说，一个"大千世界"里包含着十亿个小世界。因一个大千世界中含有小、中、大三种"千世界"，故大千世界又称为"三千大千世界"。世界即由无数个三千大千世界所构成，在空间上是广大无边、无有限量的。

佛教常称我们所住的这个世界即释迦牟尼进行教化的现实世界为娑婆世界。"娑婆"是梵语 saha 的音译，意译为"堪忍""忍""能忍""杂恶"等，意思是说：我们这个世界是一个浊恶、苦难的世界，但是这里的众生却能够忍受，不肯出离。佛教的这种认识与其他宗教的世界观完全不同，而与现代天文学、宇宙学的观察非常近似。

 知识链接

"劫"为梵语 kalpa 的音译，或译为"劫波"。因为一个劫中常常有各种灾难，因此在中国语言系统中，常常用"劫"来表示"灾难"，比如"浩劫""在劫难逃""劫后余生"等等。

再说时间——世。佛教提出"劫"的概念，对于我们人类而言，"劫"是一个极为漫长的时间周期。劫也有大劫、中劫、小劫的分别，世界从形成到毁坏为一大劫，经历周而复始。据说一个大劫相当于人间的四十三亿两千万年，它是一个小世界生成与毁灭的过程。一个大劫又分为四个中劫，即"成、住、坏、空"四个阶段；每个中劫又分为五个小劫，在任何一个劫的末期都会有各种灾难出现。在"住劫"的后期，众生行为邪僻，寿命减少，便陆续发生饥馑、疾疫和刀兵等灾祸，称为"小三灾"。到了"坏劫"之末，则发生更为可怕的火灾、水灾和风灾，称为"大三灾"。最后的风灾，把世界吹得荡然无存，从而进入"空劫"。在经历漫长的"空劫"后，世界会再次产生，因此整个世界是处于轮回之中的。

以上无穷无尽的时空是相互依存的，"世"与"界"是不可分割的，因此合称为世界。

但按照佛教经典，上面所说的这些还只是构成世界的一部分，称为"器世间"，即是所谓物质世界，也就是指我们赖以生存的环境，即山河大地、房舍器物等一切。构成世界的另一部分称为"有情世间"，"情"是指"情识"，就是六道众生的心识，凡是有心识的众生，就称为有情。这里显示了佛教世界观的一个重要观念：生命与世界是同时存在的，是一体的。世界是因生命的感知而存在的，没有生命也就谈不到有世界。世界处在轮回之中，生命也处在轮回之中。

器世间与有情世间之所以是一体的，是因为构成他们的基本要素是完全一样的，那就是"四大"——地、水、火、风。佛教认为一切物质都是这"四大"所生。"四大"各有不同的性能和业用，地大以坚为性，有一定硬度，其业用能受持万物；水大以湿为性，有一定的湿度，其业用能使物摄聚不散；火大以热为性，有一定的温度，其业用能使物成熟；风大以动为性，有一定的动力，其业用能使物成长。人身亦由"四大"构成，是"四大"假合的产物，如果"四大"不调，人就会生病，当"四大"分散之时，人也就随之死亡。

有情世间除了有"四大"之外，更重要的在于有"五蕴"，这是其区别于"器世间"的不同之处。"五蕴"的"蕴"是积聚、类别的意思，指色、受、想、行、识等五种要素积聚在一起，代表着"有"的一切，共同形成有情世间，其中色蕴是"身"，受、想、行、识四蕴是"心"，器世间则只有色蕴而没有后面的四蕴。简要地说，色蕴是指各种有形的物质，即前面所说的"四大"；受蕴是指对境而承受事物之心的作用；想蕴是指对境而想象事物之心的作用；行蕴是指其他对境关于嗔、贪等善恶一切心的作用；识蕴是指对境而了别识知事物之心的本体。后面的四蕴，大致相当于现代汉语中的"感受""想象""意识""认识"等概念。

黄念祖居士曾经这样解释"五蕴"的关系："例如，我们现在看见了风

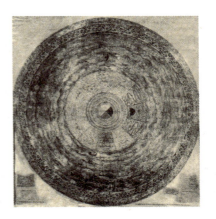

藏传佛教的地、水、火、风

🪷 **知识链接**

《圆觉经》论人身假合："我今此身，四大和合，所谓发毛爪齿，皮肉筋骨，髓脑垢色，皆归于地；唾涕脓血、津液涎沫、痰泪精气、大小便利，皆归于水；暖气归火；动转归风。四大各离，今者妄身，当在何处？即知此身毕竟无体，和合为相，实同幻化。四缘假合，妄有六根，六根四大，中外合成，妄有缘气，于中积聚，似有缘相，假名为心。善男子，此虚妄心，若无六尘，则不能有、四大分解，无尘可得，于中缘尘，各归散灭，毕竟无有缘心可见。"

扇，看见有一个东西，这个就是色蕴。我们一看，脑子就有所领受，内心生起一种领纳的作用，来领纳乐境、苦境及不苦不乐境。想蕴就是种种思想，当内心与外境接触时所引起的思想活动，如了解、联想、综合与分析。而我们这个想是念念不断的，念念迁流就是行蕴。识蕴是我们能够了别、认识，例如上述风扇转动发声，人最初只听到声音，随即知道是声音，这是耳识；同时传达到意，能分别了知这是风扇转动所发的声音，这就是意识。意识是了别，这个了别的念头相续不断，似水长流，前浪后浪滚滚不停就叫作行蕴，所以行蕴以迁流为义。至于受蕴，当听到悦耳顺心之声就欢喜，听到刺耳违心的声音则烦恼，所以它以领受为义。受、想、行、识四蕴属于心的，因为心、身两方面，心上的障碍更多。所以"五蕴"里，四个说的都是心，都是精神方面的，只有一个色蕴是有关物质方面的。五蕴都遮盖我们本性，是妙明真心的障碍。"

佛教中常说"四大皆空""五蕴皆空"，是说"四大""五蕴"皆是因缘和合，其性本空，不可执著为实有。对本来是空的东西执著为实有，必然产生烦恼，并造作各种恶业，这是众生多劫以来无法超脱生死轮回的根本原因。

从根本上说，佛教认为：世（时间）与界（空间）之所以存在，来源于有情众生的妄想、分别和执著，更深层的叫作"无明"，总称之为烦恼。因为众生有强烈的时间观念、坚固的空间束缚，因此永远束缚于六道轮回之中。佛教认为宇宙人生的真相、六道轮回的起源，就是由无明而产生的妄想、分别、执著。六道轮回本来没有，是众生自己造的，自作自受，六道是根据众生妄想、分别和执著的轻重而区分出来的。

六道轮回：佛教的生命观

轮回说是佛教的重要理论基础，这种观点认为，人的生命不是一期生死，而是循环无穷，轮回的直接原因在于业，更深层的原因在于无明，在业报的基础上，生命在三世的时间中从过去走向将来，又在六道的不同生命形态中升沉。

佛教认为世间一切的现象都离开不了轮回循环的道理，宇宙物理的运转是轮回，善恶六道的受生是轮回，人生生死的变异也是轮回。宇宙物理的自然变化，譬如春夏秋冬四季的更替，过去、现在、未来三世的流转，昼夜六时的交替，是一种时间的轮回。东西南北方位的转换，这里、那里、他方、此处的不同，是空间的轮回。日常生活中处处体现着轮回，譬如风起云涌，凝聚成雨，雨水被太阳蒸发成云，云再转变成雨，如此周而复始，是轮回现象。轮回虽然本质上是虚幻的，就像人做梦一样，但做梦时，人仍然会受梦境的影响，或高兴，或害怕，或紧张，等等，其感受是真实的，这就是所谓"梦中明明有六趣，觉后空空无大千"。也就是说，对于那些真正的觉者，纷纭的大千世界才不复存在，轮回也不复存在；对于那些尚未觉悟的"梦中人"而言，六道轮回是分明存在的。

佛教所说的六道（或称六趣）包括地狱、饿鬼、畜生、阿修罗、人、天。其中，地狱、畜生、饿鬼称三恶道，阿修罗、人、天称三善道。

地狱界是指地下八寒八热的牢狱，犯上品之五逆、十恶者生于其中，受无穷之极苦。

畜生界指披毛戴角鳞甲羽毛四足多足之生类，造中品之五逆、十恶者受生其中，互相吞啖，受苦无穷。

饿鬼界在地下五百由旬之处，造下品之五逆、十恶者生于其中，不得饮食，受苦无穷。

五逆是佛教所说的五种最严重的罪恶，分别为：杀父、杀母、杀阿罗汉、出佛身血、破和合僧。

十恶为世间各种不善行为的总和，又分为身、口、意三类，分别为身业不善：杀、盗、邪淫；口业不善：妄言、两舌、恶口、绮语；意业不善：嫉妒嗔恚、憍慢、邪见，成语"十恶不赦"即来源于此，意味着这种恶业是无法饶恕的。

十善是相对于十恶而言的世间各种善的行为的总和，即身三种善：一不杀生，二不偷盗，三不邪淫；口四种善：一不妄语，二不两舌，三不恶口，四不绮语；意三种善：一不贪欲，二不嗔恚，三不邪见。

梁武帝萧衍像

修罗界全称为阿修罗界，位于大海底，怀猜忌心、胜他心、修下品十善者受生其中，常与诸天斗争而忧恼苦逼。

人界在须弥四洲，持五戒、具修中品十善者受生其中，常贪惜自身、恋着眷属，苦乐交错。

天界是修上品十善又兼修禅定者之受报处，有三界二十八天之别；此虽为胜妙之果报，但福报享尽，亦不能超脱轮回生死。

总之，六道内的众生由于思想造作的力量——业力，形成了因果相续、无始无终的生命之流，而现起了六种生命现象，这就是六道轮回。

佛教称六道为六凡道，也就是凡夫居住的地方，在此之上还有四圣道，即修道圣者的觉悟境界。六凡道和四圣道合在一起，称之为"十法界"或"十界"。四圣道分别为声闻界、缘觉界、菩萨界、佛界。四圣道的境界也有高低的不同，但都已超脱了六道轮回，其中前两界为小乘修道者所证得的境界，后两界为大乘修道者所证得的境界。

六道，既是物理性的世界，有其空间特性，也是精神性的世界，有其价值特性。

据说南北朝时期的梁武帝曾经问志公禅师，如果有天堂、地狱，能否带他去亲自一看。

志公禅师说可以。当时志公禅师就对着梁武帝破口大骂，惹得梁武帝怒火中烧，拔剑就想刺杀志公禅师。

志公禅师一看，赶紧躲到柱子的后面，大声叫道："这就是地狱。"

梁武帝猛然发现自己上当了，立即表示惭愧，并向志公禅师道歉。

志公禅师就从柱子后面出来，大声笑道："这就是天堂啊！"

梁武帝对此表示非常满意。

佛教认为，六道轮回的因就是善念和恶念，杀、盗、淫等十恶是三恶道的因，不杀、不盗、不邪淫等十善是三善道的因。只要具有这些善与恶的心念，就会在条件具足的情况下，因缘和合，而得到相应的结果，现前一念心的善恶，就已经决定当时体现的生命状态了。所以，当一个人的情绪经常处于贪婪、嗔恨、愚痴时，他所体现的现实生命就是痛苦的、黑暗的；而当一个人的情绪时常处在正义、纯善时，他的现实生命也就充满了光明和喜悦。

佛教所谓"十界一心平等""十界一念"，也就是说：十法界是我们当下的一念心性决定的，心性的现象尽管有差异，但

知识链接

佛教典籍对于地狱的阴森恐怖有很多形象的描述，地狱是前生犯有极重罪业的众生死后受报的地方，有八寒地狱、八热地狱等。如《长阿含经》卷十九对地狱描述："大烧炙地狱中，自然有大火坑，火焰炽盛，其坑两岸有大火山，其诸狱卒捉彼罪人贯铁叉上，竖著火中，烧炙其身，重大烧炙，皮肉燋烂，苦痛辛酸，万毒并至。余罪未毕，故使不死，久受苦已，然后乃出大烧炙地狱，憧惶驰走，求自救护，宿对所牵，不觉忽至黑沙地狱，乃至寒冰地狱。无间大地狱有十六小狱，周匝围绕，各各纵广五百由旬。云何名无间地狱？其诸狱卒捉彼罪人剥其皮，从足至顶，即以其皮缠罪人身，著火车轮，疾驾火车，辗热铁地，周行往返，身体碎烂，皮肉堕落，苦痛辛酸，万毒并至。余罪未毕，故使不死，是故名为无间地狱。"生在地狱中的人想死都死不了，遭受无休无尽的痛苦折磨。

心性本身是完全平等的。佛教典籍《圆觉经》谓："一切众生，种种幻化，皆生如来圆觉妙心，犹如空花，从空而有，幻花虽灭，空性不坏。众生幻心，还依幻灭，诸幻尽灭，觉心不动。"佛界就是彻底觉悟的境界，只有佛的心真正离开了幻化，体证到无始无终的妙明真心。因此我们反复看到的这

个大千世界确实是不存在的。其他九界，是依据迷的程度而形成的，地狱当然属于迷得最厉害的一界，但即使是地狱中的众生，他们的真心仍然存在，只不过是迷失了而已。这正是佛教的世界观所体现出的最为伟大的一面，佛教的慈悲观念也是由此引出的。

由此可见佛教六道轮回的理论是有着深刻的现实伦理目的的，是以一般人常有的欣厌心理、希望心理和恐惧心理来进行道德教化，也具有劝善的功能。人们欣上厌下，喜好良善的人和天境界，厌恶苦恶的三恶道境界，希望人天善境，恐惧恶道之苦，由此而进入修善断恶的道德生活。

那么众生究竟是如何轮回转生的？佛教特别是密宗的《西藏生死书》等有相当详细、具体而独特的描述，密宗的修持也特别注重中阴身的修炼，认为这是超越生死轮回的关键时刻。佛教关于生死奥秘的这些揭示，有些在目前的科学上尚难以验证，这里做些简单介绍。

佛教认为人的死亡如龟脱壳，是一种相当缓慢的过程，真正的死亡要经过相当长的时间，不是呼吸、心跳没有了就是死亡。佛教认为肉身是神识用以表达欲望的工具，它是神识的"用"，当肉身出了问题以至无法再表达神识的欲望时，神识就会脱离肉身，这个人就死亡了。佛教将死亡过程归纳成三个阶段，即中阴前期、中阴期与中阴后期。

中阴前期发生在临终时到亡者神识脱离肉体为止，时间大约在宣布死亡后八小时左右，但每个人稍有不同。此时期发生的主要现象依次为：五识的觉、受逐渐消失，五蕴身分解及呼吸断绝，以上状况称为"外分解"；接着细意念消失，称为"内分解"；最后意根败坏到不能恢复，然后会突然出现"地光明"，接着神识脱离肉身，

知识链接

"中阴"是佛教生命学说中的一个重要概念，是指生命由一个状态（例如人）转变到另一个状态（例如狗）的中间状态，也称为"中有"，中阴前期又称"临终中有"，中阴期又称"死后中有"，中阴后期又称为"受生中有"。中阴期的长短随着每个人心的状态有所不同，但最长不会超过四十九天。中国民俗中，一般在人死后四十九天（"七七"）之内家人也要为死者举行一些仪式性的活动，其来源便是佛教，但"七七"的本来内涵却鲜有人知了。

结束中阴前期。

　　佛教认为众生的"身"是由意身与色身构成，色身是意身妄想执著所生，意身是"自性"经无明妄想所生的所有八识及名色所组成，也称细腻身或识身。当它对外尘起执著，就有各种"身"，例如心喜清净、逃避者会取无色质为身，成为无色界众生；心好整齐完整者会取色质以成身而为色界众生；心好物欲及淫欲者会取物质与气为身而为欲界众生。

　　人类就是欲界众生之一，人身是由五蕴身、气身、肉身所组成的复杂结构。其中肉身就是我们靠食物养分维持的这个身体，它包含五根及其所属的一些功能，称为"五大"，分别是"地大""水大""火大""风大"及"空大"。地大有坚固、质碍的性质，肉身中的骨、肉、鼻根与香尘都有地大的性质，它们都是地大的表相。水大有湿润的特性，肉身中的血液、体液、舌及味尘皆属水大。火大有冷热、颜色之性质，故人之体温、眼根及色尘属火大。风大有流动、转动之性质，故人之呼吸、身根动作及触尘属风大。空大有空旷的性质，故人身体之腔穴，如心脏、肺脏等属空大。

　　一般人濒临死亡时会有"死相现前"的状态，外表看来就是五识逐渐消失。比如看东西只见到大的轮廓，细部已辨识不清，所以分不清亲人是谁；耳朵只听到声音，但分辨不出是什么声音，等等。此后便是"五大"逐渐分散的"外分解"。先是地大崩溃，出现全身沉重等状；然后分别是水大崩溃，出现流口水、尿失禁等现象；接着是火大崩溃，体温下降，手脚冰冷；然后是风大崩溃，呼吸沉重、困难，直到最后停止。此时医生会宣布病人已"死亡"。但病人尚有一些体温，"识大"尚未分解，心中有"残烛发出微红火光"的景象，接着就进入"内分解"。此时，外五识已经丧失，第八识阿赖耶逐渐放弃对肉身的执著，终于摆脱肉身的束缚。此时，只有意身存在，神识的状态显得甚为"清净"，出现"地光明"，它与"开悟"的状况相似，如果死者前生修习佛法，此刻与他生前的修习境界相契合，从而一下子获得觉悟，彻底超脱生死而不进入中阴身。但一般人"地光明"出现的时间很短，或许只有一秒钟，很快神识又会执著于生前大脑皮层的记录，使"地光明"不再出现，接着神识就离开肉身，进入中阴期的阶段。

　　在神识离开肉身后，因为能量消失，会陷入昏迷，昏迷时间的长短随个人的状况而有不同，有人很短，有人会昏迷好几天。神识苏醒后，会根据前生的业力见到各种光。

　　强烈的光明是佛光，此时也是进入中阴身的人获得觉悟的机会，如果他此时敢于投入那强烈的光明中，他便会获得佛陀的救度，往生到净土世界。但大部分众生见到的是所谓"六道净光"，即六种"柔和"的光，其颜色为白光（天道）、蓝光（阿修罗道）、红光（人道）、黄光（畜生道）、绿光（饿鬼道）与黑光（地狱道）。

　　中阴身是中阴期中存在最久的一种状况，它有他心通与神足通，因此可以知道生前的亲人在想什么，也可穿壁越山毫无阻碍。但因没有肉身，故见不到日光与月光，眼前只有微弱的光，可见到其他的中阴身。它感觉敏锐，记得前生所知的各种现象，它会见到鬼卒、猛兽、亲人及各种恐怖、喜乐境界，也会听到好、坏各种声响。中阴身在前二十一天对前生的记忆尚很清晰，此后由于受到六道净光熏染，过去生的习气逐渐回到亡者神识上，中阴身的业障逐渐增加，神通也不再有，且烦恼增强，渐渐有找"身体"的愿望，最后为自心业力所牵引，中阴身会"进入"六道净光之一，转世投胎，进入中阴后期。

　　中阴身进入六道净光后，其识能系统立刻转成"投生道"的识能系统，此后投生道相关的各种景象就会不断出现，如投生天道者会见到华丽的天宫及美丽的天女等，投生阿修罗者会出现各种武器与战争的场面，投生人道者会见到房舍及男女行淫之事，投生畜生道者会现出洞穴等象，投生饿鬼道者会见到进入密林、草原的相状，投生地狱者会有漆黑及血腥之象。

　　由于前世的因缘业力，当中阴身找到其投生的处所及投生的父母时，它会特别欢喜接近，因此就有入胎的结果。一旦进入一个母胎，中阴身结束，下一期的生命便开始了。

果彻因缘：佛教的缘起论与因果论

支撑佛教宇宙观与生命观的，有一个重要理论，这就是缘起理论。如果说，十法界只是一些现象的话，那么在这纷繁变化的背后有一个根本的"理"：一切皆是缘起，其中又分为"因"和"缘"，"因"是指产生结果的内在直接原因，"缘"则是资助因的外在间接条件。缘起理论是佛教用来说明宇宙、世界、社会、人生和各种精神现象的生起变化及其互存关系或条件的学说，它那富于辩证的思维方式和独到的分析方式，充分体现了佛教的智慧。

自古以来，人们便自然地思考和争论这样的问题：是先有鸡还是先有蛋？这个看似简单的问题，实质上涉及宇宙是如何产生的大问题，其实是异常深奥的。所有的哲学包括宗教，都试图解释和回答这个问题，基本思路都是想寻找到所谓"第一推动力"，只不过对哪个是"第一推动力"有不同的看法而已。但归根结底，"上帝"或"神灵"创造世界的看法是相当普遍的。

佛教提出的缘起理论不仅是佛教的中心思想，也是佛教独有的特征。

缘起论最基本的四句话是：

> 此有故彼有，此生故彼生；
>
> 此无故彼无，此灭故彼灭。

也就是说：因果是同时存在的，鸡和蛋是同时存在的，无所谓先后问题。如果存有"先—后"这种直线式的思维方式去思考天下事物，是很难解释清楚的。佛教的宇宙观是圆形的，"先"与"后"也是相对而言的，此时的"后"也就是未来的"先"，现在的"先"之前也一定还有"先"。龙树举例说：父亲要依赖儿子，儿子也要依赖父亲，没有儿子也就无所谓父亲，没有父亲当然也就没有儿子，但现在的儿子将来也可能做父亲，所以无论是儿子还是父亲，都不是固定的，是因缘而存在的。又如种庄稼，所谓"种子"也就是从前的"果实"，现在的"果实"也会成为以后的"种子"，所以"因"与"果"是相对存在并且是同时存在的。

佛教将自身的因缘果报论称之为"万有因果律"，它适用于一切物质的变化、心的变化、心物混合的变化。自众生以至成佛，自世间以至出世间，无不受此因果律的支配。

佛经中有一偈：

> 假使百千劫，所作业不亡；
>
> 因缘会遇时，果报还自受。

这一偈说明了三点：一、我们所做的业是因，此因虽经很长的时间也不会自己消灭。二、此因不论长短，遇缘则生果。三、自作因，自受果，一切祸福皆由自召，并非由天神赏罚，也绝不是自作他受、他作自受。

现代科学的因果律也包含在万有因果律中，但科学只讲物与物的因果法则，一涉及人事问题或心的因素，就不再向前研究，因此科学上的因果关系较为简单。佛教的因果律加入了心的因素，更为强调心的善恶在整个因果关系中的重要作用。

知识链接

"因缘、次第缘、缘缘、增上缘，四缘生诸法，更无第五缘"（龙树《中论》）。这是说：缘共有四种，称之为"四缘"。因缘，指生起某一现象的主要条件。如竹器以竹为主要条件，竹就是竹器的因缘。次第缘，指前念为后念生起的原因，即认识活动形成的条件。缘缘，指诸心、心所攀缘的境界，即认识的对象。增上缘，指任何一个事物对于其他一切事物的影响与作用。除了这四种缘之外，不存在其他的缘。

就人生而言，一个人的现在即是他个人以往一切经历的总和。也就是说，自他出世后，即在种种环境下成长，接受家庭、学校、社会等各类教育，并和各种类型的人接触。这一切经历绝对不会消失，它们会藉着某种形式保存下来。一个人随着他所经验的善恶，其行为就会朝着善或恶发展，而形成他的人格。所谓人格，乃指智能、性格、体质等而言，它也就是我们出生后，时时刻刻经验到的事物的总和。由此，个人常常受外界善恶的影响，同时也不断地影响周围。例如学生，是受同学、长辈、老师等人的影响，而形成他的人格。所谓"近朱者赤，近墨者黑"，不管是家庭、学校、公司，乃至地方团体、国家，我们时时刻刻都置身其中，受它们的感化、影响。这种与周围环境的相互关系，也就是相依相成的缘起关系、有机的连带关系。

每个个体生命的存在，都与其他的生命相联系，众生本质上是一体的。如果我们追究一下我们吃的一个面包、用的一条手帕的来源及过程，就可以知道，它们要经过很多人的生产、运输、加工、贩卖等曲折复杂的程序，缘中又有缘，这中间如果缺少任何一个"缘"，其结果可能都会改变。

佛教说要报"众生恩"，意思就是说，我们每个人的生活都离不开世界上的任何一个众生，所有的众生都与我们有缘，这也是缘起原理的一种反映。依此类推，我们与世界所有的文明、文化均有关系，与过去人类的全部历史，也有直接或间接的关联。一个人当下的存在，即凝缩着宇宙全部的信息。由于因果之间是循环往复的圆形，因此，生命一定是永恒的，它没有开始，也没有结束，有的仅仅是由于缘的变化而产生的各种变化而已。人的"生"与"死"就如同"冰"和"水"般互相转递，水可以凝结成冰，冰也可以溶化成水；死了以后可以再生，生了之后还是会死；生生死死，死死生生，生命的本体永远不死。

总之，佛教认为世间一切现象皆由因缘而生，因缘而灭，没有一个固定的本体。一切结果必定有其原因，当明了其原因后，也就不会因此而过于悲喜。"缘起"说明现象是存在的，而本质是"空"的，也说明没有任何造物主可以主宰宇宙、人生，人生的一切全都掌握在自己手中。当一个人用智慧来观察宇宙的生灭缘起时，他便开始摆脱常人的种种"常情"，从此走向觉悟之路。

因缘思想在中国影响很大，人们常说的"缘分""夙缘""有缘千里来相会，无缘对面不相逢"等，都与此有关。明白因缘和合的道理，随顺因缘，善巧方便，秉持着"随机应变，把握机缘"，主动而非被动，惜缘而不攀缘，缘来勿拒，缘去勿留；缘来勿喜，缘去勿悲。在迁流变化的无常中，掌握着"随缘不变，不变随缘"，随顺现实的环境条件，认清自己的能力状况，才能安身立命，随遇而安。这是佛教由其世界观引发出来的人生观。

由于佛菩萨对"缘起"的真相了然于心，从根本上认识到众生的一体性，因此自然发出广大的慈悲心，救度众生，这就是佛教的慈悲观。但这种慈悲不是来自于世俗的"爱"，而是来自于对般若性空的体认，因此佛教认为慈悲与智慧是一体的。对此，台湾的印顺法师曾做过很好的阐述，这里引述如下：

我们先要知道，慈悲心究竟是如何生起来的？慈悲心是缘众生而生起的。如果不知道有众生，则慈悲心是无论如何也不会生起来的。不论是对于我们的亲属或朋友，甚或是小动物，当见到他们的苦痛时，我们便发起了慈悲心，想要消除他们的痛苦，或者是使他们得到快乐，既然缘众生而生起，那又怎么会是无缘大慈？般若与慈悲，如何能合得起来呢？

佛法中，慈悲有三类：第一类是"众生缘慈"，即缘众生而起的慈心。由于在生起慈悲心时，心境上便显现了一个一个的众生。平常我们见到众生，总会把他们当作是一个个实实在在的独立自体。比如，当见到一位多年未见的老朋友，内心中会有种种感想：他变老了、变瘦了，或者是变胖了等；总会把他当作是固定的个体，而不只是瘦弱或肥大。似乎这个人的本身是一定的，不会有什么变化的。因此，我们对于众生，总是执著于他人各有他的实有自体。人人有此观念，以这样的认识再来起慈悲心，便是众生缘慈；大多数的人所具有的，是众生缘慈，也就是世俗所谓的"爱"，它是有缘的，有条件的。

第二种是"法缘慈"，其境界的程度较高，已经超出一般人之上。他所见到的个体，张三是张三，李四是李四，人还是人，狗也仍然是狗；但他了解到我们所见到的一个个众生，实际上并没有什么永恒不变的东西，可以说他已经体解了无我的真理。若由此而生起慈悲心则为法缘慈。一般众生，能够有爱已经是不错的了；一般人是难以做到法缘慈的，只有证得小乘四果的圣人才能做到，但这仍不是菩萨境界。

最高深的慈悲，是"无缘慈"。大乘佛教认为，在我法皆空，因缘和合，一切法如幻如化之中，众生还是要作善生天上，或是作恶堕到恶道，享乐的享乐，痛苦的痛苦，在生死轮回之中永远不得解脱。菩萨便是在这个境界上生起慈悲心。如有一个人很早便去就寝了，不久之后，大家听到他的惊惧喊叫声，跑去一看，知道他是做了噩梦，但是叫他却又不容易叫醒。这时，我们就很容易地想到，他梦中所见的明明就是虚幻不实有的东西，但是他的痛苦却又是如此真切、如此深刻。菩萨眼中所见到的众生沉溺在苦海中便是如此。因此菩萨是通达了一切法空之后而起慈悲心的，这便叫作"无缘慈"。到这时，智慧与慈悲二者便可说是合而为一，这才是真正的大乘慈悲，所以又叫它为"同体大悲"。一切法都是平等的，而就在这平等中，没有了法与众生的自性，而法与众生宛然现前。即空而起慈，这便叫无缘慈。所以讲到佛菩萨的慈悲，这其中一定有智慧，否则便不成其为真正的慈悲。讲到智慧，也必须包含了慈悲，否则这种智慧也就不是佛菩萨的智慧了（印顺法师《大树紧那罗王所问经偈颂讲记》）。

 知识链接

大慈与一切众生乐，大悲拔一切众生苦；大慈以喜乐因缘与众生，大悲以离苦因缘与众生。（《大智度论》卷二十七）

从佛教的出世间法看，因缘又是有情众生在生死欲海中流转的根源，只有切掉这些缘，才能够超越生死。佛教讲的"十二因缘"便是生命从过去到现在、从现在到未来轮转的十二个程序。所谓"缘觉"，就是通过观察这十二因缘，寻找到生命流转的根本，从而获得觉悟。

这十二因缘分别是：

1. 无明——因为缘生万法才生，缘灭万法亦灭，一切法无常无我，人们不知如是法的真实相，这就叫无明。无明是众生与生俱来的，没有别的法为无明之缘，所以又称为无始无明，是一切烦恼的根本。

2. 行——"行"是能造作的意思，是牵引身、口、意三业的力量，是过去造作诸业的因。"无明"和"行"是过去的二"因"，一个属精神层面，一个属行为层面。

3．识——识指个人精神统一的总体，由于识的分别而现出境界，使根增长，产生了思想等。

4．名色——名是受、想、行、识的精神，色是物质的肉体，名色包括了主观的精神与客观的物质，也就是前面介绍过的"五蕴"。

5．六入——六入即眼、耳、鼻、舌、身、意的内六根，可以传达色、声、香、味、触、法外六境的机能。

6．触——内六根与外六境相接触，主观上产生感觉作用，也就是根、境、识的融合，生起苦、乐等感情，饥、寒、痛、痒等感觉。

7．受——对于不欢喜的境、物、人事生起苦痛感叫苦受；对欢喜的境、物、人事生起快感叫乐受；还有一种无所谓苦乐的，叫作"不苦不乐受"，也就是我们平常说的"感受"。从"识"到"受"是现在的五"果"。

8．爱——对于乐受的东西生起贪爱，如爱财、爱情、爱命等。爱是生死的根本，由此又产生下面的"取"和"有"。

9．取——取有多种含义：一是对五欲或色、声、香、味、触等五尘生起欲望追求，叫作贪取；二是生出我见、边见等，叫作见取；三是对于所爱事物起我和我所有的执著，如我执、我慢、我法等，叫作我取。

10．有——有是今生所造的身、口、意等业，又称为"业有"。从"爱"到"有"，这三者是现在的三"因"。

11．生——人从母胎呱呱坠地就是生，一直到老死，这一期的生命都叫作生。在佛教看来，生是苦之本，人生的一切忧患痛苦都随之而来。

12．老死——人的生理机能衰退，最后呼吸停止，因缘离散，叫作老死，但老死并非生命的全部消灭，身体虽然死了，但无明还在，又成为另一期生命流转的开端。"生"与"老死"是未来的二"果"。

以上十二因缘，由"无明"开始，到"老死"结束，然后重新开始，因果循环，从理论上说明了一切众生生死轮回的根源。所谓超脱生死，最根本的就是要破除无明，即在这一期"老死"之后，不再有下一期的生，那么十二因缘的因果链条就中断了，这就是涅槃的境界，也就是超凡入圣。

转迷成悟：佛教关于觉悟的认识

"佛陀"一词的本来含义就是"觉悟"。假如要我们只用一个词来概括佛教的话，这个词就是"觉悟"，"觉悟"是佛教最核心的信仰。佛教为何如此重视"觉悟"？佛教指出了一条怎样的"觉悟"之道呢？

据《华严经》记载，释迦牟尼在菩提树下坐了四十九天，睹见明星而大彻大悟时，开口说的第一句话是："奇哉奇哉！一切众生皆具如来智慧德相，唯以妄想执著不能证得。"这句话即揭示了佛教所谓"觉悟"的内涵。一切有生命有情感的生

菩提树

物，都具有如来的智慧与功德。佛就是众生中的觉者，而其他众生尚在迷惑之中，没有觉悟而已，但即使没有觉悟，如来的一切智慧和功德本来已经具足，没有丝毫差别。众生为何具有如来智慧功德却不能证得呢？答案是：因为妄想执著的障碍。那么，去除"妄想执著"也就是走向"觉悟"最重要的途径。佛教的一切法门，都是为了打破这个妄想执著的，也就是所谓"转迷成悟"或"断惑证真"。

先看看佛教是如何从总体上论证众生是如何陷入妄想执著——迷之中的。佛教所谓迷，就是昧于宇宙人生的真理。当代佛教学者钟茂森博士曾从科学角度介绍过《华严经》的宇宙观，也揭示了众生迷悟之间的奥秘：

《华严经》里有一首著名的"觉林菩萨偈"："譬如工画师，分布诸彩色，

虚妄取异相，大种无差别。大种中无色，色中无大种，亦不离大种，而有色可得。"

佛教认为，这几句偈已将宇宙的真相彻底揭示出来。譬如一个画家，画画的过程就是分布诸色彩，以各种色彩画在纸上。其实本来没有这些画，画是现相，其根源是画师自己有这样的念头，他的画已经形成在他的念头当中。这就是所谓虚妄取异相，本来是虚妄的，本来没有；大种比喻自性，唯心所现这个心，真心自性，真心自性里面没有差别，即心性中没有一物，本来无一物，本自清净，但它能生万法。我们的心就像画师一样，本来画是没有的，一起念头可以把它画出来，画出来就叫唯识所变，这个色是妄相、妄境。这个妄是依着真心而起，又跟真心和合不二，所以叫亦不离大种，而有色可得，这个色是虚妄的，虚妄离不开我们的真心。真心里头本来没有念头，念头是动，这个念头一动就产生现相，就好像画师画出来画了，念头一灭，所有境界都消失了，宇宙都没有了。

佛在经里告诉我们，众生念头生灭的速度非常快，在《菩萨从兜率天降神母胎说广普经》里，佛跟弥勒菩萨有一段这样的对话：

佛问弥勒："心有所念，几念几相识耶？"

弥勒回答说："举手弹指之顷，三十二亿百千念，念念成形，形皆有识，念极微细，不可执持。"

这是说我们举手弹指之间，就有三十二亿百千念产生，折算起来，一秒钟约有一千二百八十万亿个念头产生，由于速度太快了，我们根本都没办法觉察。如同我们放电影，古老的电影机、放映机就是把一些底片用光照投在银幕上，一秒钟过二十四张底片，这样我们在银幕上似乎看到很真实的画面，实际上如果看看那些底片，是一张一张的，前面一张不是后面一张，两张中间是隔断的，没有关联。只是因为它们生灭得很快，一张一张连续起来，我们在银幕上看到的就好像很逼真的情景了。

但必须清楚，这个连续的动相只是个假相，一秒钟换二十四张，就是一秒钟二十四次生灭，人的眼睛就被欺骗了，几乎忘记了这是个假相。

现在弥勒菩萨告诉我们，一秒钟有一千二百八十万亿个生灭，每一个念头就生出一个相，这念头灭了，这相也跟着灭了，然后再起另外一个念头，第二个相又起来了，第二个相和前面那个相也是断开的。就像底片，前面一个和后面一个互相是断开的，好像是有关联的，其实没有关联，只是它生灭的速度太快，快到一秒钟一千二百八十万亿次，我们没办法觉察，因此众生便完全被这个本来虚假的世界蒙骗了，将这个世界的一切视为真实的存在了。

这就是佛告诉我们的宇宙真相。

所以佛教认为，宇宙人生的真相是"世间无常，国土危脆，四大苦空，五蕴无我"，本来如电影画面一样不实，但未觉悟的众生习惯于主观上的妄想执著，误认幻生幻灭的万法为常住，五蕴和合的身心为真我，这一切都叫作迷。迷又分为"迷于理"和"迷于事"两大类，所谓迷于理，就是执著于身、边、邪、戒取、见取等诸邪见；所谓迷于事，就是生起贪、嗔、痴、慢、疑等各种迷惑。

身见，是执著于色、受、想、行、识这五者和合的虚妄身为实有的自我，执身外的事物为我的所有；边见也就是偏见，谓我死后，或者彻底断灭，或者常恒不变，永远为人，都属于这类偏见；邪见是指不承认善恶业报、三世因果，诽谤三宝等；戒取见是指执取于非理的戒禁，也就是以非因为因，非道为道，做没有意义的苦行，如佛经指出的，一些外道看到狗、牛等死后升天，便学狗、牛的作为，食草啖粪，称为受持牛戒、狗戒，而不明了这些狗、牛死后升天的真实因果；见取见指执著于上述身见、边见、邪见等的一种或多种为究竟之理。

贪、嗔、痴合称"三毒"，是众生三种最基本的烦恼。众生对种种物欲恋念不舍，得了还想得，称为"贪"；遇到不如意的事，生恨心、发怒气，就叫"嗔"；没有理智，遇事迷惑，不相信因果等，就叫"痴"；"慢"也称为"我慢"，即认为自己高于其他众生，总想凌越他人的傲慢之心；"疑"指

知识链接

"迷于理"谓之见惑，"迷于事"谓之思惑，见思二惑共有十项，称为"十使"或"十大惑"，佛教认为这是众生的十种根本烦恼。佛教所说的烦恼是指潜在内心深处的邪恶性格与偏见。这种性格与偏见一遇机缘，便表现为行动，从而扰乱自己的身心。

佛教对"贪欲"的分析：无欲谓之圣，寡欲谓之贤，多欲谓之凡，纵欲谓之狂。人之心境，多欲则忙，寡欲则闲；人之心事，多欲则忧，寡欲则乐；人之心胸，多欲则窄，寡欲则宽；人之心气，多欲则馁，寡欲则刚。

遇事犹豫，不能果断，特别指对佛法怀疑，无法生起信心。

以上身、边、邪、戒取、见取诸见，和贪、嗔、痴、慢、疑，都属迷惑。佛教认为，众生要转迷成悟，先要断惑，断惑才能证真，去掉心识上的妄想执著，才能显露出我们的真如本性。心识上有了迷惑，就要因惑造业。有了业，就要因业受苦，

所以迷境也就是苦境。关于苦，有所谓生、老、病、死、爱别离、怨憎会、求不得、五阴炽盛，以及内苦、外苦等等，难以尽述。

所谓学佛，就是在明白了上述佛的教法后，躬行实践，依法修持，澄清妄念，端正行为，从而明心见性，断惑证真，转迷成悟。这便是众生由"迷惑"走向"觉悟"的完整过程。

要获得觉悟，首先要树立对世间观察的"正见"，只有建立了"正见"，才能避免身见、边见、邪见等。这是觉悟的前提，非常重要。

佛法的正见，概括地说，称之为"三法印"。"三法印"是用来辨别一种说法是佛教还是非佛教的重要标准，足以代表整个佛法，它们分别是：（1）诸行无常，（2）诸法无我，（3）涅槃寂静。佛教的"三法印"是一个不可分割的整体，三者的关系是层层递进的。

"诸行无常"是说宇宙一切的现象都不曾有一瞬间的停止，都处于生灭变化之中。无常，不仅指众生的心识或社会人事，世间一切都是如此。我们使用的桌椅，去年在使用，今年在使用，明年仍可使用，看起来似乎是常住的。事实上，它们正在刹那刹那损耗中。肉眼可见的，如木料的虫蛀、腐朽；肉眼不可见的，如构成木料的原子中，电子正以高速绕着原子核在旋转。原子如此，天体的运转又何尝不是如此？ 四时运行，人间沧桑，这同样是迁流代谢。《金刚经》中有名的六如偈："一切有为法，如梦幻泡影，如露亦如电，应作如是观"，苏轼《赤壁赋》中的句子："自其变者而观之，则天地曾不能以一瞬"，说的都是"无常"这种宇宙人生的真相。

　　"诸法无我"是说一切事物没有一个真正永恒的个体，只是许多不同的因缘合起来的，没有固定的真实体的存在。众生对我、我所（自己的所有物）有所执著，认为它是固定常存、固定不变的，佛教极力破斥这一点，指出通常执为实有的"我"本质上是空的，意在破除"我执"与"我所执"，也就是无我、空。

　　《杂阿含经》："汝谓有众生，此则恶魔见，唯有空阴聚，无是众生者。如和合众材，世名之为车，诸阴因缘和，假名为众生。"

　　拿人来说，在生理上，毛发爪甲的代谢，血液淋巴的循环，是永无停止的。时时刻刻有老的细胞死亡，时时刻刻有新的细胞产生，在这不停地生灭变化中，使一个人自幼小变得壮大，壮年者日渐衰老，衰老者终至死亡。在心理上，前念刚灭，后念已生，刹那刹那，永无停止。人的一生正像一幕电影，放映机中的胶片不停地转，银幕上的影子也不停地动，前影将逝，后影即显；后影将逝，后面的影子又接上来；银幕上一旦现出空白，表示故事告终；心理活动一旦停止，这一期的生命也就宣告结束。佛教认为，人一旦不再执著这样一个虚幻的"我"，就不会再起惑造业，心性的大光明自然显露，当下便能证得诸法实相，这就是涅槃寂静。

　　涅槃寂静看似与前两条矛盾，它说的是由无常无我的观察中，深悟法性寂灭而获得的解脱境界。佛教认为，每个众生的心性即是佛性，本来是清净的，具有常、乐、我、净的涅槃性质，此佛性即为自性清净涅槃。消除前面的两种妄想执著，就自然证得第三法印：涅槃寂静。可见"三法印"同样是对佛教觉悟之道的一种高度概括。

　　佛教认为，获得觉悟还有很多具体的方法和途径，概括地说就是戒、定、慧基本三学。它又是统摄所有佛教修行内容的总纲，任何修行法门都可以归属于三学之下。这三者也是一个不可分割的整体，其关系是：戒是止恶修善，由戒生定；定是息缘静虑，依定发慧；慧是破惑证真，因慧成佛。从根本上说，自性清净无染，就是戒；自性寂然不动，就是定；自性观照无碍，就是慧。可见戒、定、慧原是自性具足的功能，是自性一物的三面。实践佛法的本意，仍是从这三方面去回复本性。所以一切修持离不开戒、定、慧，一切佛法也无不同时具足戒、定、慧。因此，戒、定、慧成为修学佛法的基本法则。

（1）戒学。戒即是戒律，是佛教修行者修身治心的轨范。佛教认为，众生起心动意，日常活动不外身、口、意三业，三业可以是善，也可以是恶。所以佛制定戒律，使修道者依此而行，止恶修善。释迦牟尼曾经说过一个十六字偈："诸恶莫作，众善奉行，自净其意，是诸佛教。"诸恶莫作是止恶，众善奉行是修善，自净其意是断惑，按此三者而行，即是修道。

佛教最基本的戒律有五条，称为"五戒"，五戒本是为在家学佛人制定的，但实际上出家人的戒律最根本的也是这五条，其他的戒律皆是由此衍生出来的。所以要了解佛教的戒律，首先要知道它的五戒。五戒分别是：一不杀生，二不偷盗，三不邪淫，四不妄语，五不饮酒。

佛教认为，一切众生，同在六道里面轮回，随着各自不同的善业或恶业，有的升天，有的做人，有的在饿鬼道，有的在畜生道，有的在地狱，彼此各有升降超沉。任何一个众生，在无始劫来，彼此都曾互为父母，互为子女。作为人类，应当想办法来拯救那些沦落到三恶道的众生，怎么能忍心去杀害他们呢？而且从因果报应的角度说，造了杀业一定会堕落恶道，以酬偿宿世之债，也会给自己带来灾祸和疾病。另外，一切众生都有佛性，未来也都会成佛，所以杀众生也就是杀未来的佛，其罪过是很大的。佛教认为，世间的刀兵劫，就是由于众生的杀业造成的，所以杀生是造成这个世间种种罪恶、痛苦的根源。中国有一首流传很广的佛诗写道：

> 千百年来碗里羹，怨深如海恨难平。
> 欲知世上刀兵劫，但听屠门夜半声。
> 夜半声，夜半声，冤深如海恨难平。
> 欲消世上刀兵劫，莫把众生肉做羹！

白居易曾写过一首《戒杀诗》：

谁道众生性命微，哺稚觅食故飞飞。

劝君莫打三春鸟，子在巢中望母归！

大部分杀生的原因，是为了吃肉。由此引申出佛教一种重要的生活方式：提倡素食，尽量避免肉食。本来印度佛教并没有素食的严格规定，因为印度僧人以托钵乞食为生，施主布施了什么就要吃什么，是没有挑选余地的。但中国出家人改变了印度佛教的生活方式，以在寺院中共同生活为主，因此有了彻底素食的条件。

第一个提出出家人和学佛者不可食众生肉的是南朝时的梁武帝，他写了《断酒肉文》，指出出家人"犹嗜饮酒，啖食鱼肉"是违反佛教教义的，反复强调食肉的罪报，提出学佛者应彻底断绝肉食。自此之后，这条规定为汉传佛教所遵守，素食由此成为汉传佛教独具特色的戒律，大凡正规的寺院僧众以及受了"五戒"的在家居士，确实是只能吃素、不可食肉的。但在藏传佛教和南传佛教中，却没有这种规定，仍然坚持早期佛教食"三净肉"的戒律。

知识链接

早期佛教戒律有"三净肉"的说法，指出有三种肉出家者是可以吃的，称为净肉，分别是：（一）眼不见杀，即自己没有看到生物被杀。（二）耳不闻杀，即没有听到生物被杀的声音等。（三）不疑杀，即生物不是专门为我而杀的。

僧众用膳

偷盗就是将别人的东西占为己有，从本质上说，这正是众生贪欲之心的表现，因此"不偷盗"的戒律是为了戒除众生贪心的。从世间伦理道德角度讲，不偷盗也是最基本的道德规范。但佛教所讲的不偷盗，还有更抽象的意义，即戒"偷心"。在佛教看来，很多众生尽管能够做到不盗窃他人财物等，但这仅仅是最基本的，其内在的"偷心"未必完全戒除干净了。比如以公事来济助私事，克扣他人以利益自己，凭借势力取得财物，用计谋获取东西，乃至办事敷衍塞责，没有责任心，浪费别人或公家的钱财而心里一点都不在乎等，都属于隐性的偷盗。由此来看，不偷盗的戒律其实是相当难守的。

不邪淫的戒律也是针对众生的贪心而制定，主要是指男女的欲望。佛教认为，众生是因淫欲而来，淫欲是众生沉沦六道、无法出离的根本，所以断除淫欲是佛教修行的重要方面，断除了淫欲也就断除了六道轮回的根。但佛教又顺应世俗社会的需要，这条戒律对出家人和在家人的要求是不同的。对于出家人来说，要彻底戒淫，即不可与任何人发生性关系；对在家学佛者来说，合法的夫妻生活是允许的，但不可以与夫妻之外的其他人发生性关系，因此叫作"不邪淫"。这条戒律对于社会生活也有相当重要的意义，通常家庭不和、妻离子散、情杀、堕落、腐败等等，多与淫乱有关。在佛教看来，一切众生都是由父母行淫而出生的，淫欲心是众生与生俱来的"本能"，所以这个戒很难守持，很容易犯，但也正因为如此，它才成为佛教的重要戒律。

不妄语是说讲话要有信用，不随便乱讲。若是见到说没见到，没见到说见到，把假的说成真的，把有说成没有，凡是这类心和口不相应的情况，或者欺瞒哄骗别人的语言，都叫作妄语。前面三条戒是从"身业"角度规定的，这条戒则是从"口业"角度规定的。以上四种戒律，不论是出家人或在家人，也不论受过戒或未受过戒，只要犯了就都有罪过，称之为"性戒"。

最后的不饮酒戒是因为酒能使人的心迷乱，破坏人的智慧。喝了酒会令人颠倒疯狂，胡作非为，就容易违犯前面的四条"性戒"，因此佛教也规定不准饮酒。此外，如烟草、葱、韭、蒜等有刺激性的食物，都在佛教的禁戒之内。但佛教认为，饮酒本身并无罪，所以这条戒律不属于"性戒"，称为"遮戒"，它在某些情况下是可以变通的。

上面介绍的"五戒"，主要是从消极方面来戒恶。佛教还提出"十善"，则是从积极的方面来行善。"十善"的内容有：

身三善：不杀生，不偷盗，不邪淫。

口四善：不妄语，不恶口，不两舌，不绮语。

意三善：不贪，不嗔，不痴。

可见"五戒"是包含在"十善"之中的，但两者提出的角度不一样。

佛教认为坚守"五戒"和"十善"是获得人身的必要条件，其主要着眼点也在于调节世俗社会关系和社会生活，所以被称为"人天道"的主要教理。至于出家众的戒律，比丘有二百五十戒，比丘尼有三百四十八戒，条文细密，但其基本的核心仍然是"五戒"。戒律之学形成专门学问，在中国唐代之后还形成专以研究、弘扬戒律为主的律宗。

（2）定学。定又名禅那（dhyana），意译为禅定，目的在于治心，除去精神上的纷乱。佛教认为，众生身心感受的苦果，是业和烦恼聚集而来的，要解脱苦果，先要断除苦因。苦因的由来，无非是由我们这一颗妄心上发生，众生的妄念，前念甫灭，后念已生，刹那不停，相续不断。因惑造业，因业受苦，这是生死流转的根本，心真正不动了，生死流转的幻象也就没有了。所以修道的关键在于治心，戒是戒身口的恶业，定是治内心的妄念，要依戒而资定，由定而生慧。

禅定的种类很多，大体上可以分为三类：一是世间禅，如世间的气功、炼丹等等，可以强身健体，但并不能超脱生死；二是出世间禅，属于小乘禅；三是出世间上上禅，即大乘禅。

《月灯三昧经》论禅定十种利益：修菩萨之行者，善能修习禅定，则万缘俱息，定性现前，故获此十种之利益：

一、安住仪式。菩萨习诸禅定，必须整肃威仪，一遵法式而行之既久，则诸根寂静，正定现前，自然安住而无所勉强，是为安住仪式。

二、行慈境界。菩萨习诸禅定，常存慈爱之心，无伤杀之念，于诸众生，悉使安稳，是为行慈境界。

三、无烦恼。菩萨习诸禅定，诸根寂静，则贪、嗔、痴等一切烦恼，自然不生，是为无烦恼。

四、守护诸根。菩萨习诸禅定，定常当防卫眼等诸根，不为色等诸尘所动，是为守护诸根。

五、无食喜乐。菩萨习诸禅定，既得禅悦之味，以资道体，虽无饮食之奉，亦自然欣豫，是为无食喜乐。

六、远离爱欲。菩萨习诸禅定，寂默一心，不使散乱，则一切爱欲之境，悉无染著，是为远离爱欲。

七、修禅不空。菩萨习诸禅定，虽获诸禅之功德，证真空之理，然不堕于断灭之空，是为修禅不空。

八、解脱魔罥。菩萨习诸禅定，则能远离生死一切之魔网，悉皆不能缠缚，是为解脱魔罥。

九、安住佛境。菩萨习诸禅定，开发无量之智慧，通达甚深之法义，于佛知见，自然明了，故心心寂灭，住持不动，是为安住佛境。

十、解脱成熟。菩萨习诸禅定，一切惑业，不能扰乱，行之既久，则无碍解脱，自然圆熟，是为解脱成熟。

大乘禅主张禅定时不偏空，也不偏有，不偏动亦不偏静，而能于空有自在，动静一如；禅定在动中有静，静中有动，乃至动静一如亦不可得。禅定的最高境界是在定中体悟到诸法寂灭的本性，进入甚深微妙、不可言说的正观之中，从而获得明心见性的大智慧。

唐代的大珠禅师《顿悟入道要门论》说："但知一切处无心，即是无念也。得无念时，自然解脱。"由禅而获得顿悟似乎相当快捷，任何人平时其实也会有这种无念境界现前，可惜一般人都随便忽略过去，顷刻之间又万念俱生，不曾一把抓住，"啊！原来就是你"地亲自体验一番。

因此，中国禅宗又以"参禅"为入手的方便法门。所谓"参禅"即是参话头，举其中一个话头，将全部身心放在这句话头上，全神贯注，回光返照，据说久而久之，便会获得大悟。悟是一刹那的事，但悟的过程却是相当漫长和艰苦的。

古代有的禅师往往将一句话头参了几十年方才顿悟。

比如宋代之后禅宗常参的一个话头是："念佛是谁？"对此话头，近代的虚云禅师说："如问念佛的是谁，人人都知是自己念。但是用口念呢？还是用心念？若用口念，死了还有口，为什么不会念？若用心念，心又是什么样子，却了不可得。因此不明白，便在'谁'字上发起轻微疑念，切不要粗，愈细愈好，随时随地单单照顾住这一疑念，像流水般不断地照顾下去，不生二念。若疑念在，不要动着它，疑念不在，再轻微提起。"

为什么叫作"话头"呢？

虚云禅师又说："所谓话头，即是一念未生之际，一念才生，已成话尾。……时时刻刻、单单的的，一念回光返照这'不生不灭'，就叫作看话头。"

这些话揭示了禅宗参话头的基本方法：妄念来时，由它来，不去理它，只以觉照的力量，盯住疑念。初参的时候，可能会断断续续，忽生忽熟，渐渐参看纯熟，功

夫成片，此时尘劳妄想也就不息自息。这样以长远心，追逼到山穷水尽之处，一旦瓜熟蒂落，一念顿歇，便能亲见湛然寂照的本性，这种情况在佛教里就称为"顿悟"。

（3）慧学。慧又名"般若"，也叫无漏智慧。"般若"是梵语 prajna 的音译，相当于汉语的"智慧"，但佛教认为般若不是世俗的世智聪辩，而是由定力所证得的大智慧，汉语的"智慧"一词不足以表达它的含义，因此就将这个词汇音译。

般若是佛教非常重要的概念，佛教把生死比喻为苦海，将般若比喻为将众生从生死苦海中救度出来的船筏，因此有"般若船"的说法。如果把众生的迷惑比喻为黑暗的话，般若又是照亮黑暗的明灯，因此又有"般若灯"的说法。据说释迦牟尼在四十五年的说法中，用了二十二年说般若类经典，流传世间的《大品般若经》《小品般若经》《大般若经》《般若心经》《金刚般若波罗蜜经》等都属于般若类经典。在论典方面，大乘空宗的《中论》《百论》《十二门论》，大乘有宗的《金刚般若颂》《金刚般若释论》等都对般若的含

义做了深入发挥。

般若智慧包含了五种，称之为"五般若"，第一种是实相般若，第二种是境界般若，第三种是文字般若，第四种是方便般若，第五种是眷属般若。

实相般若就是形而上的道体，是宇宙万物的本源，属于般若中最根本的。真正的道体是不可思议的，是不可以用普通的知识、意识去思想、讨论、研究的。假如实相道体能够用思想得到的话，那还是属于妄想意识的范围，所以称之为不可思议，它可以用许许多多概念来表示，比如佛、道、真如、涅槃，乃至神、上帝等，但所有这些都只是一个代号，代表实相般若道体而已。

境界般若是指修道者见道的境界，如古代禅宗语录常说的"千江有水千江月，万里无云万里天"：天上的月亮只有一个，照到地上的千万条江河，每条河里都有一个月亮的影子，就是千江有水千江月；万里的晴空，没有一点云彩，整个天空处处都是无际的晴天，就是万里无云万里天。这只是一种自然的描写，但却可以用来描述悟道的境界。在自然与悟道之间是一种什么关系呢？人生的境界多种多样，有喜乐的境界，也有痛苦的境界、烦恼的境界，但所有的境界都可意会而不可言传，这也是一种般若。修道人有一分的成就，境界就有一分的不同；有两分的成就，就有两分的不同。人修到了某一种境界，他的人生就会显现出某种境界，这是不可以作伪的。中国古代诗歌之所以多有富于"禅意"的作品，就在于它们描写的境界往往与般若顿悟的境界契合，诗与宗教在深层次上契合的缘故吧。

文字般若是说文字、语言本身就具备了智慧，因为文字也有它自身的境界。同样的一些文字，有些人写出的就是优美的句子，有些人则写出文理不通的句子，这些都是文字般若的显现。鸠摩罗什翻译的《金刚经》之所以流传不衰，是由于它的文字般若造成的，读着这些文字，自然可以契入实相般若的境界。后来玄奘法师等对这部经重新翻译过，也许在文字上更为准确，但在般若境界上，却始终无法超越鸠摩罗什的译本，这就是文字般若不同的缘故。佛教认为，文字般若是一个人悟道之后自然发生的，不是凭世智聪辩能够获得的。这些都是文字般若的表现，但对文字般若不可执著，一执著，文字就成为悟道的障碍，这就是禅宗强调"言语道灭""到岸舍筏"的主要原因。

方便般若是指运用某种权宜的方便策略，来揭示无法言说的实相般若。譬如对于佛经，能够用一种特殊的方法将难懂的内容通俗化，将难表达的东西表达出来，使别人一听就懂，这便属于方便般若。从"二谛"理论来看，实相般若属于真谛，方便般若则属于俗谛，它不是真实的，却是通向真实不可缺少的途径。在佛教中，文字、神通、仪式等外在的表现和形式，大多可归属于方便般若之中。方便般若也不可执著，一执著，方便便掩盖了真实，手段变成了目的。宗教的过度世俗化，丧失了宗教本有的神圣意义和价值，就是执著于方便般若的结果。

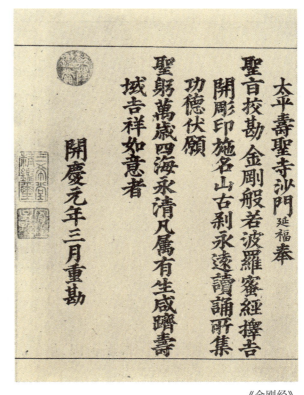

《金刚经》

所谓眷属就是指亲戚、朋友、家人等亲眷。眷属般若是指伴随般若智慧而来的其他善业，大乘佛教所讲的六度，包括布施、持戒、忍辱、精进、禅定、般若。般若前面的五种法门就是其相关的眷属，也就是眷属般若。如果从般若角度看，布施、持戒等都是一种般若，般若总摄前五法，前五法都能生发般若智慧。如果没有般若，那么前面的五种法门都只是世间善业，可以获得来生福报，但不能获得解脱。有了般若这个核心，则前五法都成为般若的助行，因此"六度"也是一个不可分割的整体。

第六章

入世应用：佛教与世间的关系

佛与罗睺罗

二谛融通：真谛与俗谛

二谛论——真谛与俗谛，是佛教最基本的理论原则之一。"谛"是义理、真理的意思，真、俗二谛是指事物所具有的两种真理。凡夫从世俗经验上形成的具有时间性、有性的观察事物的原理，称为俗谛或世谛；圣人由究竟、终极体验而形成的具有超时间性、空性的观察事物的原理，名为真谛或第一义谛。俗谛通常肯定事物的存在，真谛通常否定事物的存在，佛教认为两者都是片面的，甚至是错误的，必须从空有、真俗两方面来体认，方能得到实际情况，两者的结合称为"中谛"。

佛教在本质上是追求出世间的，世间的一切本质上都只是假象、幻象，是空的，没有这一"真谛"的认识，就不是佛教。但具体就世间的众生而言，他们生活中的境遇、感受又是真实的，让他们彻底抛弃虚幻的世间生活而走向涅槃之路，让他们真正理解和接受真谛的境界，绝非容易之事。佛教为了度化这些陷于"俗谛"中的众生，就必须适应他们的要求，引发他们的信心，正所谓"佛法在世间，不离世间觉"。按照真谛观，连佛教自身也是虚幻的，佛教是适应众生的需要而存在的，假如没有这些众生，佛教也就不复存在。

佛教的一切说法归根结底就是一个"空"字，所以禅宗常说："世尊说法四十五年，未尝说一个字"，如果认为佛陀还是说了一个"空"字，这仍然不是真谛，必须连这个"空"字都"空"掉，才是真正的佛法。但这种高玄的说法，有多少老百姓能够理解和接受呢？所以，按照俗谛观，又可以说佛教是真实存在的，佛教的一切言说、一切经典都是神圣的，是宇宙人生的真理。

在中国佛教史上，禅宗的出现，从一开始就是以真谛为直接修行目标，尽可能抛弃俗谛的一种实践。在禅宗看来，一个人只要体悟到真谛，俗谛的一切可以不必考虑，因为都是虚幻的。相反，俗谛还有可能戕害真谛，因为真谛要求放弃一切执著，而俗谛在某种程度上增加了人们的执著，这样来修行，是永远无法成佛的。

禅宗史上流传很广的有关菩提达摩和梁武帝的一段对话可以说明这一点：

南朝梁武帝崇信佛教，在位时建了很多寺院，度了很多僧人，甚至多次放弃自己皇帝的位子，舍身到寺院中，由此带动梁朝时期佛教达到极盛，几乎到了举国信佛的程度。正巧印度僧人菩提达摩来到梁朝首都建业，梁武帝便问这位梵僧："我做了这些事有多少功德？"没想到达摩说："并无功德"。武帝大吃一惊，忙问："怎么会没有功德呢？"达摩又答："这些事只是修福，并非修德。"

知识链接

"布施主要是破悭贪，如果布施真的把我们悭贪烦恼舍掉了，这是功夫，得到心地清凉自在。……功德是要自己修的，我们今天佛门里面常常以财布施，这只是布施，不能成为功德，这里面没有工夫，没工夫就是不能断悭贪。……有些时候不但不能成为功夫，反而适得其反，就是听说佛门所讲'舍一得万报'，他才肯来布施，这是世间生意买卖，没有比这个利益更大。今天布施一块钱，明天就得一万块钱的果报，这应该赶快去布施。这种布施不但不能断悭贪，反而增长悭贪"。（净空法师《阿弥陀经疏钞演义讲解》）

对此，禅宗六祖惠能在《六祖坛经》中做过一番解释：梁武帝确实没有功德，而且其见解是"邪道"，不懂得真正的佛法。建造寺院，剃度僧人，布施钱物，举办斋会，这些活动叫作求福报，不能把求福报误认为是功德。功德存在于自我的本性中，并不拘泥于行善求福报的种种活动。正确认识自我的本性是功，平等无区别地看待一切是德。思想时时刻刻不为尘世间的事物和现象所束缚，自我本性能够常常发挥妙用，这才叫功德。不离开自己的本性是功，不受尘世的污染是德。功德必须在自己的本性之中寻找，而不仅仅是通过布施钱物、供养礼敬就能获得，那只是人天福报，是不能超脱生死的。由此可知，福德与功德是有本质差别的。佛教认为凡不能使人超脱六道轮回的行为，都不是真谛。

梁武帝建寺修庙，固然可称为"福德"而非"功德"，但假如一座佛教寺庙都没有，一个僧人都没有，那么佛教高妙的"真谛"又是靠什么来体现呢？实际上，中唐时期南宗禅禅师百丈怀海制定的《百丈清规》，即有"不立佛殿，唯树法堂者，表佛祖亲嘱授，当代为尊也"的说法，也就是主张寺院中不供奉佛像，只有一个法堂，以此来代表佛的"法身"。但这种设想似乎只见之于文字，并没有落实，中国的佛寺，包括禅宗寺院，仍然有"大雄宝殿"，里面供奉佛像。这其中的原因就是俗谛的需要，尽管这个木雕石刻的佛像并非真佛，但一般人要认识真佛，却需要借助这样一个外在的形式，没有这种外在的形式，要他一下子去体认那

山西华严寺上寺大雄宝殿

"无形无相"的佛的法身，是很难做到的。也许，这个例子可以说明真谛与俗谛的关系。

在大乘佛教经典《妙法莲华经·化城喻品》中有一个"化城喻"，其主要内容是这样的：

在一片五百由旬长的险难恶道上，有旷绝无人、环境非常恐怖之处，有一群人想经过这条道路寻找珍宝，半途中，有人便产生懈怠退堕之心，说："前面的路还那么远，我们走不了了，还是退回去吧。"

众人中有一个导师，聪慧明达，看到这种情况，便以他的神通方便之力，在这条险恶的道路中间，化出一座城堡。他对众人说："大家不要害怕，千万不要后退。你们看，前面就有一座大城，只要走进那里面，就可以随意

而为，获得快乐安稳。走到那里，距离宝藏的地方也就不远了。"

众人一看，果然在不远处有一座美丽的城堡。于是振奋起精神，继续前行，终于走进了城堡里，便停下来休息。

待众生的体力恢复了之后，导师便将那座化城灭掉，空无所有。他对众人说："刚才那座城只是我变化出来的，并非我们的目的地，不过这里离宝藏更近了，大家努力继续走吧。"

于是众人又由此出发，向着宝藏之地行进。

这个比喻有非常深刻的内涵。五百由旬的险道比喻由生死此岸通向涅槃彼岸的道路，走过这条道路的难度是相当大的，需要顽强的毅力和坚定的信心。宝藏比喻每个众生固有的佛性，也就是不生不灭的涅槃境界，佛教认为，这是世间唯一的非缘起的真实，其他的皆是虚幻，所以称为"真谛"。但是，当众人途中走累了，产生退堕之心时，便需要善巧方便。"化城"就是佛用其神通之力幻现出来的一座城堡，如同海市蜃楼，并非真实的存在，但对于那些尚未觉悟的众生而言，它却比那个尚看不到的宝藏更加具有吸引力，于是众生为了进入这个"化城"，继续振作起精神。当到了那里的时候，"化城"的目的也就达到了，于是佛又用神通力令"化城"幻灭，鼓舞众人继续前行。这座"化城"就是俗谛的象征，它虽非真实存在，但自有其价值和意义，因为它与众生的根机更为吻合，更能为众生所接受，它也能起到某种"休息"的作用。但是绝不能将它视为目的地，因为本质上它仍是虚幻的，并非真实的宝藏。假如停在这里不走了，那么"化城"的意义也就完全没有了。

"化城喻"确切地说是表达这样一种思想：真谛是目的，俗谛是手段，在求取真谛的途中，俗谛是必需的，它的价值在于：可以生发人们的信心，为疲惫的身心提供暂时的休息，但切不可执著于俗谛，执著于俗谛也就丧失了真谛。

同样的意思，佛教还有很多很多比喻，比如，如果把这条险道替换成大海，那么，真谛就是遥远的彼岸，俗谛则是大海中的一只船。船并非彼岸，

《法华经变》之幻城喻品

但要通往彼岸，登上船总比自己在水里游要快捷得多，也安全得多，所以佛教常用船来比喻佛法。当众生处身于生死大海中时，应该相信这只船，肯于登上这只船。但当他已经踏上彼岸的土地时，就要舍弃这只船，这就是佛教所谓的"到岸舍筏"。此时如果不舍弃船，船就会变成登上彼岸的障碍，你就永远在手段中徘徊，而达不到最终的目的地。

真谛与俗谛的含义是非常深广的。在"化城喻"中，有一个重要因素是佛以其方便神通之力幻化的"化城"。也许有人会说：这不是骗人吗？也许有人会怀疑佛为什么能幻化出一座城？佛教对此的解释是：所谓"神通"并不神秘，就是世间都能看到的魔术而已，当我们不知道魔术的"谜底"时会觉得很神秘、不可思议，但一旦知道魔术的"谜底"，也就无神秘可言了。更深一层来看，佛教认为世间一切本来都是幻境，那么在这幻境中再现出一些幻象，本来是易如反掌的事，只不过我们不知道"谜底"，觉得有些神秘罢了。至于说"欺骗"，那要看它是善意的还是恶意的。正如人们尽管明知魔术都是假的，仍然喜欢看魔术一样，佛教中一切俗谛皆是"善意的欺骗"，自有它存在的价值，其目的都是使人走向彻底的"觉悟"。

佛教一方面大设"化城"，一方面又让人警惕"化城"，因为"化城"很可能使某些人产生留恋和执著，以为"化城"就是人生的终极境界了，不肯再往前走了。这就是大乘佛教经典《大般涅槃经》等提出的"四依法"的重要出发点。"四依"分别是：（1）依法不依人，指以所说的教法是否合乎佛教为准则，而不执著于说法者是谁。（2）依了义经不依不了义经，指依凭说明中道佛性的大乘经典，而不依凭小乘经典；依凭佛教的真谛，最终扬弃佛教的俗谛。（3）依义不依语，指依照经典所说的含义，而不执著于表面上的语言、文句。（4）依智不依识，指依照佛教的正观心智，而不依据世俗的虚妄认识。"四依法"也只有从真俗二谛的角度来认识，才能明了其深刻含义。

由此再来看禅宗的一些思想，便可以明了：禅宗属于一种特殊的法门，它本来是专门给那些已经快要找到宝藏，快要达到彼岸的人而设的，也就是禅宗所谓的"利根之人"或"上上根人"，对于他们来说，主要的矛盾焦点是如何放弃对"化城"的留恋，对船的依赖，一旦将这最后的执著放弃，他们就登上彼岸了。

但是，对于那些"钝根""中下根机"的人而言，俗谛仍然是需要的，执著于"真谛"与执著于"俗谛"都可能导致佛教过度世俗化的倾向，只不过表现有些不同而已。一个倾向是：对于那些尚没有到达彼岸的人来说，要他们抛弃"俗谛"，无异于将他们从船上推入茫茫大海，那就不是登岸的问题，而是更加沉溺于生死苦海了。禅宗发展到后期，变成呵祖骂佛的"狂禅"。"狂禅"流行之际，往往也是整个社会物欲横流、畸形变态之际，比如晚明时期，这是佛教的堕落而非佛教的发展。另一个倾向是：社会上的大部分人将"俗谛"视为"真谛"，在他们看来，烧香、磕头、朝拜等就是学佛了，学佛的目的不是为了别的，是追求今生或来生的大富大贵、升官发财、家庭幸福，等等。佛教能够满足这些愿望吗？佛教的回答是：能，但那仅是一个"化城"而已，执迷于这个"化城"，也就是菩提达摩所说的求"人天福报"而非真正的涅槃功德。他们不知道，佛教的目的根本不是这些！

从理论上弄清真谛、俗谛的界限非常重要，因为人们往往有种种误解，比如对于佛教净土宗，表面上看，它似乎相当"俗"，有人干脆认为净土宗属于"通俗佛教"，是不识字的愚夫愚妇的佛教。其实，这样来理解俗谛是不正确的，如果净土宗的修行目的是为了真正的超脱生死轮回，那么，它的价值指向就是"真谛"而非"俗谛"；同样，假如禅宗流于一些语言形式，成为口头禅甚至野狐禅，那么它也就变成"俗谛"而非"真谛"了。

区别真俗"二谛"不是看其表面形式，而是根据其内在的价值指向：是出世还是入世。

那么佛教中究竟哪些属于真谛？哪些属于俗谛呢？

答案也许会令很多人大吃一惊：佛教中一切有形式的言说、偶像、神通、仪式、救度等，都属于俗谛，也就是说，整个世间佛教就是以俗谛的方式存在的。并非离开这些俗谛另外有一个真谛，真谛是蕴含于俗谛之中的，它是不可说的，只要说出来的就是俗谛。前面说的"彼岸""宝藏"等都是一种比喻的说法，也是俗谛，一旦执著于这个"彼岸"和"宝藏"，就永远登不上彼岸，获得不了宝藏，或者说，"彼岸"仍然是生死之海，"宝藏"也变成又一个"化城"，成佛的最奥秘之处、最难得之处就在这里！就世俗社会而言，整个佛教的发展，都可以归结为其入世应用问题。离开了入世应用，也就根本不存在佛教。

道场庄严：佛教的礼仪

礼仪是佛教中一些外在的形式，即佛教入世应用的一些必不可少的俗谛形式。它是佛教弟子信仰生活的重要体现，是他们表达宗教情感的重要手段。中国自古号称"礼仪之邦"，以儒家学说为核心形成的儒教又称为"礼教"，这种特殊的文化背景使得中国化的佛教与中国传统礼仪结合起来，发展出一套相当繁杂、完备的礼仪形式，各种仪规的制定远远超过其他信奉佛教的国家，因此汉传佛教礼仪也是佛教中国化的一种表现。

佛教礼仪可以分为修持性礼节和仪式两大方面。礼节是佛教信众日常生活中必须遵守的各种规矩，包括行、住、坐、卧、食、睡等各个方面，有着与一般人生活方式不同的特点；仪式通常则指寺院中举行的各种法事、法会、典礼。比如：在重要佛教节日里，寺院一般要举行哪些活动？人们平常所说的为佛像开光、超度亡灵等是怎样进行的？……一般来说，礼节是个人行为，仪式是一种集体行为。前者是后者的基础，后者又是前者的集中展现。每一次隆重、盛大的佛教仪式都是对佛教信众日常礼节的一种检阅和演示。

佛教信众日常礼节

修持礼节即佛教信众日常生活中一举一动、一言一行的规矩和戒律。佛教认为，每个众生的本性都是光明、清净的，但长久以来积累起来的无明烦恼像尘垢一样，使众生的本有光明被遮蔽而无法显现。通过日常的礼节修持，可以拂去众生心地上的垢尘，即垢除净显，明心见性。所以，佛教的各种规矩都是针对众生久远以来的不良习气而设计的，要求达到庄严、谨慎和恭敬，这三者分别代表着身、口、意三方面的清净。佛教又认为，坚持身、口、意三方面的修行，过一种清净朴素、循规蹈矩的生活，自然可以摄心一处，从而使自己逐步摆脱凡夫俗子的习气烦恼和庸浮散乱，为最终的觉悟创造条件。

礼节必然表现为一些外在形式。修行的目的不在于形式，但形式却能帮助人们达到身心安定、健康、幸福的目的。这是我们认识和理解佛教礼仪的基本前提。佛教信众有出家和在家之分，其修持方法和程度有一定区别，礼节上也不尽相同，但总的原则是一致的。

礼拜是一种最基本的礼仪。几乎每种宗教都有其礼拜的仪式，各个民族也都将礼拜作为恭敬的象征。但具体的礼拜方法各不相同，礼拜的对象更不一样。

大乘佛教礼拜特别强调礼拜时的观想，礼拜的每个步骤通常都伴随观想。比如当站好后，要收束杂乱的心意，瞑目观想：我以往无量劫中的父亲在我右边，我以往无量劫中的母亲在我左边，儿女眷属在后边，一切冤仇在前边，这无量世无量劫的父母、冤亲、眷属，都在我的四周，团团围绕着我，随我一齐礼佛，愿他们以礼拜的功德，往生西方极乐世界。

 知识链接

《佛法金汤编》卷十二记宋代大儒程颢"每见释子读佛书，端庄整肃，乃语学者曰：凡看经书，必当如此。今之读书者，形容先自怠惰了，如何存主得？一日，过定林寺，偶见众僧入堂周旋，步武威仪济济，一坐一起并准清规，乃叹曰：三代礼乐，尽在是矣。"表明宋代儒家学者对佛教的接受。

佛教认为，礼拜时加上这种观想，就不仅仅是自己在修行，而且也是代替他人修行，因此功德更大。观想时，不但想自己的亲人和恩人，还要想自己的仇人和敌人，更表明了佛家慈悲平等、主张和平的观念。拜下后，双手向上翻转的动作代表以两手托承佛足，以求福慧，这种礼拜形式叫头面接足礼，表示承接佛菩萨所赐的福慧。

佛教礼拜中最突出的特点是五体投地，即两肘、两膝及顶部共五个部位都触到地上，以示恭敬。五体投地中最尊敬的礼拜是用头触佛足，称之

佛教礼拜

的掌指伸直，掌背微躬，掌心略弯，举至心口处轻合，不可过紧，有如塔形。问讯为向尊长等合掌曲躬而请安的动作，动作的步骤是：先合掌当胸，稍弯身，合掌的手顺着向地时，立即将右手之中、无名、小指叠于左手之中、无名、小指上，两手的食指尖相结作半圆形，不可为尖形，两手的拇指尖也相结，然后直身，手向上举至两眉际间。

焚香也是佛教重要的礼仪。汉传佛教寺院中通常都备有香炉，供信徒焚香之用。佛教之所以要焚香，是因为佛教相信香是信众将信心通达于佛菩萨的媒介，它是心的象征，因此后世有"一瓣心香"之说。当众生点燃一炷香时，即代表把自己的心交付给佛菩萨。同时，芬芳的气味令人愉悦，带来美好的感受，而有德的修行者，心灵也散发出美好的芬芳，令人崇

为"顶礼"或"稽首""头面作礼"等，这是因为头是人身上最尊贵的部位，足是身上最卑下的部位，这就是古人说的"以我所尊敬彼所卑者，礼之极也"。

与礼拜密切相关的两个动作是合掌和问讯。合掌也叫合十，合掌的式样一般是以两手

知识链接

禅门中也有一种行问讯礼的方式，根据时宜而有不同的称呼，如大众同时问讯或普向大众问讯，称为普同问讯、普同讯，此如合掌划横竖十字，因此亦称十问讯。合掌稍低头者，称为略问讯、小问讯。进到法堂正座前问讯请法，称为座前问讯。到法堂须弥座下问讯，称为座下问讯。于出班烧香时借住持香问讯，称为借香问讯。于烧香终了后向住持问讯，称为谢香问讯。请立僧跣坐而问讯，称为跣坐问讯或请跣坐问讯。于小座汤行礼时，行揖坐、揖香、揖汤三次问讯，称为三巡问讯。于僧堂向圣僧前、上下间及外堂等四板头烧香问讯，称为四处问讯。就僧堂内七处之炉以烧香问讯，称为七处问讯。

仰，芳香远闻。

佛教焚香通常是燃三支香，每个动作步骤也伴随一些观想，如：第一步是将香点燃；第二步用两手的中指和食指夹着香杆，大拇指顶着香的尾部；第三步是把香放在胸前，香头平对佛菩萨像；第四步是再举香齐眉，之后，放下如第三步动作；第五步开始用左手分插：第一支香插中央，插时心中默念："供养十方三世三宝。"第二支香插右边，插时默念"供养历生父母师长。"第三支香插左边，插时默念："供养十方法界一切众生。"当然，具体的观想内容也可以自己来定。插完香后，应合掌心中默念："愿此香华云，直达诸佛所，恳求大慈悲，施与众生乐。"或唱诵《香赞》："炉香乍爇，法界蒙熏，诸神海会悉遥闻，随处结祥云，诚意方殷，诸神现全身。"

中国民间流传所谓"香谱"，即根据三枝香烧到一定程度时长短的不同形态，来判断吉祥或求得某事的预兆等，是把焚香与中国传统占卜术结合起来，并没有佛典依据，严格地说与佛教无关。

某些寺院在特定的节日有所谓"烧头香"的习俗，据说能烧上头香，其功德是很大的，因此吸引一些信徒甚至贪官污吏前往，祈祷佛菩萨保佑，而要争得"烧头香"的资格往往要付出相当多的资财，一般百姓是没有这种机会的。这种习俗也没有任何经典依据，对这些动机、目的不纯的烧香者，佛菩萨也决不会"保佑"他们的，换句话说，即使他们烧了"头香"也没有任何功德！从这个例子可以看到：正信的佛教祈祷的内容通常并非为个人的福报，而是为了众生而祈祷。焚香

 知识链接

《佛说戒德香经》中有一首偈颂，说明了燃香在佛教中的重要作用："虽有美香花，不能逆风熏。不息名栴檀，众雨一切香。志性能和雅，尔乃逆风香。正士名丈夫，普熏于十方。"

 知识链接

江味农《金刚经讲义》："凡是供养，必用花香者，此有深意，花所以表庄严，故佛经亦取以为名，如《华严经》。香所以表清洁，如曰戒定真香；以表熏习；表通达，如曰法界蒙熏。花为果之因，散之以表种福慧双修之因，证福慧庄严之果；香散之以表三业清净，感应道交也。"

吃斋

以曼陀罗花、莲花、梅花等为主，灯则使用传统的油灯和蜡烛。现代一些新建的寺院也将电灯乃至一些非常现代化、相当豪华的灯具引入到寺院中，从发展角度看，也无可非议，但在一些正式场合，仍然使用传统的油灯和蜡烛。

佛教在饮食方面也有很多礼仪，首先表现为吃素、吃斋。

佛教所谓"素食"包括不吃荤、腥两类食物。荤辛本来属植物而非肉类，为什么也要禁止食用呢？这是因为葱、蒜、韭、薤（xiè）、兴渠等五种菜具有强烈的刺激性，吃了之后，又会发出难闻的气味，会影响僧团的和谐，所以为戒律所禁止。

所谓斋，是指"午前食"的意思。佛教认为：天界众生在清晨吃饭，佛菩萨在正午吃饭，饿鬼等则在夜间出来觅食。因此佛教信众都坚持过午不食的规定，称之

仅仅是一种外在的仪式，它有没有功德，完全取决于内心是否纯正、信仰是否坚定，而不在于什么"头香"。

此外，鲜花与灯烛也是佛教"供养"仪式的重要媒介。香象征着信心，花象征着清净，灯象征着光明，都具有"表意"作用。在花的供养中，

🪷 **知识链接**

佛教在家信众有一种戒律称为八关斋戒。八关代表关闭八种恶行，让身、口、意三业不起诸过；除了持戒之外，还要持斋，也就是坚持过午不食。这些合起来就是八关斋戒。据说持这八戒，可以齐断诸恶，具修众善，并由此关闭生死流转之门。八戒的内容就是在五戒的基础上再增加三戒：第六是不涂脂粉香水，不穿华丽服装，不观玩歌舞伎乐或到娱乐场所去。第七是不可睡卧高而宽大华丽的床铺。第八是不非时食戒，也就是不是吃饭的时间不可吃饭，即过午不食。与五戒不同的是，一旦受了五戒，就要终生奉持，而八戒是一日戒，受持的时间仅为一日一夜，一般可在每月六斋日受持。

为"持午"，也就是吃斋。如果在中午后吃饭，就叫作"非时食"，是戒律不允许的。有人每日坚持吃斋，这叫作吃全斋。但对大多数人来说，每天都"午后不食"是有困难的，佛教便规定了六斋日，指每个月的初八日、十四日、十五日、二十三日、二十九日、三十日为吃斋的日子。僧众每月在这六天中集会一处布萨（说戒），在家居士则可以在这六天内受持斋戒。

此外，佛教信众在每天早餐和午餐时，还要依据《二时临斋仪》，用所食供养诸佛菩萨，为施主回向，为众生发愿，然后才可进食。《二时临斋仪》也是信众每天必做的"功课"。

佛教仪式也常叫"做佛事"，广义地说，一个人凡是做与佛教有关的事如求佛、拜佛、诵经等都叫"做佛事"。狭义的做佛事则指佛教寺院中举行的各种法会、仪式。比如从前一些信仰佛教、自己却不会修行的人，在父母亲友死亡后，请出家人代做佛事，举行各种超度亡灵的仪式等，便是狭义的"做佛事"。佛教仪式是佛教信众信仰生活的重要体现，也是表达其宗教情感的重要手段。其特点是有许多固定程序，不

做佛事

能轻易改变，一般需集体配合，在特定的时间，为了特定的目的而举行，集中了礼拜、持咒、唱诵等各种日常修行方式。同时，许多佛教仪式与中国民间习俗相结合，逐渐演化成为民俗文化中的一部分。

寺院中的早晚课诵即是最常见、最普及的一种佛教仪式，由于它需要每天举行，又称为日课。流传至今的佛教早晚课诵，大约起源于宋代，到明清之际才逐渐定型，奉行的范围遍及各宗各派大小寺院和在家信众，成为所

佛教早课

知识链接

现代著名居士夏莲居的《家人晚课》组诗，描写了一个崇信佛教净土宗的家庭进行"晚课"的情形，它以念诵"南无阿弥陀佛"六字名号为主，辅以赞偈梵唱：

闹市声中念佛堂，一家净课晚琅琅。谈玄不学庞居士，自有莲风四面香。

赞韵引开六字经，莲居记数最分明。轮珠百八徐徐转，坐看儿孙绕佛行。

圣解凡情不用消，洪名才举海吞潮。自他三世何曾隔，万亿途程未是遥。

鱼磬声声净客尘，听时更比念时真。阿翁半世为奴仆，幸得弥陀作主人。

宗门回首袁宏道，儒教翻身彭二林。欲问风光在何许，虚空一片海潮音。

有寺院必修的定课。之所以制定这种日课的仪式，近代僧人兴慈解释说："朝暮不轨，犹良马无疆"（《重订二课合解自序》），就是说佛教信众早晚二时应以课诵作为自身的轨范，如果没有早晚的功课来约束，就像好马没有缰绳，同样会因为放逸而走邪道。早晚课诵的时间安排一般是：早课在早晨五点左右早饭前进行，晚课则安排在晚上五点左右进行，各用一个小时左右时间。早课以诵咒消灾为主，晚课以忏悔念佛为主，各有侧重。

其他日常重要的佛教仪式有：

1. 在家信佛者成为正式佛教徒的"皈依仪式"，所谓"皈依"也叫"三皈依"，或简称"三皈"，是指依靠佛、法、僧三宝，以解除一切苦难，表示把自己的全部身心性命投靠于佛、法、僧，今后永远依照佛、法、僧的教导行事。

2. 出家者的"剃度仪式"和"受戒仪式"。佛教出家者必须剃除须发，所以又叫"落发为僧"。之所以要落发，是因为当初释迦牟尼成佛时，他的须发自然脱落，象征着脱离世间烦恼，因此后来的出家人也要效仿佛陀，出家后将须发剃除。剃度仪式有导引、启白、请师、开导、请圣、辞谢四恩、忏悔、灌顶剃发等程序。如果剃度者还没有受过三皈，还要加上受皈依的仪式。

《弥勒经变》之剃度

按照佛教制度，出家人在接受剃度后，同时就要授沙弥戒，此人便成为"沙弥"。沙弥戒共有十条，前八条与八戒相同，再加上两条出家人的戒律。当沙弥年满二十岁时，经剃度师同意，召集大德长老，共同为之授比丘戒——汉地比丘戒有二百五十条，此人便成为比丘。

至于女子出家，同样要先随一位比丘尼学习，受沙弥尼戒，沙弥尼戒也是十条。到年满二十岁，受比丘尼戒——比丘尼戒有三百四十条，正式成为比丘尼。

除这些日常仪式外，佛教最隆重的仪式是指各种法会和忏法。比如在佛教寺院中，在一些重大法会圆满之日，或者为了超度亡灵，经常举行一种盛大的佛事活动——"放焰口"。由于焰口法会仪式很庄严，因此在佛教界和社会上影响很大。焰口，是指鬼道之中的饿鬼。据说他们前生因悭贪吝啬，专占他人的便宜，死后投生为鬼，成为无福无力的饿鬼。这一类鬼的食量极

放焰口

大，喉管却极细，有了食物也难以果腹。由于业报的关系，它们很难见到食物，纵然得到了可口的食物，进口之时，却又变成了脓血或一团火球，所以它们常受饿火中烧，烈焰从口而出，故名"焰口"。"放焰口"是佛教专门为了救度这类众生而设的仪式，体现了佛教慈悲普度一切众生的精神。

在中国寺院举行的各种佛事中，规模最盛大的要数水陆法会。水陆法会的全名是"法界圣凡水陆普度大斋胜会"。这一法会仪式主要依据天台宗的理论撰述，其中所有密咒都出自唐代神龙三年（707）菩提流支翻译的《不空罥索神变真言经》，其形成应在唐代中期以后，流行则在宋代以后。"法界"是佛教对宇宙中所有众生界的统称，共有十法界；"圣凡"指十法界中的四圣（即佛、菩萨、缘觉、声闻）和六凡（即天、人、阿修罗、地狱、饿鬼、畜生）。"水陆"是指水陆空三界众生居住受报之处；"普度"是说将救度所有六道众生的苦难；"大斋"是指不受限制地给予众生饮食；"胜会"是盛大的法会，除了布施众生饮食之外，又有诵经持咒之法施，令一切受苦众生心开意解，得法水之滋润，因此叫胜会。佛教向来将举行水陆法会视为最盛大庄严的仪式，整个法会需要七昼夜才能功德圆满。

著名的《梁皇忏》是中国忏悔仪式中出现较早、流行很广的一种仪式，

知识链接

梁武帝萧衍《和太子忏悔诗》："玉泉漏向尽，金门光未成。缭绕闻天乐，周流扬梵声。兰汤浴身垢，忏悔净心灵。萎草获再鲜，落花蒙重荣。"

水陆法会

梁皇忏法版画

又称为《梁武忏》《梁皇宝忏》《慈悲道场忏法》等，来源于南朝时梁武帝为了超度其夫人郗氏所制的《慈悲道场忏法》。根据《南史·梁武德郗皇后传》的记载，郗皇后性格冷酷，好忌妒，死了以后投生为一条巨蟒，进入到后宫。皇后托梦给梁武帝，祈求梁武帝救度她。梁武帝便召集众僧，制作了《慈悲道场忏法》十卷，请当时的高僧大德忏礼。礼忏结束后，投生为巨蟒的郗皇后化为天人，在空中礼谢梁武帝。这一忏法后来流行于世，便称为《梁皇忏》。

此外，唐代悟达法师制定的《慈悲三昧水忏》也闻名于世，其中还有一段神奇的因缘传说。

传说唐代懿宗皇帝时，有一位悟达法师。他从小出家，当时庙里有一个老和尚，患了一种恶病，非常肮脏，大家都不愿接近，只有悟达殷勤伺候。

老和尚病好要离开，临别时对悟达说："你今后弘化利生之日，如果遇有困难痛苦之事，需要我帮助时，可以到四川彭州九陇山来找我。"

后来，悟达到安国寺弘法，逐渐声名昭著。唐懿宗亲自来听说法，对悟达非常敬重，赐给悟达沉香精雕法座，并且拜为国师。悟达国师升上宝座讲

知识链接

近代高僧印光法师《梁皇忏·序》:"吾人之心,体本明净,由无明故,烦惑迭生。烦惑既生,便成昏浊,而明净之体,遂为隐没,实未尝减损一丝毫也。欲令复本还元,非竭诚尽敬,恭对三宝,忏悔业障不可。诸大乘经,具有令忏悔之文,随人所宗,述为忏法,如《法华》《光明》《净土》《大悲》等。此之忏法,详于披陈罪相者,以梁武帝为度元配郗氏夫人堕于蟒蛇之苦,兼欲一切人民同沾法利。特请志公,并诸高僧,检阅经文,述为忏法。帝亦时运睿笔,发挥意致。惜帝未悉净土法门,故于述成之时,郗氏特现天人妙庄严身,而为致谢。使帝详知净宗,则其夫人当必仗佛慈力,往生西方,高预海会,登不退地。"

佛法,甚至接受皇帝及满朝文武大臣礼拜,遂心生大欢喜。

悟达的傲心一动,七情顿现,戒律松懈下来,便给了多生以来宿世冤业债主可乘之机,膝盖上生出来一个"人面"怪疮,上面竟长了眉毛、眼睛和口齿,清楚可见。奇怪的是,它每天要喂饮食,且每餐都开口吞啖,和一般人没有两样。有时人面疮把牙齿咬紧,格格作声,悟达便疼痛难忍,苦不堪言。他到处寻访名医求治,可是群医皆束手无策。

悟达被怪疮折磨得寝食难安,心烦意乱,猛然想起昔日老和尚临别时的嘱咐,便立刻准备行装赶到四川九陇山。

九陇山青山绿水,树木葱葱,有如人间仙境。见到老和尚后,悟达告以遭逢病苦之事。老和尚一看,便说:"此疮名叫人面疮,我有药可治,请多放心。山边岩下有一泉水,明天把水洗濯患处,即可痊愈。"

次日清晨,老和尚即命二弟子引路,将悟达引至泉水所在,便开始用泉水洗疮。顿时听到一声大叫,人面疮竟然发出声音:"请老法师慈悲,不要洗了。承蒙大德威神之力,为我们解冤释结,十分感谢。尊者您是一位大德高僧,博古通今,一定读过《汉书·袁盎晁错传》吧?"

老和尚说:"不错,读过的。"

人面疮说:"大师一定知道袁盎杀害晁错之事。我今向尊者禀告:悟达就是昔日的袁盎,我就是从前的晁错。我被他谋害所以蒙受深冤,当时惨遭刑罚,被腰斩于市,真是冤深如海,怨结万年。但是他宿植灵根,十世都做高僧，戒律精严，常有佛光庇护，使我无法近身。等到这一世中，他竟名利心起，受宠忘忧，享受过奢，失却庄严，我才得到报冤方便，令他生人面疮痛苦难堪，才觉甘心。现在多蒙尊者洗我以三昧法水，为我解除冤结，从今以后我不再来危害于他了！"

悟达听了人面疮这番前因后果的叙述，顿悟报应昭彰，惊得魂不附体，昏厥过去。待到苏醒，那个人面疮已经平复，不留痕迹。他回头四顾，一片空寂，老和尚也已踪影全无。

为了纪念这一奇遇，悟达便在九陇山建造一庵，名为招提寺，他在这里制定《慈悲三昧水忏》，以忏悔自己多生以来的业障……

身云妙现：菩萨信仰

　　菩萨信仰是大乘佛教的重要特征之一，"菩萨"的全称是"菩提萨埵"，意思是觉悟有情，也就是让有情众生获得觉悟。按大乘佛教的说法，菩萨有上求菩提、下化众生两种任务，前者是自利，后者是利他，这是成佛的必由之路。任何一尊佛在成佛之前，都曾经做过菩萨，行菩萨道，度化众生的同时也就是成就自己的道业，因此菩萨被视为最能体现佛教慈悲救度精神的代表。值得注意的是，中国历史上的很多高僧都是被视为菩萨示现于世的。菩萨道是佛教入世应用的重要途径，菩萨不是远离世间，自己修行，而是要乘愿来到世间，应用各种善巧方便，从事各种度化众生的事业。

　　中国佛教主要弘扬的就是以菩萨精神为代表的大乘佛教，因此菩萨信仰非常普遍。唐代之后，更逐渐形成了以文殊、普贤、观音、地藏四大菩萨为代表，以五台、峨眉、普陀、九华等四大名山为道场的菩萨崇拜习俗。这四

四大菩萨

大菩萨在佛教中的地位相当崇高，丝毫不亚于释迦牟尼、阿弥陀佛等，四大名山也成为中国最著名的佛教圣地。从二谛角度看，这些佛教名山，同样是佛教为了度化众生而显现的一种外在俗谛形式，也即是"化城"之意。

1. 文殊道场五台山

位居四大菩萨之首的为文殊菩萨，文殊梵名为 Manjusri，音译为文殊师利、曼殊室利等，意译为妙德、妙吉祥、法王子等。按照佛教经典记载，

文殊菩萨

说文殊于久远劫前早已成佛，佛名为龙种上如来，但为了普度众生，又重新示现为菩萨，号称文殊师利法王子。佛教将这种成佛后又重新示现为菩萨身份称之为"倒驾慈航"，很多大菩萨都属于这种情况。根据《文殊师利般涅槃经》的记载，文殊菩萨也曾示现为一位真实的历史人物，出生于舍卫国一个婆罗门家庭，据说出生时其屋宅化如莲花，后来随从释迦牟尼出家学道，也就是说，他也是释迦的弟子之一。

在佛教中，文殊菩萨与普贤菩萨同为释迦牟尼佛的胁侍，很多汉传佛教寺院的大雄宝殿中，中间塑造的是释迦牟尼像，两旁则文殊居左，普贤居右，他们分别表示佛的智慧和佛的行愿。文殊菩萨常现头戴五髻冠，表示内证佛的五智；右手执持金刚宝剑，表示以智慧剑断除一切无明烦恼；左手端握青色莲花，花中安放《般若经》一部，表示般若智慧一尘不染；常以狮子为坐骑，表示智慧之力威猛无比；以莲花为台座，表示清净无垢染；或乘金色孔雀，比喻飞扬自在。

🦋 知识链接

据佛经记载：灵山会上五百比丘，得到了宿命通，各自见到自己过去世杀父害母等重罪，内心不安，各各怀疑，于甚深法，不能得入。于是文殊仗剑逼佛，佛说："文殊住住！吾必被杀。我被害矣，谁害吾子。"于是五百比丘，自悟本心，了法如梦，皆得法忍，说偈赞曰："文殊大智士，深达法源底，手自握利剑，逼持如来身。如剑佛亦尔，一相无二相，无相无所生，是中云何杀？"文殊用杀佛的办法，来教育五百比丘，使之悟解大乘宗义，证得法忍，堪称释迦得力的助手。"文殊仗剑"也成为中国禅宗非常喜欢使用的一个典故。

文殊菩萨是大乘佛法中智慧的象征，佛典里有很多关于他以智慧开导行者的故事。他曾经以"仗剑迫佛"的权宜示现，来晓谕那些疑悔不安、不能悟入如幻深法的菩萨。他也经常用反诘、否定、突兀的语言或行动，来警醒众生。

在大乘佛教里，文殊菩萨开出的是重视第一义谛、不拘寻常格式的善巧法门。《华严经》中善财童子的五十三次参访，也是由他启迪才成行的。中国禅宗的宗风，与文殊法门也有颇多相合之处。文殊菩萨与中国的五台山发生联系，见于《文殊师利法宝藏陀罗尼经》，经中释迦牟尼曾经预言："我灭度后，于此赡部洲东北方，有国名大振那。其国中有山，号曰五顶。文殊师利童子游行居止，为众生于中说法。"这里的"振那"，相传即是中国（支那），五顶之山，即五台山（又名清凉山），五台山因而成为代表文殊师利的名山。后世佛教美术作品中的"文殊菩萨渡海图"，描绘的就是文殊率领法眷到中国的情景。

中国人的文殊信仰起源于南北朝时期，到唐代达到鼎盛，华严宗的创始人杜顺也被视为文殊菩萨的化身。北魏文帝时，五台山就建有灵鹫寺、菩萨顶等，北齐时，五台山寺院多达二百余所。隋文帝时，又下令在五个顶峰各建一寺，寺中供奉文殊菩萨。从唐太宗至唐德宗一百七十余年间，拜文殊菩萨的香客络绎不绝，因此五台山寺庙大增。元武帝时敕建殊像寺。至明万历年间，五台山佛寺增至三百多处。清代对蒙古、西藏取怀柔政策，提高了格鲁派在五台山的地位。清朝的蒙古王公、西藏喇嘛每次朝礼五台，都住在菩萨顶。五台山的喇嘛教事务，除镇海寺等六所格鲁派寺庙归章嘉呼图克图管辖外，绝大多数喇嘛寺则由住在菩萨顶的扎撒克大喇嘛统率，五台山也成为中国一座重要的兼容汉传、藏传佛教的道场。

五台山现存寺院四十三所，其中显通寺、塔院寺、殊像寺、罗睺寺、菩萨顶号称"五大禅处"；显通寺、塔院寺、殊像寺、罗睺寺、圆照寺、广宗寺、碧山寺、南山寺、永安寺、灵镜寺号称"十大

五台山寺庙

青庙"；另有著名的黄庙镇海寺、台麓寺、观音洞、善财洞、慈福寺、广仁寺、寿宁寺等。

显通寺位于山西省五台县台怀镇北侧。相传始建于东汉，古称大孚灵鹫寺。唐代时扩建，武则天时改名为大华严寺。明太祖时，重新修建，并改称今名。寺域规模宏大，占地八万平方米。现存建筑均为明清重建形式，沿寺内之中心线，并列有七座殿宇，分别为观音殿、文殊殿、大佛殿、无量殿、千钵殿、铜殿与藏经殿。其中，无量殿与铜殿最负盛名。无量殿原名无梁殿，结构奇特，

知识链接

相传清代顺治皇帝在五台山出家，他所作的《归山词》写道："天下丛林饭似山，钵盂到处任君餐。黄金白玉非为贵，唯有袈裟披身难。朕乃大帝山河主，忧国忧民事转烦。百年三万六千日，不及僧家半日闲。悔恨当初一念差，黄袍换去紫袈裟。吾本西方一衲子，因何流落帝王家！未曾生我谁是我，生我之时我是谁？长大成人方是我，合眼朦胧又是谁？兔走乌飞东复西，为人切莫用心机。百年世事三更梦，万里乾坤一局棋。禹疏九河汤伐夏，秦吞六国汉登基。古来多少英雄将，南北山上卧土泥。来时欢喜去时悲，空在人间走一回。不如不来也不去，也无欢喜也无悲。每日清闲自己知，红尘之事若相离。口中吃得清和味，身上常披百衲衣。五湖四海为上客，逍遥佛殿任君栖。莫当出家容易得，只缘累代种根基。十八年来不自由，征南战北几时休！我今撒手归山去，管甚千秋与万秋！"

殿内不用梁木，利用砖石砌成拱门以资支撑，为我国无梁建筑中之杰作。铜殿建于明代万历年间，传说是采用十二万斤铜所铸成，其中四壁并镌镂有万余尊佛像。殿前又有铜塔、铜钟。从山门至千钵殿，皆燃青灯，住众须吃长斋，属显教范围。千钵殿之后，建筑风格改变，供奉之佛像亦不同，寺内点酥油灯，住众吃牛羊肉，属于密教范围。

塔院寺原是显通寺的塔院，明代重修舍利塔时独立为寺，改用今名。寺内主要建筑以舍利塔为中心，前有大雄宝殿，后有藏经阁，周设廊屋，东列禅院。各殿塑像保存完好，藏经阁内木制转轮藏二十层，各层满放藏经，供信众礼拜与僧侣讽诵。舍利塔始建于北魏，明代曾重修。塔基座为正方形，藏式，总高约六十米。塔刹、露盘、宝珠皆为铜铸，塔腰及露盘四周各悬风铎。

殊像寺始造于唐代，明代成化二十三年（1487）重建。弘治二年（1489）兴建文殊大殿，康熙三十九年（1700）重建。寺院坐北朝南，最前为天王殿，前置卧狮一对，后有藏经阁。院后正中为文殊大殿，两旁为钟楼、鼓楼、祖师堂、禅堂、方丈室。寺外左前方有般若泉。其中，文殊大殿又称文殊阁、文殊殿、殊像寺正殿，是五台山最大的殿堂，殿内主奉文殊菩萨像，像高9.87米，是五台山众多文殊塑像中最高的一尊。两旁有四胁侍，沿墙有"五百罗汉过江"悬塑四层，都是相当珍贵的文物。

罗睺寺位于显通寺东隅，为喇嘛庙。初建于唐朝，明弘治五年（1492）重建。清康熙、雍正、乾隆三帝均崇奉佛法，尤信仰喇嘛教，曾多次朝礼五台山。每年农历六月十四日，传说为文殊菩萨诞辰，这里都举行一些法会。寺后有西方殿，内设木制圆形佛坛，中央置木制大莲花座，雕有方形佛龛，四方佛分坐其中，并设有中轴、轮盘、绳索牵制，可以旋转，转时花朵绽开，即见阿弥陀佛、观世音、大势至等佛菩萨，称为"花开见佛"。

菩萨顶是五台山规模最大的格鲁派寺院。位于显通寺北侧灵鹫峰上。据传为文殊菩萨道场，即文殊居住处，又名真容院、大文殊寺。此寺创建于北魏孝文帝年间（471—499），历代曾多次重修。明代永乐以后，蒙藏喇嘛教徒进驻五台山，遂成为五台山格鲁派寺庙之首。清朝之康熙、乾隆帝曾数次朝拜五台山，住宿于菩萨顶。全寺占地四十五亩，顺山就势而筑殿宇，布局

菩萨顶

严谨。寺前有石阶一百零八级。山门内有天王殿、钟鼓楼、大雄宝殿等建筑。各殿均用三彩琉璃瓦覆盖。

朝礼五台的信众来此云游，大多是抱着能够见到文殊菩萨真容的愿望来的，这是因为佛教经典中有交代，文殊是修学佛法的指导者，能够为迷惑之人指点迷津，因此虔诚的僧侣前来五台山，很多是专程请求菩萨教示的。如北魏僧侣灵辨，读《华严经》时有所疑惑，"乃顶戴此经，入清凉山清凉寺，求文殊师利菩萨哀护摄受，冀于此经义解开发"，结果顶戴行道一年，"足破血流，肉骨尽现……遂闻一人谓之曰：'汝止行道，思惟此经'，于是披卷，豁然大悟"。

2. 普贤道场峨眉山

普贤即普现于一切佛刹的大乘圣者的意思，是大乘佛教之行愿的象征。依据大乘佛教的排列法，文殊菩萨驾狮子侍在释尊的左侧，普贤菩萨则乘白象侍在右侧。文殊象征智、慧、证三德，普贤则显示理、定、行三德。在修行上，文殊重在一切般若，而普贤则重在一切三昧。两位菩萨德行的配合，象征着大乘精神最究竟的完成。根据佛经的记载，他曾经在过去无量劫中，行菩萨行、求一切智，修集了菩萨救护众生的无边行愿，概括为"十大愿王"，因此，他也是大乘佛教徒在实践菩萨道时的行为典范。

峨眉山地处中国西南部的四川境内，脉出崛山，山势蜿蜒。据说峨是形容其高，眉是比喻其秀；或谓远望有峰相对如峨眉，故名，包括大峨、二峨、三峨、四峨四座大山。峨眉山主要是指大峨山，全山面积一百一十五平方公里，最高峰万佛顶海拔三千零九米，巍峨雄伟，景色秀丽。

普贤菩萨与峨眉山发生关系，也来源于《华严经》。此经说善财童子伫立妙高峰上，观此山如满月，大放光明。后人认为，善财童子所说的山即是中国四川的峨眉山，故峨眉山又称为大光明山。峨眉山在晋代即创有六大佛寺。晋隆安三年（399）慧持和尚从庐山入蜀，在此修建普贤寺，供奉普贤菩萨，峨眉山自此成为普贤菩萨道场。又传说东汉明帝时，一位名叫蒲公的隐士正在山上采药，突然见到一个全身放金光者，坐骑白象，从空中飞驰而过，遂跟踪到顶峰，却又渺无人迹，后来得知这是普贤菩萨显现金身，于是，蒲公回山后舍宅为庙，供奉普贤，以后峨眉山就成为普贤道场。

峨眉山

到宋代时，宋太宗派大臣张仁赞，以黄金三千两购买赤铜铸造普贤骑象铜像一尊，高七点四米，长四点七米，净重六十二吨。普贤像头戴五佛金冠，身披袈裟、手执如意、神态庄重，趺坐象背上。大象造型逼真，四肢健壮，粗鼻下垂，目视前方，似欲起步远行。这座铜像现在供奉在峨眉山的万年寺中。

此外，峨眉山的名寺还有报国寺、伏虎寺、清音阁、金顶寺等。

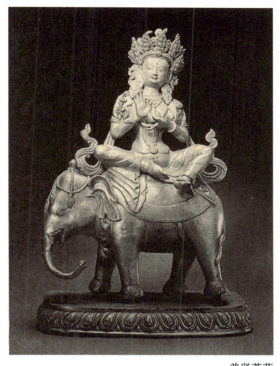

普贤菩萨

报国寺是峨眉山的门户，背靠雄浑的光明山，寺依山而建，逐级升高。中轴四殿纵列，入寺一殿比一殿显得高大。第一殿为弥勒殿，门联为："看他袒腹欢颜原是菩萨化相；愿尔清心虑尘去睹金顶拜光。"第二殿是大雄宝殿，中供释迦牟尼，旁立十八罗汉，造型生动。第三殿为七佛殿，殿内并排端坐丈六金身、高大庄严的七尊大佛。七佛殿后有一尊高达 24 米的施以彩釉的瓷佛，身着千叶莲衣，趺坐千叶莲台，色泽晶莹，形象生动，成于永乐十三年（1415），是景德镇专门烧制的，至今已有近六百年的历史。第四殿是藏经楼，除佛经外，还藏有古今众多名手书法作品。

伏虎寺位于报国寺西约一公里处，始建于唐，原名神龙堂，后因寺后有山雄峙，横出寺背，蹲伏如虎，改名伏虎寺。寺在明末毁于兵火，清顺治八年（1651）扩建，历时二十二年，建成十三重殿宇的崇隆大庙，层楼复阁，曲折深幽，廊庑寮堂，清净庄严。寺旁有张三丰所书"虎溪禅林"四字，寺内藏有一座从报国寺迁来的紫铜华严经塔，塔高 14 米，七层，塔上镌刻了《华严经》的全部经文及佛像四千七百余尊，极为珍贵。

清音阁也是峨眉山胜景之一。阁隐现于牛心岭下，左为黑龙江，右为白龙江，两股湍流自桥下回抱，汇合处的峡谷中有一黑色茂石形似牛心，故称"牛心石"，"黑白二水洗牛心"便为峨眉一名景。有亭在汇合处的凤凰嘴上，形成"双飞两虹影，万古一牛心"的美丽景观，水击石上，喧响清澈，故名"双桥清音"。清音阁系唐僖宗乾符四年（877）慧通禅师所创建，原名集云阁，清康熙时重建，改名清音阁。

白瓷观音立像

峨眉山的最高处是金顶，上建金顶寺，威镇全山。金顶寺又称光明寺，因山顶常有光明而得名。每当午夜，在金顶上看群峰中，有千百万点晶莹闪耀的光亮，从山沟里慢慢地升起来，像一盏盏明灯，忽上忽下，灿若明星，人称此奇景为"万盏明灯朝普贤"。

3. 观音道场普陀山

观世音菩萨在中国更是一位妇孺皆知的大菩萨。观音又称观自在，意为"观照世间众生痛苦中称念观音名号的悲苦之声"，这里的"世"不仅指人世，还包括其他六道，"音"是指遇难众生念诵观音名号的声音，如果观音菩萨听见有人念其名号，就会立即去解救。人们相信，由于这位菩萨发愿游化世间，救度众生，当人急难恐怖之时，只要诚心念诵观世音菩萨名号，他就会应声而至，解脱苦难，因此深得广大信众的信仰。

据佛经记载，观世音是一位大慈大悲、

法力不可思议的菩萨，于过去无量劫中已经成佛，号正法明如来。但他具有大悲愿力，为使众生获得安乐，故又重新现作菩萨，充当阿弥陀佛的胁侍之一，赞佐其教化众生，"于怖畏之时能施无畏"。佛教密宗为了突出观世音菩萨的这种法力，创造出千手千眼的观音形象，意谓观音菩萨可以同时观察世间万事，不必担心菩萨正在救度别人时而无暇救你。

许多佛经中都有关于观世音菩萨的记载，诸如《法华经》《华严经》《观无量寿经》《观音三昧经》《大悲总持经》《悲华经》《观世音菩萨授记经》等。随着此类经典被译成汉文，有关观世音的崇拜和信仰也被逐渐介绍到中国来。

据文献记载，在北方首先崇拜和信仰观世音的人是西凉国王沮渠蒙逊，《法华传记》说，鸠摩罗什所译《妙法莲花经》中的《普门品》曾单独别行于河西一带，原因是河西王沮渠蒙逊归命正法，兼有疾患，在此弘法的中印僧人昙摩罗忏即说："观世音此土有缘"，乃命念诵，病苦即除，因此别传一品流传部外，是为《观音经》。在南方，至萧梁时观音信仰也已形成，史载梁武帝曾修观音忏法，救度死后变为巨蟒的后妃。可见，观世音崇拜和信仰早于东晋十六国时期便已在中国流行起来，但这时的信仰尚无专门的道场。

观世音菩萨在我们这个世界的住所，据说就是浙江的普陀山。玄奘法师的《大唐西域记》卷十说："秣剌耶山东有布呾洛迦山。……观自在菩萨往来游舍。"《华严经》则谓："于南方，有山名补怛洛迦，彼有菩萨，名观自在。"这些记载为普陀山成为观音道场提供了经典依据，但普陀山最终成为观音道场，还有一段有趣的故事。

据《佛祖统纪》介绍，唐大中十二年（858），有位名叫慧锷的日本高僧，来中国朝拜名山古刹。他从五台山请得一尊观音圣像，携带回国，经过普陀莲花洋时，舟触礁石，不能再行。慧锷认为这是观音大士不愿东渡日本，便祷告观音：如果我国众生无缘见佛，当从所向，建立寺院。结果，船随风漂泊到普陀山的潮音洞下（即紫竹林），当地居民张氏目睹，格外惊喜，便让出房屋供奉观音像，这是普陀山建立的第一个寺院，俗称"不肯去观音院"。

其后，宋、元、明、清四朝，累代敕建，赐额不绝，寺、塔、楼、阁、亭、桥、堂、寮、院遍布全山，成为著名的佛教道场。如今，普陀山有大小寺院几十座。其中以普济寺、法雨寺和慧济寺三大寺最为著名。

普济寺俗称前寺，位于岛南部的灵鹫峰下，占地约五十五亩，建筑面积有一万一千四百平方米，是普陀山规模最大的

不肯去观音院

古刹，也是普陀山佛教活动的中心，有十殿、十二楼、七堂等共二百余间，普陀山的一切重大佛事活动通常在此举行。东西两壁各有十六尊不同服饰、不同造型的观音菩萨，称为观音三十二应化身。寺南向，呈轴线对称分布，寺前广约十五亩，有长一百余米、宽四十余米的放生池，亦叫"海印池"，种有莲花。池上有并列的三座石桥，中间一座正对山门正门，桥中间有八角单檐亭，供游人憩息之用，南有御碑亭，汉白玉石制成，上镌普济禅寺兴修情况及本山历史的文字记述。东面一座名为"永寿桥"，长四十余米，宽七

点五米，高六米，明万历十四年（1586）建造；两侧石栏上雕有神态各异的小石狮四十头，南端有"观自在菩萨"五字影壁，字高达五尺，左侧镌《般若波罗蜜多心经》，右侧镌《华严经》颂偈。西面一座名"瑶池桥"，四隅饰有龙首，池四周古樟参

放生池

天，每至六月荷花盛开，池中树影、亭影、桥影、人影倒映于水中，构成了一幅美妙的图画，夏日月夜，清风徐来，荷香沁人，池中银光闪闪，这就是"普陀十景"之一的"莲池夜月"。

法雨寺又叫"石寺"，始建于明万历八年（1580），初名"海潮寺"，万历三十四年（1606）改名为护国镇海禅寺，后毁于火，清康熙二十八年（1689）重建大殿，并赐匾额"天花法雨"，于是改为"法雨禅寺"。后经历年扩建，法雨

玉佛

寺成为普陀第二大寺。法雨寺占地九千平方米，共有殿堂二百九十四间，分列在六层台基上，从天王殿、玉佛殿、九龙殿、御碑殿、大雄宝殿，直到方丈殿，殿殿升高。法雨寺中的玉佛殿面宽三间，外加围栏，黄琉璃顶，现供奉的玉佛高一点三米，是 1985 年从北京雍和宫移来的。

慧济寺又名佛顶寺，位于佛顶山上，最早时为一石亭，里面有佛像，为明代慧通和尚创建；清乾隆五十年（1785）扩庵为寺；清光绪三十三年（1907），僧人德北请得《大藏经》，由文正和尚监工建造，慧济寺规模大增，与普济寺、法雨寺合称普陀三寺。全寺占地二十亩，建筑面积三千三百平方米，天王殿傍山而建。与普陀山其他寺院不同，慧济寺主殿大雄宝殿供奉释迦牟尼，两边由阿难与迦叶侍之，大殿两厢各有十尊塑像，即佛教所说的"二十诸天"，后两侧供奉千手观音木雕像一座。

4. 地藏道场九华山

与观世音菩萨发誓救度人道众生稍不同的是，地藏菩萨的誓愿主要是救度饿鬼道、地狱道的众生。地藏菩萨信仰在中国佛教界影响也非常大，由于

其救度众生的大誓愿，人们称之为"大愿地藏王菩萨。"地藏菩萨由于其大悲誓愿力，示现大梵王身、帝释身、声闻身、阎罗王身、狮象虎狼牛马身，乃至罗刹身、地狱身等无量无数异类之身，用来教化众生，他的誓愿是不度尽这些众生，誓不成佛。"地"是住处的意思，"藏"是含藏的意思。

据佛经记载，地藏菩萨受释迦牟尼佛的嘱托，在释迦牟尼佛圆寂后至弥勒菩萨成道前的无佛时代，代替佛陀在世间教化众生。中国民间信仰则把地藏菩萨作为"幽冥教主"，专门掌管一个人从死后至再次转生前这一

地藏菩萨

时段，有人甚至将民间信仰中的"阎王爷"视为地藏菩萨的化身。近代在敦煌千佛洞发现的《地藏十王图》，图中绘有地藏菩萨及十王像，并且附有宋代太平兴国八年（983）造立的铭文，可以证明民间这种信仰来源之久远。

九华山，原名九子山，坐落在安徽南青阳县境内，周围百余公里。唐代大诗人李白曾三次游历九华山，作诗道："昔在九江上，遥望九华峰。天河挂绿水，秀出九芙蓉。"古时的"花"与"华"字通用，所以"九华"之名，包含溢美之意，从此，九子山改称九华山。九华山北距长江不远，与著名的黄山同出一脉。群峰之间，飞瀑流泉，岭影云光，景色秀丽，而且寺庙佛塔众多，晨钟暮鼓，自古以来即以佛教圣地名扬海内外。九华山和黄山都是花岗岩体山脉，历经亿万年的风吹雨打，造型奇特，姿态非凡。山峰耸峙纤

细，山顶如同朵朵莲花盛开。著名的莲花峰置于云海之中，真有亭亭出水之态。

九华山以地藏菩萨道场闻名，这与唐朝时一位来自新罗（今韩国）的名叫金乔觉的云游僧人有关。

据佛教传说，地藏菩萨降生为新罗国王子，姓金名乔觉，躯体雄伟，顶耸骨奇，

九华山

祝发后号地藏比丘。他在唐高宗时航海来到中国，随处参访，游化数年，后来到九华山结庐苦修。若干年后地方士绅葛节等发现他住石洞茅棚，吃掺有观音土的饭食，生活清苦，又得知是新罗王子，感到应尽地主之谊，于是发心为他造寺。当时九华山属闵公所有，建寺要闵公出地。闵公问地藏比丘要多少地，地藏回答说："一袈裟所覆盖之地足矣。"闵公应允。不料地藏的袈裟越扯越大，最后竟然盖尽九华山。闵公遵守诺言，将此山全部布施供养，闵公因此成为地藏护法，他的儿子也随地藏出家，法号道明。据说地藏比丘居山数十年，近百岁时，于唐玄宗开元二十六年夏历七月三十日召众告别，跏趺坐化，后世也以此日为地藏菩萨应化中国的涅槃日。

九华山的名寺也很多。其中九华天街上的开山古刹化城寺为僧人杯渡禅师建于东晋隆安五年（401），"化城"之名源出《法华经》，意为释迦牟尼佛恐弟子在学道的进程中畏惧路途艰险，不愿继续前进，为劝诱他们继续前进而在前方变化出一座城池。化城寺南对芙蓉峰，东为东崖，西临神光岭，北倚白云山，四山环绕如城。以此寺为中心，周围星罗棋布数十个寺庵，计有九莲庵、通慧庵、天池庵、宝积庵等，参差错落，香烟缭绕，木鱼梆梆，经声琅琅。

肉身殿，为金地藏肉身塔，系建在金地藏墓地上的一座塔形庙宇。殿宇宏丽，顶覆铁瓦，四周回廊石柱环节，重檐斗拱，雕梁画栋。殿内七级木

质宝塔，高约 17 米，每层有佛龛八座，供奉地藏金色坐像。塔两侧有十五立像拱侍。殿西有佛教文物陈列室，殿后半月形瑶台上列铁鼎，终日香火不断，称为"布金胜地"。据传金乔觉坐化后，"颜色如生，兜罗手软，骨节有声如撼金锁"。因肉身不坏，其门徒"建塔三层藏之"，大众公认他为

九华山上的月（肉）身殿

地藏菩萨化身，称为金地藏。金乔觉的肉身就安置于九华山上的月（肉）身殿，明万历皇帝赐匾金地藏遗体安放之塔为"护国肉身宝塔"后，九华山香火更是日益鼎盛，晨钟暮鼓，僧徒云集，成为地藏菩萨的应化道场。

百岁宫又名摘星庵，清代扩建后改称万年禅寺，位于九华山摩空岭上。据宫前石碑记载，明代万历年间，河北宛平僧海玉，号无瑕禅师，由五台山至此，在摩空岭摘星亭结茅而居，名摘星庵，长年以野果为生。他用舌血和金粉，抄写出《大方广佛华严经》八十卷，共花费二十八年时间；寿一百二十六岁拈偈而逝，逝前嘱弟子三年后启缸，如期发现，其颜色若生；时人建"百岁宫"纪念；明毅宗敕封"应身菩萨"，御题"护国万年寺钦赐百岁宫"。宫宇依山而筑，上下五层楼阁，曲折相通，可容五千人，巍峨宏敞。东壁以悬崖为基，西临峡谷，形势险峻。今无瑕真身和"血经"保存完好。

祇园寺又名祇树庵、祇园，祇园原是印度佛教圣地，该寺引此而得名。位于九华山东崖西麓、化城寺东北，始建于明代嘉靖年间，为九华山四大丛林之一，规模为诸寺之冠，也是山上唯一的宫殿式建筑。寺宇依山就势，层层叠叠，鳞次栉比，飞檐走兽，画栋雕梁，富丽堂皇。寺前铺石雕莲花、金钱图案甬道。有大雄宝殿、方丈寮、退居寮、衣钵寮、客厅和光明讲堂等，共有房屋上百间。大雄宝殿高约十三丈，金黄琉璃瓦顶，飞檐画栋，金碧辉煌。

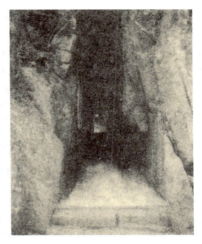

祇园寺下古洞穴

殿中莲花台上端坐三尊喷金大佛，均高两丈多，极为壮观，为九华寺庙佛像之冠。

5.弥勒菩萨与弥勒信仰

除了上述四大菩萨外，弥勒菩萨的信仰在中国也有着悠久的历史。如今迈进任何一座汉传佛教寺院，迎接人们的通常首先是天王殿，天王殿台座上有一位胖和尚，袒脚露腹，箕踞而坐，大肚子滚圆凸出，手掐念珠，喜眉乐目，笑口常开，他就是被称为"笑佛""未来佛"的弥勒佛。严格地说，弥勒现在还没有成佛，还是一位菩萨。"弥勒"是梵语 Maitreya 的音译，意译为"慈氏"，也是他的姓氏，他的名字则叫"阿逸多"——有些佛经中提到的"阿逸多菩萨"就是指弥勒，汉语的意思是"无能胜"，他的姓和名合起来，就是"慈悲无人能胜过"的意思，也就是具足大慈大悲，没有人能超过他。据佛经记载，弥勒现正住在兜率天的内院，是一生补处菩萨，将来当于住劫中的第十小劫，人的寿命为八万岁时，下生到我们这个世界，继释迦牟尼佛之后成佛，为贤劫中的第五尊佛，据佛教说，整个贤劫要有一千尊佛出世，后面的时间还早着呢。

然而，根据中国民间传说，弥勒另有来历，人们多以五代时游化四方的

弥勒佛

僧人契此为弥勒菩萨的化身。

契此是明州（浙江）奉化人（一说是四明人），他常以杖荷一布袋，看到人就乞讨，因此人们称他为布袋和尚。他写过一偈说："一钵千家饭，孤身万里游。青目睹人少，问路白云头。"可为其一生之写照。

据《景德传灯录》记载，布袋和尚身材肥胖，眉皱而腹大，出语无定，随处寝卧；常用杖荷一布囊，凡供身之具，均贮于囊中，时人称为长汀子布袋师。他最吸引人的地方是能告诉人们吉凶祸福，而且能预知大自然的雨晴旱涝等，十分准确。

后梁贞明二年（916）三月，他即将示寂前，在岳林寺东廊下，端坐在一块大磐石上，又说了一首偈："弥勒真弥勒，分身千百亿。时时示时人，时人自不识。"颂偈毕，安然入寂。

但是其后，有人又在别的地方看到契此负着布袋而行，于是世人传说他是弥勒的化身。从此，中国佛教寺院中塑造弥勒像，也多以契此为"模特"，这就是"大肚弥勒佛"形象的来历。

弥勒的"大肚"谐音汉语的"大度"，表示一个学佛者要胸怀宽广的意思。

在北京古刹潭柘寺中，山门之后就是宏伟的天王殿，那里就有一副歌咏弥勒的脍炙人口的楹联，闻名遐迩：

大肚能容，容天下难容之事；

开口便笑，笑世间可笑之人。

由于弥勒佛为我们这个世界的未来佛，因此，佛教中逐渐形成专门的弥勒信仰，即以弥勒菩萨为信奉对象的宗教信仰。

在印度，早期即有此信仰，如《增一阿含经》卷四十五、《贤劫经》卷七等，以弥勒为未来出现的第一佛。

中国关于弥勒信仰的译经，始自西晋，先后共十余种译本，可归纳为"上生""下生""本愿"三个系统。弥勒信仰也大体分为两派，一派为上生信仰，信仰现今于兜率天说法的弥勒菩萨，自己念诵名号，可以往生兜率天，这其实是净土信仰的另一种形态；另一派为下生信仰，即相信弥勒将来下生此世界时，于龙华树下三会说法，以救度众生，而自己也能生此世界，于龙华树下听受说法而成佛，故有"龙华三会"之说，布袋和尚其实就是"弥勒下生"的一种形态。

一些民间宗教派别，则利用佛教的"弥勒下生"信仰，宣传弥勒佛提前出世了，以此来引导民众，成为古代农民起义和宗教起义的纲领，这也是我们了解弥勒信仰应该知道的历史知识。

佛门中的菩萨应化在世间，其根本目的是为了使有情众生获得觉悟。所谓觉悟，就是超脱世间虚妄的生死，而回归到永恒真实的自性。这个目标也就是佛教所谓的"真谛"。但是，由于世间众生受多生多劫以来各种业力的障碍，具有不同的根机，因此让他们一下子了悟这个

潭柘寺塔林

"真谛"是相当困难的。为此，菩萨就要善巧方便地顺应众生的根机和要求，先要满足他们的一些世俗要求，然后再将其引导到觉悟的大道上。这就是以"俗谛"来导归"真谛"的菩萨道的本质所在，用传统佛教的术语叫作"先以欲勾牵，后令入佛智"。

佛教中流传久远的"鱼篮观音"传说，能够比较好地说明这一点。

话说唐朝元和年间，陕右地区的人们不信佛法，喜好杀生、赌博，等等。忽然有一天，不知从哪里来了一个女子，年纪不过十七八岁，貌美如仙；她手里提着一个篮子，走到市上一个叫金沙滩的地方卖鱼为生。

那金沙滩上的人见了这个绝色女子，纷纷来买鱼。一些年轻小伙子更是整天围着她，显然有爱慕之意。日子久了，有人就想下聘礼娶她为妻。

女子说："我没有父母，一个人流浪在此，要聘礼也没有用。这样吧，我提出一个条件。我自幼就喜欢读诵佛经，列位今日回去，如果谁能将《观世音菩萨普门品经》细细读熟，明天能够背得出来，我就与他结为夫妻，不要一文聘礼。"

一些年轻小伙于是赶忙回家，忙着去念《普门品》了。

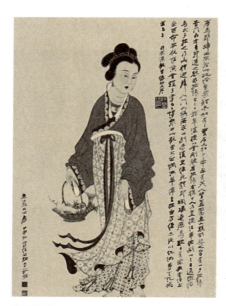

鱼篮观音

第二天，竟然有十来个人都能够背得出来。

女子便说道："妾只一身，不能嫁给多人啊。这样吧，再增加一点难度，如果有人一夜能够背出《金刚经》的，我们就结为夫妻。"说罢，袅婷而去。

第二天清早，众人来到金沙滩上，结果有三个人能够背出《金刚经》。

那女子又说："我一个人也不能嫁给三个人啊。佛经之中，《法华经》号称诸经之王，佛以大事因缘出世，特说此经。如果有人三日之内，能够将此经背出，我一定嫁给他，决不食言！"

这三人知道《法华经》有七卷之多，内容浩瀚，心想，这门亲事怕是做不成了。其中一个姓马的小伙根性极好，读了三日后，把这七卷《法华经》从头至尾背与这女子听。

女子听后笑道："你真是和我有缘啊。我有言在先，不嫁与郎君，还能嫁给谁呢？"于是随马郎来到其家。

马郎父母见到这样一位绝色女子来做儿媳妇，心里好生欢喜，于是通告邻里亲眷，结起花烛，置办酒筵，准备成亲。

婚礼之上，正当新郎新娘双双站立在红毡上，准备互相交拜，众人齐声喝彩之际，新娘忽然跌倒在地，众人连忙把新娘搀入新房，用姜汤来灌，却发现新娘已经气绝身亡！满堂之人无不惊叹。

不但如此，这个新娘死后，霎时间，美丽的容颜化为丑陋尸骸，千千万万蛆虫攒食，满堂会筵宾客顿时掩鼻而散。马氏一家见尸体臭秽难当，蛆虫四散，便用衾褥包裹而出，掘土埋于金沙滩上。回来后，全家好生气闷，也好生奇怪，认为碰到了什么妖怪。

却说马郎从此大病一场，但内心仍然爱慕着那位美丽的女子，发誓终身不娶，每到女子祭日，便独自去她的坟上祭拜。

一日，马郎正在坟头独自沉思，忽然来了一位老僧，向马郎微微一笑，问道："这坟中是何人？"

马郎痛苦地说："是我死去的妻子。"

老僧呵呵一笑说："相公善良无比，却还是执迷不悟啊！此乃南海观世音菩萨！他见此地之人不明佛理，杀生害命，便化为女子来点化你们。想一想菩萨让你们读过的《金刚经》吧，一切有为法，如梦幻泡影，如露亦如电，应作如是观！"

马郎听后，若有所悟，但他还是半信半疑。

老僧呵呵一笑，用锡杖将坟掘开，里面哪有什么女子尸骸，只有一具黄金锁子骨。

老僧将那具锁子骨挑在锡杖上，朗声大笑，一瞬间不知去向。

马郎猛然如从梦中醒来，毅然出家为僧。

　　自此之后，陕右之地多皈依三宝之人。马氏一家更是笃信佛法，最后都修成正果。马郎妇的形象后来被塑造成"鱼篮观音"，在中国民间影响甚广，本来无性别的观世音菩萨在中国民间也多被认为应是一位美丽的女子。

　　这段相当生动、神奇的传说其实是蕴含着无限深意的。假如故事的最后，这位美貌女子没有死去，而是嫁给了马郎，两人恩恩爱爱生活了一辈子，也许更符合中国老百姓"大团圆"的理想，但那就完全不是佛教的，就与中国民间传说的"七仙女"等故事在思想上完全等同了。佛教要告诉人们的恰恰是：世俗人们执持为"实有"的世间的一切其实都是虚幻的。对于一瞬间发生的事情人们会理解到它的虚幻性，但在漫漫的宇宙时间长河中，人自以为很漫长的一生——几十年的时间，不同样是一瞬间的事情吗？何况很多人根本活不了几十年，他们的生命可能随时会终结，为什么人们就这样执著于这个虚幻世间的一切呢？

　　这个故事里应现的观世音菩萨不过是用他的神通将时间缩短了，让人们在瞬间看到了几十年的过程而已，从而警示人们对生命的醒悟。他的"先以欲勾牵"，绝不是为了真正满足那些虚幻的欲望，而是为了将欲望自身的虚幻性揭示出来，这就是那位女子为什么要在婚礼之上死亡的原因。这并不是欺骗，而是将生命的真相无情地揭示出来罢了。那位老僧无疑也是观音菩萨的化身，当这位马郎仍然难以忘情、为情所困之时，便再次出现予以点化，终于使他醒悟。

观世音菩萨

第七章

佛教圣地：物质文化层面看佛教

中国有一句古话："天下名山僧占多"，揭示了佛教与中国众多名胜古迹的密切关系，其实这句话也可以倒过来说，正是因为有了许多寺院、高僧，其山才有了名，成为"名山"。假如没有佛教的流传，中国很多名胜古迹的文化内蕴就会大打折扣，甚至根本不会成为什么"名山"，仅仅就这一点，就可以说佛教对中国文化做出了重要贡献。

中国幅员辽阔，佛教文化流传久远，可以称得上佛教圣地的地方不可胜数，这些名胜之地多有庄严的佛像与从事佛事活动的法器，皆是佛教对社会发生影响的重要的物质文化载体，这里选择一些做简单介绍。

古刹巡礼：佛教的名山与名寺

　　"刹"是梵语 Ksetra 的音译，全称为刹瑟胝，意思是旗杆或塔的中心柱，印度佛教建筑是以塔为中心的，故称为"刹"。中国佛教寺院虽然改变了印度的这种建筑布局，但仍然将寺院等称为"刹"，常见的词语组合如"梵刹""宝刹""名刹"等等。这里，我们用来指所有佛教圣地，包括名山、寺院、塔庙、石窟等。

　　佛寺是专为供奉佛教圣像、圣物，僧侣礼佛念经，参禅打坐，生活居处，以及一般人等礼佛进香之所，它是在佛教传入中国之后才出现的一种建筑类型。

　　汉地佛教寺院的发展过程，主要由初期的以塔为主的寺院布局发展成为以殿堂

白马寺

知识链接

　　佛教传入我国之后，在洛阳建筑了第一座寺院白马寺。它与中国传统的官寺建筑相结合，采取了木构建筑法式。该寺是利用原来接待宾客的官署鸿胪寺改建而成的。"寺"本是汉朝的一种官署名称，此后成为中国佛教寺院的专称了。由于中国早期的寺院多为官吏、富豪施舍现成的官署或私宅所成，所以最初的佛寺就是按照汉朝的官署布局建造的，这种"舍宅为寺"的风气使得这类住宅式寺院以"前厅为佛殿，后堂为讲堂"为特点，并将府第住宅与寺院融为一体。

舍利塔

🌸 知识链接

中国历史上最著名的丛林当属南宋时期形成的以禅寺为中心的"五山十刹",五山为:余杭径山、杭州灵隐、杭州净慈、宁波天童、宁波育王;十刹为:杭州中天竺、湖州道场、温州江心、金华双林、宁波雪窦、台州国清、福州雪峰、建康灵谷、苏州万寿、苏州虎丘。这些规模宏大的丛林是当时佛教的中心,同时还形成比较严格的丛林制度,如方丈、法堂、僧堂、寮舍等,这种制度一直流传至今。

院落为主的布局。在汉代、两晋、南北朝时期,佛寺的布局主要是以供奉佛祖释迦牟尼舍利的佛塔为主,塔处于寺的中心位置。从隋、唐时期开始,逐渐与传统的四合院庭院布局相结合,形成了以供奉佛、菩萨像的殿堂庭院为主的形式。

中国汉地寺院,自古有"寺院"和"兰若"之分。兰若是梵语阿兰若(Aranya)音译的略称,意思是僧人清净的住所,意译为"精舍"或"静室",其规模当然是很小的,但在古代佛教中的影响却相当大。如白居易《过紫霞兰若》所写:"我爱此山头,及此三登历。紫霞旧精舍,寥落空泉石。朝市日喧隘,云林长悄寂。犹存住寺僧,肯有归山客。"可见这些兰若往往住着高僧,吸引着一些信仰者前往参访。

唐宋以来,创建寺院要向政府申请,得到许可,方准兴建,寺院的名称通常也由政府颁发,如果一个寺院得到皇帝的御赐寺名,那是相当荣耀的事情。近代的寺院大致又分为两类:一类叫作"丛林"或"十方",规模宏大,僧人众多;一类叫"小庙"或"子孙",规模较小,通常只有几位僧人甚至一位僧人居住。

每个寺院一般都属于一定的宗派,世代相承,很少任意更改。中国佛教宗派林立,各宗各派逐渐形成具有自己特色的寺院形式,同时,中国多民族融合的历史也使得很多寺院具有不同的民族风格。这里仅就汉传佛教寺院的一般规式做一些简单介绍:

进入一座寺院，首先见到的是山门。山门即佛寺的大门，一般是三个门并列，中间是正门，两旁为侧门，里面供奉金刚力士。

山门后的天王殿，中间供大肚弥勒菩萨像，背向塑韦驮菩萨像，左右分列四大天王，代表东西南北各护一天。

山门

 知识链接

韦驮，也叫韦驮天，佛教护法神，据说此神姓韦名琨，又称韦天将军，为南方增长天王手下八将之一。在佛陀即将涅槃时，韦将军得到佛陀的嘱咐，承担在世间护持佛法的任务。四天王为佛教护法神，是六欲天中"四大王众天"的天主，具体指东方持国天王、南方增长天王、西方广目天王、北方多闻天王，又称四大天王。按佛经记载，四天王率领其部属守护佛土、护持佛法。

天王殿

钟、鼓楼在山门之内，用以悬挂钟、鼓作为报时、集会之用。在唐朝以前多是钟楼而无鼓楼，后来变成钟、鼓楼并立。

大雄宝殿也称大雄殿，位于天王殿之后，是佛寺的主殿，里面供奉本寺的主佛——通常是佛祖释迦牟尼像，但也有一些寺院的大雄宝殿供奉其

钟楼

他佛、菩萨像以及陪同的菩萨、诸天、罗汉等像。

伽蓝殿、祖师殿在大雄殿的两旁，有的寺院有伽蓝殿和祖师殿作为东西配殿。伽蓝殿是供奉最早支持释迦牟尼佛护持佛法、兴建寺院的代表。近世以来，中国佛教界常以关帝（关羽）为伽蓝神。

祖师殿是供奉本寺院所属宗派的创始人。

法堂位于大殿之后，是演说佛经、佛

知识链接

传说隋代天台宗创始者智顗曾在荆州玉泉山入定，定中见到关帝显灵，率其鬼神眷属现出种种可怖景象，以扰乱智者。经过智者大师的度化之后，关帝乃向智者求授五戒，遂成为正式的佛弟子，并且誓愿作为佛教的护法。从此以后，这位千余年来备受国人敬重的英雄人物，成为佛教寺院的护法神。

法和皈戒集会的场所。一般只有较大的佛寺才有法堂，无法堂的佛寺则在大雄宝殿内进行这些活动。

通常寺院中还设有方丈室，是寺院住持的居室或客殿。方丈本来的意思是"一丈见方的居室"，后来用来指一座寺院中最高职位的"住持僧"，他所居住的地方也称为"方丈"。

藏经楼也称作藏经阁，是储存佛教经书的建筑，往往是高层楼阁，在建筑布局上作为寺院之最后部分，在寺院整体布局上起到压轴收结的作用。

此外，有些大佛寺还有戒堂、

少林寺方丈室

藏经阁

僧舍、茶堂和寺院园林等建筑。

塔起源于印度，原为梵文 Stupa，音译为窣堵波，意译为坟冢。最初建塔是作为埋藏释迦牟尼佛的舍利之用，其形制由台座、覆钵、宝匣和相轮（又称刹竿或伞盖）四部分构成的。后来，塔由埋藏佛舍利的建筑物渐渐变成一种宗教纪念建筑。由于汉代中国已确定了木构为主的建筑体系，并创造了楼阁、殿堂等有很高成就的建筑类型，为了突出塔的地位，古代建筑工匠将高楼与之结合，楼顶安设凌空挺拔的塔尖"刹"。此外，还有以古代传统的建筑形式"亭阁"为基础创造的"亭阁式塔"，即于亭阁之上安设塔刹。塔的"地宫"，则是结合了古代墓葬创造的。

石窟是佛教建筑的最古形式之一，来源于印度的石窟寺。石窟寺是在石窟中设一不到顶的石塔作为信徒膜拜对象，窟侧常设小室数间供僧人居住。印度现存的佛教石窟以公元前 1、2 世纪至公元 5 世纪时所造的阿旃陀石窟群最著名。佛教传入中国后，石窟寺成为中国佛教建筑的一个重要类型，成为在山崖陡壁上开凿出来的洞窟形的佛寺建筑。尽管开凿山崖形成洞穴从汉代的崖墓已经开始，但不同的是，崖墓是封闭的墓室，而石窟寺则是供僧侣的宗教生活之用。大体来说，寺院在中国南方比较普遍，而中国北方则以石窟为主。从目前资料看，约在前秦建元二年（366）由沙门乐僔在敦煌鸣沙山试凿开始，直至15 世纪，石窟的开掘历时千余年而不衰，主要分布于中国的西部、北部，形成甘肃敦煌、天水，大同云冈，洛阳龙门，四川大足，河北响堂山，济南千佛崖等著名石窟群。

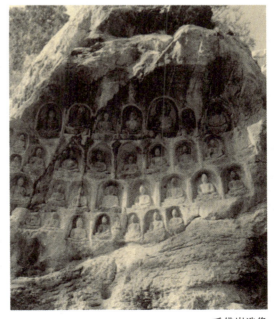

千佛崖造像

除四大名山之外，中国与佛教有关的名山还有很多，这里择要做些介绍。

中岳嵩山。大约从五代时起，人们将嵩山称为中岳，与泰山、华山、恒山、衡山共称五岳。嵩山山体由变质岩组成，属伏牛山脉。少林河把嵩山划分成两大山峰群，一为太室山群，一为少室山群，极为雄伟。

嵩山自古以来佛教兴盛，据《嵩岳志》载，古代嵩山寺院众多，著名的寺院有少林寺、法王寺、嵩岳寺、龙潭寺、庐岩寺、庐岩下寺、清凉寺、龙华寺、宝林寺、竹林寺、会善寺、永泰寺等，其中以位于少室山北麓五乳峰下的少林寺最为有名，系北魏孝文帝于太和十九年（495）为西域僧人跋陀所建，因处于少室山丛林中，故名少林。北魏孝昌三年（527），印度僧人菩提达摩在此传播大乘禅法，倡导"面壁坐禅"，被追尊为中国禅宗初祖，少林寺也被推为禅宗祖庭。

少林寺为七进院落，现存建筑有山门、客堂、达摩亭、白衣殿、地藏殿和千佛殿等。山门建于清雍正十三年（1735），门额"少林寺"三字为清康熙皇帝手书。山门北为碑林。寺内保存有唐以来碑碣石刻三百余件，其中有《唐王告少林寺主教碑》，以及苏东坡、米芾、日本僧人邵元等撰文书写的碑刻。由碑林经天王殿，达大雄宝殿遗址。东南钟楼遗址上有重达一万一千斤的大铁钟，铸于金泰和四年（1204）。再向北经藏经阁、方丈院到达摩亭。达摩亭，相传为禅宗二祖慧可当年在门外立候达摩，大雪没膝犹不稍动的地方，故又叫立雪亭。亭北即千佛殿，为明代建筑，殿壁绘有《五百罗汉朝

少林寺塔林

毗卢》巨幅壁画，画面约三百多平方米，规模宏大，人物众多，线条清晰动人，为明代壁画珍品。殿东侧为白衣殿，内有清代少林寺拳谱、《十三和尚救唐王》壁画。寺西有塔林，现存有自唐至清千余年间的砖石墓塔二百多座，面积一万四千多平方米，是我国现存最大塔林。寺西北有初祖庵，传说菩提达摩当年在此面壁静坐九年，由于精神专精，其坐影竟然嵌入墙壁之中，称为"影壁"。西南有二祖庵，以及唐代法如塔、同光塔，五代的法华塔等古迹。

南岳衡山。衡山位于湖南衡山县西，以俊秀名闻天下，被誉为"五岳独秀"，传统上将现在的岳麓山、石鼓山也划归衡山，所谓"回雁为首，岳麓为足"，"周回八百里"。祝融峰，海拔一千二百九十米，为衡山最高峰，相传古代三皇之一的祝融曾在此栖息奏乐，死后葬于此地，故名。

衡山自古便是寺院遍布、名僧会集、万千信徒朝拜的佛教圣地。建于晋代的寺院主要有法轮禅寺、会善寺。建于南朝的寺院很多，其中有南台禅寺、福严禅寺、方广寺。唐天宝初年，希迁禅师见此地有石形状如台，便居于其上，建南台禅寺，传授南宗禅法，影响甚广，学者日众，此寺成为南方禅宗第一大道场，亦为禅宗曹洞、云门、法眼三家的祖庭。位于掷钵峰的福严禅寺，被称为岳中禅刹第一。陈太初中，法华宗先驱者慧思禅师在此建立道场，因修《法华》《般若》，故原称为般若寺。唐代南宗禅奠基人之一的怀让禅师曾结庵于此，重修扩建寺宇，并改名为福严寺。寺东北有磨镜台，相传怀让曾在此以磨砖方式启发马祖道一，使之"决然开悟"，其后南宗禅获得迅猛发展，成为宋代之后中国佛教的主流。

江西庐山。庐山又名匡山、庐岳、匡庐，位于江西省北部，北依长江，东连鄱阳湖。庐山奇峰峻岭约有九十余座。其中汉阳、香炉、五老等峰最为著名，山色秀美，瀑布、云雾等堪称一绝。东晋南朝至唐宋时期，庐山兴建了大量寺院，遍及各峰，至清初时这里还有寺观二百余座。

庐山最早的寺院当推归宗寺：归宗寺位于庐山南面金轮峰下、玉帘泉附近，原为王羲之别墅，东晋咸康六年（340）舍给西域僧人达摩多罗作为寺院。唐元和中（806—820）智常禅师复兴重建，遂成禅院。

庐山东林寺

庐山影响最大的要算慧远和他创建的东林寺。东晋哀帝兴宁三年（365），慧远法师南游至浔阳，爱庐山峰林清静，便定居下来，初住龙泉精舍，后在其师兄、西林寺住持慧永的帮助下建立了东林寺。当年，慧远在东林寺率众行道，倡导念佛法门，东林寺遂成为在中国影响极大的净土宗的祖庭，慧远被推为净土宗的初祖。

庐山著名的寺院还有大林寺、栖贤寺、开先寺、圆通寺、千佛寺等。大林寺在庐山北端的云顶峰，系慧远弟子昙诜所建。据说昙诜法师于云顶峰讲经台东南杂植花木，郁然成林，故云顶峰又称大林峰，寺称大林寺。白居易在《游大林寺序》中写道："大林穷远，人迹罕到，环寺多清流苍石，短松瘦竹……此地实匡庐间第一境。"

庐山还流传着许多同佛教有关的传说，其中关于慧远的最多。

相传慧远当年于法堂庵撰《涅槃经疏》，疏成而掷其笔，笔卓立虚空不堕，化为掷笔峰。

相传东林寺建成后缺少泉水，慧远以杖掘地，泉水喷涌而出。

再如关于"虎跑泉"的来历，据说慧远与名士高僧在东林寺后游玩，老虎跑来效劳，掘地成泉，供他们饮用，故名"虎跑泉"。

又传说慧远隐居庐山三十年，潜心研究佛法，其行止不过虎溪。但有一次，名士陶渊明和道士陆修静来访，三人相谈甚欢，慧远送别他们时，不自觉地竟走过了虎溪，直到老虎咆哮，慧远方恍然大悟，三人相顾，哈哈大笑。这段传说不一定是史实，却也相当鲜明地体现了中国古代文人士大夫希望儒、道、佛三教和谐相处、等同一家的理想。

江西青原山。位于江西庐陵（今吉安）东南 15 公里处。中国禅宗七祖行思禅师（？—740）曾于此山开创净居寺，元末烧毁，明末复修为丛林，俗称大庙。寺中建筑有天王殿、大雄殿、毗庐阁等，供奉四大金刚、十八罗汉、观音菩萨等，寺中有千人铜锅、百斤香炉、千斤大钟等古物，正门上镂刻文天祥手书"青原山"三字。山中有名胜古迹多处，如七祖塔、飞来塔、青又庵等。继行思之后，有青原齐、青原惟信、本寂真元、颛愚观衡、眉庵行秀、笑峰大然等高僧先后住此。

云南鸡足山。鸡足山位于云南省宾川县西北 40 公里处，全山南北长 7.5 公里，东西长 15 公里，最高峰天柱峰（金顶）海拔 3240 米，顶上有金顶寺。寺内有一座建于明代的光明塔，后改名为楞严塔，高 41 米，造型与大理三塔

鸡足山

中最高的千寻塔相似，挺拔修长，极为秀美。登塔四望，极目千里，景色壮美：东观日出，西观洱海苍山，南观祥云，北观玉龙雪山。

三国时期，佛教已传入这里，建有小庵。唐代高僧玄奘《大唐西域记》记载："迦叶承旨主持正法，结集既已，至第二十年，厌世无常，将入寂灭，乃往鸡足山。"迦叶是释迦牟尼十大弟子之一，最后入灭于鸡足山。这座鸡足山应是印度境内的屈屈吒播陀山，但中国佛教也由此将云南的鸡足山视为迦叶道场，虽属附会，却也得到了公认。明朝时，鸡足山佛教达到鼎盛，僧尼云集，"琳宫绀宇不知数，浮屠宝刹凌苍苍"。据统计，有"大者

虚云舍利塔

七十二所塔院"，且"规天矩地，制度虚敞""院宇壮丽"。明清时期，甚至将鸡足山作为第五座名山，但清代中期后，鸡足山的佛教出现衰落，似已不能与"四大名山"并提了。

鸡足山佛教在近代得到复兴，功劳当首推虚云禅师。虚云禅师，俗姓肖，初名古岩，字德清，别号幻游，原籍湖南湘乡，生于福建泉州。清光绪八年（1882）在福州鼓山涌泉寺剃度出家，后云游天下参学访道，曾谒五台山、峨眉山、天台山、九华山等佛教名山。其后，他来到鸡足山，发誓复兴这里的佛教。在他的艰苦努力下，先后振兴了鸡足山祝圣寺、昆明云栖寺等道场，虚云禅师也被公认为传法曹洞，兼嗣临济，中兴云门，匡扶法眼，延续沩仰，以一人之身而传系禅宗五宗法脉的禅宗大德。

浙江天台山。位于今浙江天台县城北。天台宗祖庭国清寺之所在地。为仙霞岭山脉的东支，西北接四明、金华二山，西南有括苍、雁荡二山，蜿蜒绵亘，形势雄伟。天台山峰峦众多，最高峰为华顶山，高1138米。有华顶秀色、石梁飞瀑、铜壶滴漏、赤城栖霞、琼台夜月、桃源春晓等胜景，人称"天台八景"；另有断桥积雪、清溪落雁、经台观日等小八景，山川毓秀，岩壑奇丽，故此山有"南国天台山水奇"之称。

天台山不仅为中国佛教天台宗的发源地，日本佛教天台宗亦尊此山为祖庭，可谓闻名中外。南朝陈太建七年（575），天台宗实际创始人智颐入山，于佛陇峰兴建一寺。智颐圆寂后，其弟子将其遗骸葬于佛陇的西南峰，建双石塔。隋炀帝杨广做晋王时，曾在陇南十里丹丘之地建造一寺，称天台寺，隋大业元年（605）敕赐"国清寺"，成为天台宗的根本道场。国清寺现有殿宇十四座，房屋六百余间，面积达一万九千八百平方米，规模宏大，殿宇雄伟。主要建筑有弥勒殿、雨花殿、大雄宝殿、观音殿、钟楼、鼓楼、方丈楼、迎塔楼、藏经楼、妙法堂、安养堂、斋堂、文物室等。大雄宝殿中有明代铜铸释迦牟尼坐像，连座高6.8米，重13吨。坐像壁后，有以观音像为中心的慈航普度群塑。殿左右列元代楠木雕制的十八罗汉，雕工精细，造型优美。

天台山

此外，天台山著名寺院还有真觉寺、高明寺、兴善寺、万年寺等。

杭州天竺山。杭州自古风景秀美，佛教兴盛。天竺山在今浙江杭州市灵隐寺之南，山中有古寺三座，称上、中、下三天竺。上天竺为法喜寺，在白云峰麓，建于五代吴越年间；中天竺为法净寺，在稽留峰北，建于隋开皇十七年（597）；下天

灵隐寺

竺为法镜寺，在灵隐寺旁，建于东晋咸和五年（330），均是杭州著名的佛教寺庙，原有"天竺香市"之称。

灵隐寺位于杭州西湖灵隐山麓飞来峰前，又称灵鹫寺。东晋咸和元年（326），印度沙门慧理至此，见飞来峰，叹曰："此天竺灵鹫峰一小岭，不

知何年飞来？佛在世日，多为仙灵所隐。"于是面山建寺，名灵隐。五代时期，此寺极盛一时，全寺有九楼十八阁，七十三殿，房舍一千三百余间，僧众三千人。其后，经过多次兴毁，目前的灵隐寺是明代洪武年间重建的。

福建鼓山。位于福州东部闽江北岸。海拔 969 米。据传山上有巨石如鼓，每当风雨大作之际，即簸荡有声，故名。全山胜景以涌泉寺为中心，分东、西、南、北四路，共计一百六十余景。寺东有灵源洞、喝水岩、国师岩、忘归石、听水斋等二十余景。寺南有回龙阁、放生池、罗汉台、香炉峰等五十余景。寺西有著名的十八景，即达摩面壁、南极升天、仙猿守峡、古鹤巢云、伏虎驮经、神龙听法、慈航架壑、八仙岩洞及千佛梵宫等。寺北有绝顶峰、白云峰、石鼓、白云洞、海音洞等四十余景。

此外，山中历代名人摩崖题刻约有四百段，多集中于灵源洞深处，著名者有蔡襄、朱熹等人的刻石，上起北宋，下迄清代，堪称福州碑林。

涌泉寺，位于福州市鼓山的半山腰、海拔四百五十五米处。初建于五代时梁开平二年（908），至今已有一千多年的历史。著名禅师雪峰义存的法嗣神晏禅师曾任此寺住持，扩建殿寮，成为禅宗丛林，宋真宗赐额"涌泉禅院"，其后元贤、道霈等著名禅师都曾任寺院住持，寺中还藏有诸多珍贵的藏经、藏版，成为东南第一禅刹。

广东丹霞山。在广东仁化县城南 8 公里，为广东四大名山之一，与罗浮山、西樵山、鼎湖山齐名。南明虔州（今赣州）巡抚李永茂兵败退居长老寨，因此处山岩由红砂岩构成，"色渥如丹、灿若明霞"，颇似家乡河南邓州的丹霞山，故名，是地理学上"丹霞地形"的代表。山势绵亘，峰林陡峭，红崖丹壁。远看三峰耸立，如出天表，蜿蜒变化，似船似龙。由龙尾登山，宝珠峰峙其左，海螺峰居其中，长老峰倚其前。以海螺峰最为雄峻。

此山附近有著名的南华禅寺，位于韶关市南，号称"东粤第一宝刹"。建于南朝梁天监三年（504），初名宝林寺。唐代禅宗六祖惠慧能得五祖弘忍赏识，传得法衣，回到岭南隐居十余年。仪凤二年（677），慧能到曹溪，住持宝林寺，弘扬"直指人心，见性成佛"的南宗顿悟法门，发展禅宗南派，故佛教徒称宝林寺为禅宗祖庭。宋初赐名南华禅寺，沿用至今。寺内有六祖殿，供有六祖慧能的肉身像。寺内泥塑五百罗汉，神态各异，栩栩如生。此寺还保存有唐代千佛袈裟、水晶钵盂、北宋木雕罗汉像及大藏经等大量珍贵文物。

中国著名的汉传佛教寺院更是不胜枚举，很多寺院皆有其悠久的历史、独特的景观和珍贵的文物，称寺院凝缩着中国佛教文化的精髓是毫不过分的。

除了前面零散介绍过的一些名寺外，再如北京广济寺，藏有佛教经书一万余册和珍贵的房山云居寺石经拓片三万余片。

觉生寺，俗称大钟寺，寺内藏有一口大钟，名为华严钟，铸造于明代永乐年间，钟为八角形，高6.9米，重约46.5吨；铜质精良，钟身内外铸满佛教经咒，达十七种之多，总计二十二万七千余字。

位于西山八大处的灵光寺有佛祖释迦牟尼的佛牙舍利塔。

位于宣武门外的法源寺建于唐武则天时期，是北京城内现存最古老的寺院，寺中珍藏辽金碑碣甚多。

京郊门头沟的潭柘寺，最早建于晋代，自古有"先有潭柘寺，后有北京城"的谚语，可见其历史之悠久。

香山脚下的碧云寺有孙中山先生的衣冠冢。

蓟县的独乐寺观音阁中矗立一尊高达十六米的泥塑十一面观音菩萨像，为中国现存最大的泥塑像。

承德避暑山庄的普宁寺，则融合了汉、藏佛教文化的精粹，主殿大乘阁

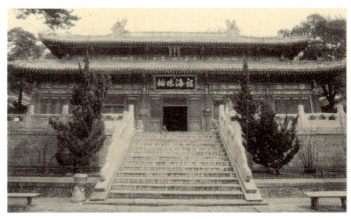

潭柘寺

悬空寺

雄伟壮观。

山西大同的华严寺拥有我国保存最完整、规模最大的辽、金建筑群。

北岳恒山脚下的悬空寺倚岩作基，就崖起屋，背倚翠屏，面对天峰，上载危岩，下临深谷，栈道飞跨，楼阁悬空，结构惊险，造型奇特，堪称神工鬼斧。

永济的普救寺，则以元杂剧《西厢记》的故事传说而闻名于世。

河南洛阳的白马寺、凤穴寺等都有极为悠久的历史，是佛教在中国发展历程的见证者。

陕西西安的慈恩寺在唐代极负盛名，玄奘法师曾在此主持翻译佛教经典。寺内大雁塔等皆为重要文物。

兴教寺为埋葬玄奘遗骨而建，现有玄奘法师舍利塔等。

慈恩寺大雁塔

香积寺名称来源于佛教经典《维摩诘经》中记载的"香积净土"，因唐代王维诗作"不知香积寺，数里入云峰"而闻名于世。

草堂寺原为后秦时期的逍遥园故址，当年鸠摩罗什在此主持翻译了大量佛教经典，圆寂后也葬于此地。唐代改名的草堂寺，曾被誉为"关中八景"之一。

湖北黄梅的四祖寺、五祖寺分别因禅宗四祖道信、五祖弘忍在此弘法而闻名，这些地方皆是中国禅宗的发源地之一。

上海玉佛寺藏有用整块汉白玉雕成的释迦牟尼座像和卧像，色泽晶莹，神态庄严，是中国佛教雕像的珍品。龙华寺建于三国吴赤乌年间（238—252），是中国最早的佛寺之一，具有悠久的历史。

南京东北部栖霞山上的栖霞寺保存有珍贵的南朝石刻佛像，为古代"四大丛林"之一。定林寺则是宋代官僚士大夫王安石晚年的隐居之地。

江苏苏州的寒山寺因唐代诗人张继《夜泊枫桥》的"姑苏城外寒山寺，夜半钟声到客船"而闻名于世。此外，苏州的灵源寺、狮林寺等皆为著名佛刹。

无锡的惠山寺有著名的陆羽泉，体现着"禅茶一味"的中国禅风。

常州的天宁寺规模宏大，历代多次在此举行隆重的佛教法会，有"东南第一丛林"的美誉。

镇江的金山寺因民间传说《白蛇传》"水漫金山寺"而闻名。

浙江杭州的净慈寺、虎跑寺、玉泉寺、龙井寺等坐落于环境优美的西湖周围，堪称园

金山寺

林化的中国寺院的典范。

福建福州的西禅寺规模宏大，寺中有百余株历史悠久的古荔枝树，以每年举行的荔枝会而闻名海内外。华林寺则保留了江南最古老的宋代木建筑。

厦门的南普陀寺为闽南佛教圣地，藏有宋钟、明石刻等重要文物。

泉州的开元寺是福建规模最大的佛教寺院，占地五十余亩，历史悠久，其建筑具有宝贵的历史价值和艺术价值。

广州市区的光孝寺初建于三国时期，是岭南最早古刹，禅宗六祖慧能曾在此受戒并说法，寺内有六祖殿、六祖发塔等文物。

广东潮州的开元寺因建于唐代开元年间而得名，殿前有唐代石经幢，上刻梵咒，还有北宋铸造的重达三千公斤的大铜钟，皆为珍贵文物。

云南昆明筇竹寺的五百罗汉雕像生动有趣，大雄宝殿旁立着元代刻有蒙、汉两种文字的石碑，是研究元代云南寺院经济、口语特点、佛教发展的重要实物资料。

中国著名的石窟则以敦煌、云冈、龙门、麦积山等"四大石窟"影响最大。

莫高窟又称千佛洞，位于敦煌城东南25公里的大泉沟东岸，介于三危山和鸣沙山之间。洞窟上下五层，高低错落，鳞次栉比，南北长达一千六百米。窟始凿于前秦建元二年（366），是我国最早开凿的石窟。

莫高窟的开凿，与一位名叫乐僔的云游和尚是分不开的。据说，乐僔当年云游至此，忽见三危山在阳光照耀下发出炫目的金光，金光中仿佛显现出成千上万的佛，就认定此地乃佛家

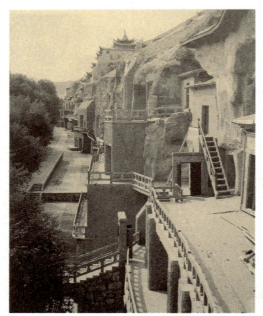

莫高窟

圣地，于是募钱在此开凿石窟。到唐武则天时，已有窟室千余龛。现尚保存北魏、西魏、北周、隋、唐、五代、宋、西夏、元各代壁画和塑像的洞窟四百九十二个，计有壁画四万五千多平方米、彩塑二千四百十五尊、唐宋木构建筑五座等。窟内造像均为泥质彩塑，有单身像，有群像，最大者高三十三米，小者仅十厘米，大多以夸张手法表现佛、菩萨、弟子、天王、力士等人物性格。窟内壁画最为丰富多彩，画面如按二米高排列，可构成 25 公里长的画廊。壁画的内容包括佛本生、佛传、经文、供养人和建筑装饰图案，构图精细，栩栩如生。窟内众多的艺术作品生动地反映了我国 6 至 14 世纪的部分社会生活及艺术发展情况。

云冈石窟则是北魏时代所开凿的石窟寺院。石窟位于山西省大同西方 20 公里的云冈。原称灵岩寺，今名石佛寺。这一石窟群凿建在桑干河支流武周川所流经的砂岩断崖上。东西长 1 公里，大小总计四十余窟，皆南向雕凿，并依小谷分为东方、中央、西方三群。云冈的雕

云冈石窟

像以如来、菩萨形为主，其他为声闻、护法、飞天、供养者，其中，释迦像最多，此外有多宝佛、定光佛、过去七佛、千佛、弥勒菩萨、观音菩萨、护法神、金刚、湿婆神、毗湿奴神、罗汉、飞天、乐天以及文殊维摩问答图、佛传图、本生谭等等。

云冈第20窟大佛

云冈的精华是昙曜五窟，位于云冈石窟群中部，编号为第16至第20窟，是北魏文成帝时高僧昙曜主持开凿，为云冈开凿最早、气魄最大的窟群。其中第16窟正中为释迦佛，面相清秀，姿态英俊。第17窟正中为着菩萨装的交足弥勒像，倚坐在须弥座上。第18窟正中立释迦像，身披千佛袈裟，东壁为诸弟子造像，技法娴熟，堪称佳作。第19窟主像为释迦坐像，高16.7米，是云冈石窟的第二大像。第20窟的露天大佛结跏趺坐，被视为云冈石刻的象征。在东、南、西三壁的下方及塔柱上刻着各种佛传图，手艺高妙，色彩至今仍然鲜丽。

龙门石窟位于河南省洛阳市南郊龙门口。此地位于黄河支流伊水两岸，由于两岸岩山对峙，犹如天然的门阙，因此又称"伊阙"。

此石窟地质属于石灰岩，共有二千一百多座佛窟、佛龛，佛像有两万多尊，高度从2厘米至17米余，且有四十座石塔。经过了北齐、隋到唐初的演变，唐高宗、武周时期的石窟造像，适应当时现实社会的审美习尚，以丰满健壮、雍容华贵为美。

奉先寺卢舍那佛，通高17.14米，身为主像，位居中央，俨然是帝王身份，据传说，这尊大佛的相貌是根据武则天来塑造的，丰颐秀目，仪表堂堂，这种被理想化了的形象在唐代具有代表性。这样高大宏伟、雕琢精湛的造像，象征了唐代早期国势的强盛和经济的繁荣。左侧弟子迦叶，虽已风化崩坏，从仅剩下的部分，仍看得出是一位严谨持重的老僧形象。右侧弟子阿难的形象保存完好，衣着朴实，文静温顺。

龙门石窟

　　此外，龙门造像还有许多艺术上相当成熟的精品。潜溪寺的大势至菩萨和万佛洞外的观世音菩萨，身体匀称，造型敦厚，形体变化含蓄而微妙。西方净土变龛的舞蹈菩萨和一些小龛内成组的供养菩萨婀娜多姿。万佛洞的伎乐，或奏乐，或起舞，裙带飘扬，如有风动。尤其是看经寺洞从迦叶到达摩的二十九尊不同年龄、不同经历、不同性格特征的高僧像，高达 1.8 米，栩栩如生。这些高浮雕罗汉群像，有如一个排列有序的人像雕刻展览馆。

　　甘肃天水市东南 45 公里的麦积山石窟也有非常珍贵的历史、宗教价值。此窟如孤峰崛起，圆锥状如农家麦垛，故名。石窟开凿于十六国后秦时期（384—417），后经西秦、北魏、西魏、北周、隋、唐、五代、宋、元、明、

奉先寺卢舍那佛

飞天原意指"飞行空中之天人"，在佛教美术中，多指以歌舞香花等供养诸佛菩萨之飞行天人。在佛经里，天人出现的场合，多半是对诸佛的成道、誓愿，或弘法事迹的赞叹与供养。此外，在净土世界里，也常有天女散花，或薰发天香的故事。中国敦煌、云冈、响堂山等石窟寺院亦有不少飞天雕画，尤其敦煌壁画更是飞天表现的宝库。如敦煌第320窟中的飞天，色彩丰富，气韵生动。图中的两对飞天，以对称的布局绘于说法图的上端，技巧纯熟，刻画谨细，具有装饰美，是敦煌唐代壁画的代表作。

北响堂山第7窟异兽

清等朝代，不断扩建与开凿。现存窟龛计一百九十四个，泥塑像、石雕像七千二百余尊，壁画一千三百多平方米。在几大石窟中，敦煌以壁画为主，云冈、龙门以石刻为主，麦积山则以塑像为主，它保存着数以千计的佛教塑像，在中国雕塑史上具有重要的地位，为研究中国古代雕塑、绘画、建筑及宗教等历史的珍贵资料。

位于河北省邯郸市鼓山的响堂山石窟群，包括南响堂、北响堂二处，代表了北齐时期佛教艺术的水平。北齐王朝有两个政治中心，一是晋阳（今山西太原），一是邺（今河北临漳）。响堂山地处两都来往必经之地，崇尚佛教的齐文宣帝高洋下令在此开凿石窟，修建寺院，营造宫苑。此后，隋、唐、宋、元、明各代对石窟均有增凿与修茸，现存石窟十七座，大小造像四千三百余尊。石洞幽深，构思精巧，造像栩栩如生。石窟的附属建筑规模宏大，依山而建，层层叠叠，宏伟壮观。

四川省大足县境内的大足石刻也以佛教雕刻闻名于

世。大足石刻题材多取自于佛教故事，即所谓"佛经变相"，多建于晚唐、五代及两宋时期。

大足石刻

石刻共分七处，其中规模最宏伟、造像最突出的是北山与宝顶山两地。北山旧名龙冈山，这里最重要的石刻作品为"心神车窟"与净土变相雕刻——包括弥勒净土变、观经变。

其中第 136 号"心神车窟"可称艺术珍品：洞的入门处有一个带座的八角石亭，上连窟顶，俗称心神车，下部为须弥座，四周刻着一条蟠龙，亭的周围有栏杆，栏杆上刻着各种游戏的小孩：有骑着的，有伏着的，有横爬的，有的用手揪着另一小孩的双脚，有的用头顶着另一小孩的屁股，姿势动作十分可爱，甚至引起观者发笑，从那头身比例和圆胖的四肢上，大体可以认出都是三四岁的样子，这些动作表情也正和他们的年纪相符，所以感觉非常真实，把儿童的天真烂漫、活泼顽皮的神情充分刻画出来。

宝顶山石刻包括释迦涅槃像、降生像、孔雀明王龛、观经变相、地狱变相、圆觉经变相、牧牛十图等。石刻生动，艺术性很高，例如释迦诞生图中九龙浴太子像，设计人巧妙地利用了山上的泉水，在崖壁上刻了九个龙头，引泉水由龙嘴中流出，喷在高约三尺的太子身上，为生硬

宝顶山摩崖造像

杭州灵隐寺飞来峰一尊宋代弥勒佛像，既无北魏交脚弥勒的端庄气氛，更无乐山大佛的静观凝重，而是笑世傲俗，喜笑颜开，一反传统佛相，是按照五代契此布袋和尚的原型雕塑的。他一手按布袋，一手持念珠，袒腹踞坐，造型自然生动，极富生活情趣，是件别开生面的艺术品，成为后来许多寺庙的大肚弥勒仿造的样板。

的石壁增添了动人的生趣。

四川自古有"上朝峨眉，下朝宝顶"的说法，可见此地石刻在佛教中的重要地位。

佛塔与寺院通常是结合在一起建造的，尽管塔在中国寺院布局中已不居于中心地位，但仍然有着不可替代的重要作用。一些名塔或因造型别致，或因材料独特，或因蕴含重要的历史、宗教价值，远远超出了它们原有的意义，成为中国佛教建筑文化的精品。

灵隐寺飞来峰宋代弥勒佛像

佛塔的分类方法有多种，从平面形状看，有四方形、六角形、圆形等类型；从建筑材料分，有木塔、砖塔、金属塔、琉璃塔等；从结构和外形上，又可分为楼阁式塔、密檐式塔、亭阁式塔、花塔、钵式塔、金刚宝座式塔等。

繁塔

中国楼阁式砖塔的数量最多，是中国佛塔的主流。著名的楼阁式砖塔除西安兴教寺玄奘塔、香积寺塔、大雁塔外，还有：宁夏银川海宝塔、浙江杭州六和塔、苏州虎丘塔、北寺塔、内蒙古自治区庆州白塔、山东长清灵岩寺辟支塔、河北定县开元寺塔、宁夏银川承天寺塔、上海松江方塔、上海龙华塔、杭州保俶塔、安徽安庆振风塔、河南开封繁塔、浙江天台山国清寺隋塔等等。其中如繁塔建于北宋太平兴国二年（977），是开封市内现存最早的古建筑。据记载，此塔原是九层塔，明初遭毁坏，只存三层，后来在残存的塔身上修了一个七层的小塔，作为原塔的刹顶。三层塔身外壁嵌砌数十种不同形象的上万个佛像，刻工精美，非常壮观。在塔的第一层南门的门洞内，东西两壁有石刻六方，东壁刻《金刚经》、西壁刻《十善业道经要略》，第二层南面门洞内也有石刻六方，刻《圆觉经》。这些刻经都是太平兴国年间完成的，是珍贵的书法碑刻作品。

此外还有楼阁式石塔，位于山西朔县崇福寺内的小石塔，是北魏天安二年（467）制作的小石塔，是我国现存较为古老的石塔。又如建于福建省福清县瑞云寺的瑞云石塔，用雕琢精致的花岗石砌筑，仿木构，八角七层，高

南京栖霞寺舍利塔

达 30 多米，享有美誉。著名的石塔还有南京栖霞寺舍利塔，浙江杭州灵隐寺石塔、泉州开元寺双塔、福建榕城双塔、福建晋江六胜塔等。

广州光孝寺东西铁塔、湖北当阳玉泉寺铁塔、山东济宁铁塔寺铁塔、江苏镇江甘露寺铁塔、山西五台山显通寺铜塔等则为著名的楼阁式金属塔。

中国早期的塔多是木塔，但因为木塔易毁于火，所以保存至今的比较罕见。应县木塔即是我国现存最大的木塔，也是世界上现存最大的古代木构建筑。它建于辽代清宁二年（1056），已有九百余年历史。塔平面为八角形，底层直径为 30.27 米，外观为五层六檐，全塔结构从下至上可分为基座、塔身、塔刹三部分。最下是砖石垒砌的基底，高 4.40 米，塔身自基底至塔顶砖刹座下全部用木结构，高 51.35 米，砖刹座高 1.65 米；最上是铁制塔刹，高 9.91 米。木塔总高 67.31 米，体形高大，结构复杂，轮廓优美，是一座典型的楼阁式木塔。

密檐式塔一般是实心建筑，不能登临，造型比较划一。其特点是下部一般均建有须弥座，底层塔身较高，以上各层较低，不设门窗，有也只是通风小孔。以砖石结构为多，隋、唐时多为正方形平面，辽、金时八角形平面逐渐替代正方形平面，明、清则很少建密檐塔。中国著名的密檐式塔有：河南登封嵩岳寺塔、云南大理三塔、陕西西安小雁塔、河南登封法王寺塔和永泰寺塔、南京栖霞寺塔、山西灵丘县觉山寺塔等。其中西安小雁塔为杰出代表。小雁塔是唐代著名佛寺荐福寺的佛塔。该塔建于唐中宗景龙元年

（707），是为保存佛教大师义净从印度带回的佛经、佛像而建。塔高 43.3 米，原为十五层，现为十三层，最上二层已震坍。正方形，底层边长 11 米，底层特别高，以上逐层递减，呈现出秀丽舒畅的卷刹轮廓。南北各开门，在底层青石门楣上，布满唐

嵩岳寺塔

广州六榕寺花塔

线刻天人供养图像与蔓草花纹，画法雕刻极工，为珍贵遗产。整座塔玲珑秀气，别具风采。

花塔的主要特征是在塔身的上半部装饰各种繁复的花式，远观犹如一通大花束。其装饰由简到繁，既有巨大的莲瓣，密布的佛龛，也有各种佛像、神人以及狮、象、龙、鱼等动物形象和其他装饰。中国现存著名花塔有河北正定广惠寺花塔、湖北襄阳广德寺多宝佛塔、河北涞水庆华寺花塔、广州六榕寺花塔等。

中国佛塔以一塔为主，但也有一些由双塔、三塔、五塔、九塔以至多塔形

成的塔林，著名的有河南登封少林寺塔林、黄河青铜峡峡口百零八塔、山东长清灵岩寺塔林、河南临汝风穴寺塔林、北京门头沟潭柘寺外塔群等。

佛像庄严：佛教的造像与雕塑

按照佛教的理论，佛菩萨本来是没有形相的，这指的是他们的"法身"遍满虚空法界，宇宙中的一切皆是其法身的显现。但是这样说过于玄虚，一般信仰者难以体会和把握。大乘佛教认为，佛还有"报身"，是其积功累德而形成的充满光明、无量庄严的身体，众生看到佛的报身，会感到身心愉悦，崇敬和信仰也会油然而生。大乘佛教产生后，开始大量出现佛教的造像，学术界一般也认为，佛教造像的产生是在阿育王弘法的时代，以贵霜朝时代的犍陀罗、摩突罗佛像为代表，佛陀像的基本形式形成。

犍陀罗佛像

由此可知，佛教的造像主要是建造其"报身"像，供信仰者瞻仰、礼拜和观想，具有很强的宗教功能，这同样是大乘佛教真谛、俗谛融合，入世度生的一种方便。佛教认为，造像是令众生对佛教生起信仰的重要途径，有很大的功德福报。佛教造像不同于一般的雕塑，应该有自己严格的宗教性的规定，因此有《造像功德经》《造像度量经》等经典产生，具体说明造像有何种功德以及造像的种种法度。佛教是伴随其经典和佛像一起传入中国的，其后，中国本土出现造像热潮，几乎所有的佛教圣地，都有很多佛、菩萨的形象，佛像已成为中国佛教文化重要的组成部分。

知识链接

《大乘造像功德经》：王白佛言："如来最上微妙之身无与等，我所造像，不似于佛，窃自思惟，深为过咎。"佛告王言："非为过咎，汝已作无量利益，更无与汝等者。汝今于佛法中，初为轨则，未来世中，有信之人，皆因王故造佛形像而获大福。"

乐山凌云寺的弥勒大佛

佛教造像中最重要的一类当然是佛像，此外，菩萨像、罗汉像、天神像等也相当有特色。佛像的身量，常见的有丈六像，也就是所谓的"丈六金身"、半丈六像、大佛像、等身像、胎内等身像等。丈六像是依据《观佛三昧海经》等的记载，佛的身量倍于常人，为一丈六尺。半丈六像是丈六的一半，也就是小佛像。大佛像是丈六以上的大像，其身量不一，如乐山凌云寺的弥勒大佛，高达三十六丈，可称世界第一大佛。等身像是根据愿主和施主的身量塑造，中国古代很多佛像是根据帝王像塑造的，这或许是因为人们认为，世间人中帝王的福报是最大的，因此以他们的形象来塑造佛的"报身"是恰当的。另外，在丈六像及大佛像中，安置一个相当于佛手一半大小的小佛像，称为胎内等身像，象征着佛在心中。

在佛像造型方面也有许多定则，最主要的是规范了佛像的"三十二相"和"八十种好"。三十二相是指佛陀生来就有的三十二种神异面貌，如"手足柔软相""眉间白毫相""手过膝相""身金色相""身如狮子相""身广长等相""四十齿相""顶髻相"（头顶上有肉髻）等。八十种好是以佛的头、面、鼻、口、眼、耳、手、足等细微之处描述他的奇特长相，如指甲狭长薄润、光洁明净；指头圆而细长柔

莲花座

软，不见骨头；唇色
红润光泽，上下相
称；耳轮宽阔，成轮
埵形；面形长宽匀称，
皎洁如秋月；鼻梁修
长，不见鼻孔，等
等。并且规范了佛像
的坐势和手势：佛像

明代铜漆金三世坐佛像

双腿交叉，足心向上平放在另一条腿上，称为"莲花座"；右腿盘于左腿之
下，称为"勇健座"；双腿交叉微抬，称为"瑜伽座"；一腿弯曲，另一腿
自然下垂，称为"游戏座"，等等。

　　早期的佛像，多以成道后的释迦牟尼
为基本形式，但大乘佛教认为，十方三世
有无数佛陀，根据不同的信仰，塑造出许
许多多的佛像。从相貌上看，一切佛像的
基本容貌、"相好"是平等的、相同的，那
么区别各个不同的佛，便主要依靠其手的
姿势——所谓"手印"来分辨。例如释迦
牟尼佛像就有说法相、降魔相、禅定相的
不同。右手上举，以食指与大拇指作环形，
余三指微伸，是说法相；右手平伸五指，
抚右膝上，是降魔相；以右掌压左掌，仰
置足上当脐前，是禅定相。西方极乐世界
阿弥陀佛像通常是一只手臂下垂，另一只
手中托着一朵莲花，名叫"接引相"，表示
以佛力接引十方众生往生到西方极乐世界。
东方净琉璃世界药师佛像是垂伸右手，掌
向外，以食指与大拇指夹一药丸，表示施

知识链接

　　宋代文准禅师《禅本草》：
"禅，味甘，性凉，安心脏，祛
邪气，辟痈滞，通血脉，清神益
志，驻颜色，除烦恼，去秽恶，
善解诸毒，能调众病。药生人
间，但有大小、皮肉、骨髓、精
粗之异，获其精者为良。故凡圣
尊卑悉能疗之。余者多于丛林中
吟风咏月，世有徒辈多采声壳为
药食者，误人性命。幽通密显，
非证者莫识。不假修炼、炮制
一服，脱其苦恼、如缚发解，其
功若袖，令人长寿。故佛祖以此
药疗一切众生病，号大医王，若
世明灯，破诸执暗。所虑迷乱
幽蔽，不信病在膏肓，妄染神
鬼，流浪生死者，不可救焉。伤
哉！"

菩萨像

与众生无上妙药，治疗其身心各种疾病。

其次是菩萨像。菩萨像可分三大类：第一类是总的用形象来表达菩萨修行阶次的画像。根据佛教理论，自凡夫修行到达佛果，中间要经过四十二个阶次，就是十住、十行、十回向、十地、等觉、妙觉，其中十住、十行、十回向总称为三十贤位，十地称为十圣位，等觉是等同于佛的菩萨，妙觉即是佛位。用四十二个不同形状的人像来表达这四十二位次，便是四十二贤圣像。

第二类是佛经中具体提出名号的菩萨画像，这些菩萨通常都是等觉位的菩萨，也叫大菩萨，他们辅助各个世界的佛陀弘扬教化，其中有些菩萨与我们这个世界缘分深厚，在民间的影响非常大，通常是可以将他们与佛等同看待的，最常见的包括文殊菩萨、普贤菩萨、地藏菩萨、弥勒菩萨、维摩诘菩萨、观音菩萨等。其中观音菩萨因中国民间对之信仰甚深，形象极为丰富，在菩萨像中的种类最多，有些人认为可以单独分为一类。每个菩萨也有一定的手印姿势。例如，观音菩萨手持莲华，天冠中有一化佛（阿弥陀佛）；大势至菩萨也手持莲华，天冠中有一宝瓶；弥勒菩萨手持宝塔；文殊菩萨手持经箧或经卷；地藏菩萨手持摩尼珠和锡杖等。仅以观音像为例，又可分为三种，一是遵照佛教正规仪容所绘的一面二臂、或坐或立、相好端严的形象，称为圣观音；二是遵照密宗仪轨所绘一面二臂或多面多臂、手持种种法物的形象，如十一面观音、千手千眼观音、七俱胝观音（也叫准提观音）等；三是画家自创风格、任意写作、任意题名的观音像，如水月观音、白衣观音、鱼篮观音等，不可胜举。

第三类菩萨像是包括佛像旁所画的供养菩萨像，如乐音菩萨、献花菩萨、献香菩萨等，以及画家随意写意的菩萨像，如行道菩萨、思定菩萨、莲花菩萨等，已不属正规的菩萨像，属于佛画范畴。

一般来说，佛的相好是端正温肃，菩萨相好是柔丽慈祥。菩萨像通常是以在家人的形象出现的，许多菩萨甚至以女人相出现，以至许多人误认为菩萨都是女子。其实，按照佛教的理论，佛菩萨是不分男女、没有性别的，之所以菩萨多以在家人和女人形象出现，大约

供养菩萨像

是因为菩萨要入世度生，故以在家人的身份更为方便，而女子形象也能够更好地体现菩萨所代表的慈悲精神吧。《法华经》上说，观世音菩萨可以变化出三十二身，"应以何身得度，便现何身"，也就是说，众生眼中的菩萨像完全是根据他们自身的境界而看到的，这是应化身的重要特征之一，菩萨自身本是无相无不相的。观音菩萨如此，其他一切佛菩萨也同样如此。

从中国古代造像的发展历程看，佛菩萨像的状貌明显体现着不同时代的审美特征。如魏孝文帝以前的佛像造像面相丰盈，肢体肥壮，神态温和宁静，突出了佛的伟岸和庄严，敦煌莫高窟、云冈石窟中北魏早期造像便是代表。魏孝文帝亲政后，大力推行汉文化，在此影响下，佛像风格渐由伟岸庄严转向俊逸清丽，即所谓的"秀骨清相"的风格，如开凿在魏孝文帝迁都洛

魏早期造像

济公

阳后的龙门石窟，早期佛像均为北魏晚期流行的瘦削形，佛像面相清癯，风神飘逸。隋唐时期的佛教雕塑则充分显示出雄健奔放、饱满瑰丽的时代精神。如由武则天出资开凿的龙门奉先寺石窟中，雍容华丽的菩萨，赳赳雄武的天王、力士无不体现出大唐帝国的盛世气象。宋代之后的佛菩萨像更加走向人间化、世俗化，无论是大足山石刻，还是麦积山宋塑，都创造了迥然有异于魏、唐的另一种美的典范，比如大足北山的观音、文殊、普贤等造像，面容柔嫩，秀丽妩媚。

中国佛教另一类重要造像是罗汉像。罗汉像在中国的流行，是伴随着中国民间的罗汉信仰而来的。罗汉的全称为"阿罗汉"，是小乘佛教修行的最高果位，他们已熄灭一切烦恼，圆满一切功德，超脱了生死轮回。但是罗汉与菩萨的不同在于，他们在自己达到这种境界后，没有救度众生的愿望，而是进入偏空涅槃，不再与世间发生关系，属于"自了汉"。中国人根据大乘佛教的理论，对于罗汉做出了自己的独特的解释——已经发誓不来人间的罗汉们又重新"转世"生到人间，他们也与菩萨一样，做起弘法度生的事业。在中国古代，很多高僧是被视为"罗汉转世"的，最典型的如南宋禅僧济公和尚，以罗汉转世身份游戏人间。尽管他们自己狂诞不羁、不守戒律甚至疯疯癫癫，但他们所做的一切皆无罪过，因为他们本来早已超脱了生死，不再受世间果报的约束，他们来到人间，不过是来游戏一番，偶尔向世人显露一下佛教不可思议的境界而已。转世罗汉的那种自在、逍遥的处世态度和行事风格，颇受中国民间和士大夫阶层的青睐、推崇，罗汉信仰成为中国人一种与菩萨信仰既相似又不同的独特信仰方式。

中国佛教中最著名的罗汉群像是所谓"十八罗汉"。根据玄奘《法住记》的记载，释迦牟尼圆寂前，嘱咐他的十六位弟子永远不入涅槃、常住世间，受世人供养并为众生作福。十六罗汉的名号传到中国后，逐渐演变为十八罗汉，有人认为，那是将《法住记》一书的作者庆友和译者玄奘加上了，其后则将新加的两位罗汉定名为降龙、伏虎二尊者，他们的真实身份却版本甚多，难以确定。目前所知最早的十八罗汉像，为五代人张玄和贯休所绘。宋代苏轼分别为这两种罗汉像题写了十八首《赞》，并且标出了十八位罗汉的名字，罗汉信仰正是在这个时期产生并发展的。元代之后的寺院大殿中，多供有十八罗汉像，通常他们围绕在大雄宝殿四周，形成一圈，每个罗汉的神态各异，有的严肃庄重，有的一副玩世不恭的样子，甚为有趣。

此外，佛教中还有更大规模的五百罗汉。现知最早的五百罗汉堂兴建于唐代，据《五代名画补遗》记载，唐代著名雕塑家杨惠之在河南府广爱寺塑了五百尊罗汉。现存的比较著名的五百罗汉像，有北京碧云寺、成都宝光寺、甘肃莲华寺石窟、苏州西园寺、昆明筇竹寺、武汉归元寺等处。

人们本来不知五百罗汉的名号，但南宋时期，

十八罗汉

有人编了一本《江阴军乾明院五百罗汉名号碑》，每个罗汉都有了名字，其后一直沿用下来。有趣的是，由于五百罗汉人数众多，有关他们的生平事迹亦多模糊，这就使一些人有机会把自己的样子也塑成罗汉形象。如四川新

五百罗汉堂

都宝光寺罗汉堂里就有康熙和乾隆两位皇帝的塑像，他们分别被塑成第 295 位阇夜多尊者和第 365 位直福德尊者。兴建于光绪九年（1883）的昆明筇竹寺，雕塑家黎广修不仅把当时筇竹寺的方丈、自己及几个徒弟塑成罗汉形象，还塑造了一尊基督教救世主耶稣形象的罗汉。筇竹寺中还塑造了大量"平民罗汉"，如市民、农夫、武士、儒生、长老、小贩、樵夫、贫民等，甚至有皇帝与乞丐平起平坐、人与动物倾心交谈的形象，还有民间传说人物如长手罗汉、长脚罗汉、长眉罗汉、多目罗汉等。这些有趣的情况反映了中国佛教观念中的罗汉接近民众的特点。

知识链接

关于五百罗汉的来历，佛经中说法不一。有的说他们是跟随释迦牟尼听法传道的五百名弟子，有的说他们是参加第一次结集三藏的五百比丘。还有一种说法，说他们的前身是五百只大雁。一次，雁王误入猎人网中，猎人将取杀之，一雁在雁王前悲鸣不已，五百大雁亦在半空盘旋不去。猎人见了大为感动，放了雁王，雁群高兴地随雁王飞去。这雁王即是释迦牟尼，五百只雁便是五百罗汉。

法器曼妙：常用的佛教器具

　　法器是指寺院中举行祈请、修法、供养、法会等仪式时所使用的器具，又称佛器，主要包括钟、鼓、磬、木鱼、铙钹、板等。此外，僧众们生活和修行时所使用的各种器物也可以称为法器，主要有僧服、钵、念珠、蒲团、锡杖等；这些法器通常与寺院、仪规及僧众的日常生活密不可分，在佛门有着特殊、重要的地位。

　　钟是丛林中的主要呗器，钟声平稳厚重，端庄安详，是中国寺院不可缺少的一种法器，一般都悬于大殿或钟楼梁上。而在一些历史悠久的古寺中，常能见到比人庞大得多的古钟，成为镇寺法宝。佛门中有"钟磬清心"之说，佛门中有一首《叩钟偈》写道："愿此钟声超法界，铁围幽暗悉皆闻；闻尘清净证圆通，一切众生成正觉。"悠扬的钟声仿佛融入殷切宏深的愿力，"洪钟初叩，宝偈高吟"，声声惊醒世间名利客的沉迷，阵阵唤回苦海梦迷人的觉心。悠扬深远的钟声，使许多诗人墨客留下千古吟诵的名作，最著名的要数唐代杜甫"欲觉闻晨钟，令人发深省"、张继"姑苏城外寒山寺，夜半钟声到客船"等诗句。

北京觉生寺永乐大钟

　　钟在中国古已有之，也是儒教礼仪的重要器具。而在佛寺中主要作为修行起居的讯号和佛事庆典的法乐，通常以铜、铁铸就，分为报钟、大钟、小钟、斋钟等几类。

报钟挂在禅堂，是每天早晨最先敲响的钟，它将声音传递给大钟。禅门中通常每日敲四次，即早课后、早粥后、午斋后和晚课后。每次的敲法是一板一钟、二板一钟、三板一钟，共九下，四次共三十六下。

大钟又名梵钟，挂在钟楼上，由钟头专门管理。梵意即清净，为与佛事有关的尊称。由于声音洪亮，又称为鲸钟、洪钟。除了迎接佛门高僧、举行重大法会外，每天只是早晚各撞一次，每次一百零八下，象征着消除人的一百零八种烦恼。《敕修百丈清规·法器章》说："大钟，丛林号令资始也。晓击破长夜，警睡眠；暮击则觉昏衢，疏冥昧。"大钟具体的敲钟方法是："引杵宜缓，扬声欲长，凡三通，各三十六下，总一百八下，起止三下稍紧。"

小钟又叫半钟，因它通常只有大钟一半的高度。小钟也叫殿钟，一般挂在大殿左侧或法堂左侧，一般在做佛事或进行特定仪规时使用。有的寺庙代作斋钟，在早粥和午斋时敲击，大丛林有专用的梆作为斋粥的信号，故一般不设斋钟。

中国寺院自古重视铸钟，一些佛寺更是以钟闻名，最突出的要数北京大钟寺了。大钟寺的入口处即有三十多口宋、元、明、清四代所铸的铜钟。其中，明代大钟尤负盛名，称为华严钟，高约 7 米，钟唇厚 22 厘米，外径 3.3 米，重约 46.5 吨，钟声绵长有力，可达百里之外，素有"钟王"之称。钟内外壁并铸满佛教经咒铭文 17 种，总计有 220000 余字，内壁为梵文，外壁为汉文，相传为明代书法家沈度手笔。

此外，河北涞源县阁院寺也有一口大铁钟，钟高 1.6 米，口径 1.5 米，重 2 吨，钟身铸有铭文 1200 多字，其字迹仍清晰可辨。此钟铸造于辽天庆四年（1114），是辽末天祚帝为公主祈福而造。这是我国现存唯一有明确纪年的辽代大钟，史书称其"浑浑然有太古之韵"。

此外，天台山高明寺明万历年间铸造的大钟、浙江绍兴开元寺的大钟、苏州寒山寺的大钟等，也非常有名。其中寒山寺铜钟为近年新铸造的，高 8.5 米，重 108 吨，钟面铭文为 70024 字的《妙法莲华经》全部经文。该钟 2008 年被世界吉尼斯确认为世界最大佛钟。

鼓是丛林中的重要法器。"晨钟暮鼓"至今仍是寺庙的一大特征。《楞严经》里就曾钟、鼓并称："阿难，汝更听此祇园中，食办击鼓，众集撞钟，钟鼓音声，前后相续云。"鼓的种类，有法鼓、茶鼓、大鼓、手鼓等。

法鼓设于法堂东北角，凡住持上堂、小参、普说、入室时击之。击鼓的方法为上堂时三通，先轻敲鼓面三下，然后重手徐徐击之，使其前后紧慢相参，轻重相应，音声和畅，起复连环，隐隐轰轰，如春雷之震蛰，经过第一通延声长击后，少候片刻，转入第二通，声音稍稍急促，更不待声音落下就转入第三通，一直以缠绕的声音效果敲击，等住持登座后方才停止。其他法事活动的击鼓方法又有所不同。

茶鼓设于法堂的西北角，在请茶、进斋、普请、放参、沐浴、更点时击之，击鼓的方法一般是长击一通。

大鼓是早晚报时、号令时用的鼓。架在鼓楼上，由鼓头专门管理。鼓楼的大鼓与钟楼的大钟是相互配合的，早晨先钟后鼓，晚上先鼓后钟。昏鼓起先是大击大声，而后渐趋小击小声，以表示日没的过程；而晓鼓反之，由小击小声而趋大击大声，以象征日出。

磬也是中国古已有之的乐器。在佛教中，磬主要用于诵经、梵呗、修法之时，经常使用的是大磬和引磬。大磬又名圆磬，形状如钵，直径从半尺到三尺不等。大磬用于指挥腔调，振作精神，多在起腔、收腔、合掌、放掌以及佛号等处敲用。大磬固定在殿内佛像左侧，不能搬动，更多场合都由引磬代替。引磬又名小磬。据《禅林象器笺》说："小磬如桃大，底有窍，贯绪连缚小竹枝为柄，以小铁梓击之，名为引磬。盖因导引众，故名。"引磬用于指挥行动，作为"板眼"，多用于问讯、转身、礼拜等处。

木鱼是一种可供打击而发声的东西，印度人称为犍槌（Ghanta），意为声鸣、打木等。在寺院中，犍槌用于集众、报时等。晋代高僧法显说，他在于阗瞿摩帝大乘寺见到"三千僧共犍槌食"。"木鱼"应是一种中国化的犍槌。唐代司空图《上陌梯寺怀旧僧》诗写道："松日明金像，山风向木鱼。"可见在唐代寺院中已普遍使用木鱼了。原先的木鱼是刻木为长条形的"直鱼"，又称"长版"或"梆"，悬于库堂之侧，用于集僧、报时。《敕修百丈

敲梆

清规》谓："木鱼，斋粥之时长击二通"，又说："木鱼，报更则随更次第击之"，应是指"直鱼"而言。其后又产生一种刻木中空的"团鱼"，唐人亦称为"鱼鼓"。据说鱼昼夜常醒，作鱼形，是为警觉信众，防止昏惰。"团鱼"形制较多，用于念佛诵经时调整音节，一般为深红色或涂金，还有龙形或双鱼形的。吃斋、敲木鱼念佛的形象，是中国百姓相当熟悉的一种佛门修行情形。

铙钹也是寺院法会时所用金属法器之一。铙与钹原为两种不同之乐器，后来混而并称为铙钹，有金铙、铜铙的分别。金铙，据《周礼》《礼记》所载，系于退兵或舞蹈完毕退场时所鸣击者，状如火熨斗，有柄，互相撞击则发出"铙铙"之声，故称为铙。铜铙，即所谓"铜拍子"，与金铙的样式不同，类似铜钹，惟形状较小，由两个钹构成，声音清澄，故俗称为铙。

钹，又作铜钹、铜钹子、铜钵子、铜盘，由响铜制成，呈圆盘形，中央部分隆起一圆，此圆之中心穿有小孔，孔内附有一纽。使用时，以两手各持一面铜盘，互相撞击鸣奏。

板是寺院内为集合大众而鸣打的器具之一。板多为木造，少部分为青铜制。其形状有云板及鱼板等，又由于悬挂场所的不同，有不同的名称，如在方丈前称为方丈板，在众寮前称为外板，在众寮内称为内板，库司前所挂者因较其他诸堂大而称为大板，此外还有钟板、首座板、照堂板等。

香板是用木料制成、形似古代宝剑的一种法器，它是一种维护寺庙清规、惩罚犯律仪僧人的械具，也兼有警策行道、督勉精进的用意。香板根据用途差别而有着不同名称。为了警策僧人用功的，叫作警策香板；为了惩罚违犯清规者用的，叫作清规香板；为了警醒坐禅昏沉、散乱而使用的，叫作巡香香板；"打禅七"使用的，叫作监香香板，等等。过去丛林中师父经常使用香板打弟子，据说挨了香板可以消除业障，启迪智慧，使人开悟。

佛教僧人的服饰与世俗的服装有着明显的区别。它以其比较独特的颜色和形制蕴涵着某些佛教的教义和戒律，从而既能满足佛教僧人的宗教生活的需要，同时也使僧人显示出与在家人不同的独特面貌。它的形成，除了宗教上的原因之外，还有历史、地域、民族、风尚等诸多因素。

在古代印度，佛教僧人的服饰在颜色上有着严格的规定，在形制上比较简单。而佛教传入中国之后，由于流传时间久远，区域广阔，再加上中国独特的政治、文化等影响，汉族僧人的服饰在承袭古代印度佛教的某些旧制的同时，又有着很多增制。在僧服颜色上不如古代印度严格，在形制上除了法衣外，还增加了常服。法衣是僧人在佛事和法会期间穿着的服装，主要有三衣（袈裟）、五衣、衲衣、缦衣等。常服是僧人日常生活中所穿的衣着，主要有海青、衫、褂、帽冠和鞋袜等。

三衣是传统佛教规定比丘所穿的三种衣服，即僧伽梨（大衣）、郁多罗僧（上衣）、安陀会（内衣）三种衣服。五衣则在三衣外，又增加了僧迦支（覆肩衣）和俱苏罗（下裙）这两种衣服，皆属袈裟。在很多中国人看来，

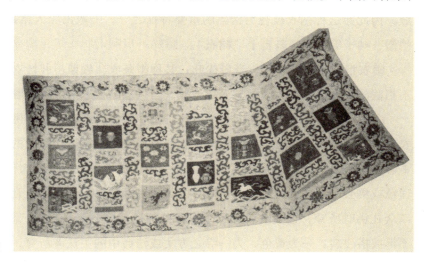

袈裟

真可和尚禅衣像

身披袈裟是佛教出家人的特征。"袈裟"是梵语 Kasaya 的音译，意为不正色。佛教规定法衣的用色要避开五正色（青黄赤白黑）和五间色（绯红紫绿碧），故有此称。因其色浊，亦称"缁衣""染衣"等。

不过，袈裟传入中国后，颜色上发生一些变化，也有用鲜艳颜色的，如金缕袈裟、紫衣袈裟等，唐宋时代僧人甚至都以赐紫衣袈裟为沙门的荣誉。袈裟用小片连缀而成，呈长方田形，代表僧人是众生的"福田"，供养他们可以获得世间福报的含义，其制分五条、七条和九条三种，身份越高的僧人其条数越多。

衲衣又称作粪扫衣、弊衲衣、百衲衣等，即以世人所丢弃的朽坏破碎的衣片修补缝缀所制成的法衣。按照佛教戒律，比丘要少欲知足，远离世间荣显，因此穿这种衲衣被视为僧侣的重要特征之一。一般出家人常自称老衲、衲僧、衲子等，皆是来自于"衲衣"。

缦衣指无田相的袈裟，音译钵吒，又称缦条衣、缦条、礼忏衣，即整幅不割截的衣服，通常为沙弥及受持五戒、菩萨戒的在家信众所穿着。

海青也叫大袍，为宽袍大袖的唐装，是中国佛门缁素二众礼佛时所穿的衣服。佛教传入中国后，由于气候及实际需要等种种原因，原有的三衣显得不够用，于是中国佛教规定另制小褂、中褂、长褂及大袍。三衣仅于礼佛、诵经或集会时披搭于大袍之外。海青的颜色有两种，一为黑色，乃一般缁素二众礼佛时所穿，已受戒者，可于海青外加搭袈裟，未受戒者，仅着海青，不得披搭袈裟；一为黄色，为一寺之方丈或法会中的主法者所穿，一般大众不得穿着。这些在中国佛教界都是有严格规定的。

由于衣服在佛门日常生活中非常重要，因此，佛教也将其传法称之为"传衣"。特别是禅宗，各祖师均有传承其法衣（袈裟）的传统。后世禅林承袭之，在门下选出优秀之弟子，而将教法传之，为表征记，亦授予僧衣，故又称此种僧衣或袈裟为信衣。

佛门中尤以一件木棉袈裟最为珍贵。不过这件袈裟如此珍贵，竟至引来禅门一些人的争夺，出家人本来应六根清净，远离贪欲，但为了争夺一件袈裟而不惜大打出手乃至阴谋陷害，无所不用其极。当年带着这件袈裟来到中国传法的菩提达摩几次险遭人毒杀，可能主要也是为了夺取这件袈裟。因此，自六祖慧能之后，不再以传袈裟为传法依据，充分显示了慧能本人真正超脱的精神。

此后，"传衣"仅仅成为一种象征性的说法了。据说，慧能将这件木棉袈裟送给了当时的皇帝武则天，而武则天又将它赠予另一位当时名声显赫的僧人智诜。智诜得此袈裟后，怕被人谋害，故深藏不露，其后这件珍贵的袈裟竟不知去向。当然，这些都是传说而已，或许佛门中压根儿不存在这样一件袈裟，它只是佛祖以其大智慧编造出的一件"皇帝的新衣"，用来鉴

知识链接

古代出家人常自称"贫道"，这是因为他们的生活确实很艰苦，甚至身无分文，除了一件袈裟、一个钵盂之外，别无长物。但是他们却生活得快乐，原因何在呢？很值得我们这些享受着现代化物质生活却常常陷于心理焦虑中的现代人深思。古来箴言如："穷释子，口称贫，实是身贫道不贫。贫则身常披缕褐，道则心藏无价珍。"（《永嘉证道歌》）"旋缚茅茨蔽雨风，土床蒲荐自雍容。荣枯过眼人间事，尽付山僧一笑中"（《慈受深和尚广录》卷二）。"荷叶满地无线补，白云为我做禅衣"（《大智偈颂》）。"饥餐松柏叶，渴饮涧中泉。看罢青青竹，和衣自在眠"（《嘉泰普灯录》卷五）。

知识链接

所谓木棉袈裟，即以木棉织成之袈裟，据说这件袈裟是释迦牟尼的姨母亲手织成，奉献给佛陀的。佛陀圆寂前，将这件袈裟传于大弟子迦叶，后来成为禅宗的传衣，历代禅宗祖师皆以此衣为得法的信物。

别谁是真正可以传法的人吧？

钵来自于梵语 patra，全译为钵多罗，
又作钵盂，乃僧尼所常持道具，一般作为
食器。由于汉文原来就有一个意指饭器的
"钵"字，故而《敕修百丈清规》认为这是
华梵兼名的词，谓："梵云钵多罗，此云应量器，今略云钵，又呼钵盂，即
华梵兼名。"

《方广大庄严经》记载有四天王向成道后不久的佛陀献钵的传说。当时
有两位商人在归途中遇见佛陀坐于树下，于是向佛陀奉献饮食。当时佛陀思
量："过去诸佛，皆悉持钵，今我当以何种容器受此食物？"后来四天王献以
黄金制的钵，佛陀却说："出家人不合蓄此"，未予接受。四天王又以银钵、
玻璃钵、琉璃钵、赤珠钵、玛瑙钵等奉上，佛陀皆不受。佛陀最后接受的是

剔红铜胎七佛钵

石钵。佛陀将四天王所献的四石钵重叠安置于左手，右手按下，合成一钵，
并形成四条明显的唇纹。后来供于佛前的佛钵，在形制上也体现了这一点。

钵的形制非常简单，近似于中国古代的"盂"。钵壁与开口平行的面为
圆形，中空以盛饮食。钵的遗品中有石钵、金钵、银钵、铜钵、木钵、干漆
钵、瓷钵等。石钵、金钵、银钵为佛、菩萨的供养具，其他则为僧侣所用。

在古代，"三衣一钵，云游四海"成为出家僧徒生活的典型场景。

念珠也是佛教的重要法器，又叫作"数珠"，来自梵语 Pasakamala。一般用香木制作，也有用玉石、玛瑙、菩提子等制作的。用绳索把小圆珠贯穿成串，随身携带，以便诵经、念佛、诵咒时计数，调伏身心。一串念珠的数目，以一百零八颗为常见，其象征意义是破"百八烦恼"，证"百八三昧"。

念珠在表示早期佛教器具的"比丘十八物"中未列举出来，这表明初期的佛教徒并未使用念珠，随着密教的兴起，念珠才在印度佛教中被采用。念珠在密教经典中记述颇多。《陀罗尼集经》卷二上说："若诵经、念佛、持咒之行者，须一一手执数珠。依阿弥陀佛之教说，复依此一切陀罗尼诸佛菩萨金刚天等法，其数皆满一百八珠，或五十四珠、或四十二、或二十一，亦得用之。若掐此等宝物数珠以诵咒、诵经并念佛等诸行者，当可得十种波罗蜜之圆满功德，亦可即得阿耨多罗三藐三菩提之果。"这是说，持咒、念佛时，同时掐动念珠，其功德可以成倍增长，这是念珠在佛教中流行的重要原因。

念珠

蒲团属于佛门法器中的坐具，是坐禅用的垫子，在坐禅时可使腰部省力竖直。一般以蒲编造，其形团圆，故名蒲团。蒲团的厚度高约一揭手（10厘米左右），即一个拳头的高度。现代蒲团的材质已逐渐多样化，但仍以天然的材质为佳，内容填充物多采用棉花、木棉等。此外，现代蒲团常与方垫配合使用，方垫用来铺在地上，隔除地气，大小约 72 厘米见方，以两脚

北京大觉寺内的法器

双盘时，皆可置于方垫中的大小为宜。

锡杖则为佛门法器中的行具。上有铁棬，棬上有环，木柄，振动时有响声。之所以叫锡杖，主要是取杖上金属环可以"锡锡"作响而得名，并非锡杖一定要用锡来制作。在古代，僧人出门云游，常常手持锡杖，所以专有一个动词叫"杖锡"。南朝梁代慧皎《高僧传·康僧会》记载："僧会欲使道（指佛法）振江左，兴立图寺，乃杖锡东游。"大诗人杜甫也有"杖锡何来此"的诗句。僧人由于手持锡杖云游，因此又称为"杖锡客"。大体来说，古时僧人持锡杖云游，有两种用处：一是乞食时不必说话，振动锡杖作响，使施主知道有僧乞食；二是作防卫武器，驱赶动物，以免伤害自己。但是其后，锡杖被完全神圣化了，成为宗教仪式上的陈设品。现在只在极其隆重的佛教仪式上，主法僧人才使用它，成为一种表示威德的法器，这已经失去了锡杖原来的意义。

佛教的法器还有很多，例如幡、伞盖、香炉等，这些器物在佛门中都有自己独特的意义和作用。限于篇幅，这里就不做具体介绍了。

第八章

心灵净土：精神文化层面看佛教

精神文化与物质文化是不可分割的，比如介绍佛教音乐，必然与上一章介绍过的佛教法器有联系；而佛教美术，也与佛菩萨像的雕造、绘制密不可分，但两者的角度有所不同。需要说明的是，本章的内容，既可以从宗教角度来理解其意义和价值，也可以从艺术角度理解其意义和价值。

幽玄旨趣：佛教的文学与文学的佛教

佛教文学，既包括佛教经典中富有文学性的内容，又包括历代崇信佛教的人们创作的包含着佛教观念、义理、情趣的文学作品。前者可以称之为"佛教中的文学"，后者可以称之为"文学中的佛教"。总的来看，佛教在中国两千多年的发展中，在文学领域做出了巨大贡献，发挥了重大影响，中国文学对于佛教的传播和发展也起到了相当大的作用。

一、佛教经典广泛地采用了文学手段来传播其教理。释迦牟尼本人是一位杰出的布道者，非常富有文学才能。释迦牟尼主张说法要看对象、讲方法，不断提高说法的艺术，做到"应病与药""对机说法"，他谆谆善诱，用具体、形象的东西启发人，让人透过具体、形象的事例来领悟他的道理。比如他讲修证必须精勤努力，就用铸金、调马、种田作譬。这不只表明他对这些工匠和农民的劳动技能是熟悉的，而且他还善于从这些实际活动中发现和总结出道理来。

如《杂阿含经》卷四十三有一个著名的"一箧四蛇"的譬喻。有一人得到一个内有四只毒蛇的箱子，正在苦恼之时，又听人说有五个仇人、六个强盗来追杀他。他惊惶逃入一个空村的空屋中，忽然空村中又来了许多强盗。此人又逃命奔驰到一条水流湍急的河岸，看见对岸凉风吹拂，百花盛开。于是此人极想渡河至彼岸，就用草木编成筏子，以手脚替代摇桨，努力横渡至对岸。从此再没有四条毒蛇、五个仇人、六个强盗和空村群盗追杀了。

在这个故事中，箱子喻人身，四毒蛇喻组成人身的地、水、火、风四大元素。"四大"不调人则殒命，所以以四毒蛇喻"四大"。五仇人喻五蕴，六强盗喻眼、耳、鼻、舌、身、意六根；空村强盗喻色、声、香、味、触、法六尘；五蕴、六根、六尘相互运作，就会给人带来种种烦恼，所以皆是"盗贼"。急流比喻众生所处的四种湍流——妄见流、烦恼流、生死流、无

🏵 知识链接

在说法的形式上，佛陀也利用了当时流行的一些文艺形式。由于说教是口耳相传的，为了便于记忆和传诵就要使用韵文，这就是诗歌的形式。当初说法时大概是先说出几句韵文，然后再做些解释，这些韵文就是所谓"偈"，或译作"伽陀"。这成为佛经的一种重要的结构形式，对后来中国文学的影响也很大，中国古典小说中常见的"以诗为证"就来源于此。

明流。大河是指欲、色、无色等三界的爱欲。筏子比喻八正道，用手脚代桨横渡急流比喻不断精进；快乐凉爽、无有怨贼的彼岸，代表涅槃境界。

这样，用一个故事来说明人是"五蕴"和合的"无我"说，宣扬修证"我空"以求解脱的道理，一个小故事已经将佛教的主要要旨都讲到了，而且形象生动，比喻也很贴切，给人以启发。

现存佛典中有《法句经》一类经典，先出"法句"即说法的警句，然后用譬喻故事解释。所谓的"譬喻"，就是用整则故事作为例证，来说明偈语的意义，经典的每品由一则至数则独立的故事所组成，全经可谓一个"故事集"。

如《法句譬喻经·愚闇品》中，叙述一个年近八十的婆罗门老翁，正在大兴土木建造房舍，忙进忙出，处处张罗指挥。佛以道眼知道这个老翁不久将要命终，怜悯其悭贪又不识无常之理，就前往他的家中。

佛问老翁建造这个房舍想做什么用？

老翁说："前厅待客，后堂自处。东西二厢当安置儿息、财物、奴仆。夏天上凉台，冬天入温室。"

佛又问老翁："能不能坐下来谈谈？"

老翁答："今日实在太忙，以后再说吧。"

佛于是为老翁说了一个警示偈："有子有财，愚惟汲汲。我且非我，何忧子财！暑当止此，寒当止此。愚多预虑，莫知来变。愚蒙愚极，自谓我智。愚而胜智，是谓极愚。"

老翁无心领受，应付佛说："此偈很好，但是今日太忙，以后再和你讨论。"

于是佛伤心而去。

佛没有走多远，老翁自搬屋橡，屋橡掉下来打到他的头上，老翁马上就死了。

这则故事精辟地说明众生由于贪欲，整日忙于自认为很重要的事，而将生死大事抛舍一边，因此难免轮回痛苦。这样的故事对于现代人而言，仍然是有重要启示意义的。

这类佛教譬喻类经典在十二部经中称为"阿波陀那"，主要有《贤愚经》《杂宝藏经》《出曜经》《杂譬喻经》《百喻经》等。总体来说，是通过一些寓言故事来阐发佛理。有些故事可能来源于印度民间，有些故事幽默可笑，有很犀利的讽刺性，甚至可以视为笑话看。

在佛教人士看来，先讲笑话，后讲佛法，如同先服吐下药，后以酥滋润身体。笑话里包含佛法，如树叶里阿伽陀药，希望读者但取佛法之药，而抛弃戏笑的树叶。当然，从文学角度看，这些"树叶"本身就很值得玩味和重视。譬如《杂譬喻经》中的一则故事：

> 昔有长者子，新迎妇甚相爱敬。
>
> 夫语妇言："卿入厨中，取蒲桃酒来共饮之。"
>
> 妇往开瓮，自见身影在此瓮中，谓更有女人，大恚，还语夫言："汝自有妇藏着瓮中，复迎我为？"
>
> 夫自得入厨视之，开瓮见己身影，逆恚其妇，谓藏男子。
>
> 二人更相怨恚，各自呼宾。
>
> 有一梵志与此长者子素情亲厚，遇与相见夫妇斗，问其所由，复往视之，亦见身影，恚恨长者子：自有亲厚藏瓮中，而阳共斗乎？即便舍去。
>
> 复有一比丘尼，长者所奉，闻其所诤如是，便往视瓮，中有比丘尼，亦恚舍去。

这则故事表面上看颇似一出闹剧，众人面对瓮中自己的倒影，皆认为是他人，由此引起纷争。那么佛经讲这段故事要说明什么呢？

篇末出现一位"道人"，他看到众人所说的原来是一个影子，喟然叹这样的故事对于后来中国民间故事的发展也有影响，如《太平广记》卷二百六十二《笑林》就讲过一个笑话：有民妻不识镜，夫市之而归。妻取照之，惊告其母曰："某郎又索一妇归也。"其母也照曰："又领亲家母来也。"对此，或许人们仅仅以笑话目之，读后一笑了之，其中的深意是不会去追究的。相比而言，佛教经典讲这些故事，往往点明其中蕴含的佛理，这绝非可有可无的，也不能认为是将宗教教理强加给文学。这正是佛教文学不同于一般文学之所在。

曰："世人愚惑，以空为实也！"于是他取来一块大石头，"打坏酒瓮，尽了无所有。"众人看了，各怀惭愧。"佛以为喻：见影斗者，譬三界人，不识五阴、四大、苦空、身三毒，生死不绝。"

说到底，众生对自己的本来面目是不认识的，他们所见的包括自己在内的世间一切，无非是一个影子、假象而已，却以空为实，为了这个影子而争斗，这便是生死轮回的根本；一旦打破那个酒瓮，明了影子本来是空的，众生才能悟明生命的实相和本质。

大乘佛教也很注意使用譬喻，很多经典中都巧妙地组织了许多譬喻故事。著名的《妙法莲华经》一再说道："我以无数方

《妙法莲华经》

便、种种因缘、譬喻言辞，演说佛法。""以诸因缘，种种譬喻，开示佛道，是我方便，诸佛亦然"。善用譬喻造成了这部经典强烈的文学性，成为它能广为传布、发挥影响的原因之一，也是它对中国文人和文学产生巨大影响的原因之一。

所谓"法华七喻"，是《妙法莲华经》中七个完整、生动的故事，用来阐扬大乘佛教教理。"法华七喻"包括：

（1）火宅喻　出自《譬喻品》。喻五浊、八苦为火，三界为宅。谓三界众生受五浊八苦逼迫，不得安稳，如大宅被火焚烧不能安居。

（2）穷子喻　出自《信解品》。谓二乘之人无大乘功德法财之所庄严，犹如贫穷之子缺乏衣食之资。

（3）药草喻　又称云雨喻，出自《药草喻品》。以小草喻人天，中草喻声闻、缘觉，大草喻菩萨。谓药草虽有大、中、小之别，但若受云雨沾润，无不敷荣而病根除。与此同理，三乘之人根机虽有上下不同，然若蒙如来法雨润泽，俱皆能为大医王，普度众生。

（4）化城喻　出自《化城喻品》。谓某人欲到宝处而于中途懈退，有聪慧导师权作化城，暂令止息，后终抵宝处。此喻二乘之人初闻大教随即忘失致流转生死。世尊权设方便先令其断见思烦恼，暂证真空涅槃以为苏息，然后到究竟宝处。

（5）衣珠喻　又称系珠喻。出自《五百弟子受记品》。谓某人到亲友家醉酒而卧，亲友将宝珠系其衣内，以未觉知，故自恼贫苦。后会亲友告知无价宝珠在衣内，于是得珠，受用无极。此喻二乘之人昔于大通佛所下大乘因种，但为无明所覆不能觉了。今依如来方便开示，遂入一佛乘，得证大乘之果，利乐无穷。

（6）髻珠喻　又称顶珠喻。出自《安乐行品》。喻如来为轮王、二乘权教为髻、一乘实理为珠，珠在髻在，犹如实理隐于权。此喻如来在法华会上开权显实，授记二乘得作佛。

（7）医子喻　又称医师喻。出自《如来寿量品》。医喻如来，子喻三乘之人。谓诸子无知误饮毒药，心遂狂乱。父设方便，令服妙药以治其病。此喻三乘之人信受权教，不得正道。如来设诸方便，令服大乘法药，速除苦恼，无复众患。

佛典的文学性和文学价值还特别体现在佛传、佛赞两类经典中。

这类经典是记载释迦牟尼一生事迹的，但并非如一般史传的"实录"，而是融入了相当多的传说、想象成分，充满夸饰地塑造了崇高、神奇的佛陀形象。如《佛本行集经》是佛传故事集中很有特色的一部经，主要讲述佛陀的诞生、成长、出家、修行、得道、化度大众等事迹。不仅是本行故事，还有佛本生故事和部分因缘故事，而佛本生故事又是在本行故事之中，佛以说法的形式嵌缀其中，不仅保留了大量的印度古老神话和传说，而且保留了佛陀若干真实的历史资料。全书中对释迦牟尼及其主要弟子的前生、今生和传道三个时期的活动，描写得非常精彩，尤其注重人物的刻画，写得栩栩如生、神形兼备，可以视为很优美的文学作品。

此外，代表性的著作还有马鸣所做的《佛所行赞》（也作《佛本行赞》）。全书由十七章组成，始自佛陀诞生，终于归国，用诗体写成，实为一部长篇叙事诗。其汉译本是一部无韵的五言诗，大体上传达了原诗的内容。一些译文还是相当生动传神的，如第三品写太子出游，惊动全城人都来看他。这一段是印度叙事诗中常用的描写手法的一个例证，汉译本与汉乐府《陌上桑》中描写罗敷采桑时的情景颇为相似：

太子出游

郭邑及田里，闻太子当出，尊卑不待辞，寤寐不相告。

六畜不遑收，钱财不及敛，门户不容闭，奔驰走路旁。

楼阁堤塘树，窗牖衢巷间，侧身竞容目，瞪瞩观无厌。

高观谓投地，步者谓乘虚，意专不自觉，形神若双飞。

　　佛传故事在结构宏大、描摹细密、构思新巧、想象丰富以及表现的诙谐诸方面，都大大超过中国原有的史传作品，给中国文学注入了一种新鲜的养分。

　　佛赞文学主要指各种佛本生经典。汉译本生经主要有《六度集经》《生经》《譬喻经》《菩萨本行经》《菩萨本缘经》等。大乘佛教认为，佛陀为了救度众生，往返于我们这个世界已有八千次，经历了无数次轮回。根据这种观念，描写佛陀前世功德的故事，就是本生经。本生经的体裁多种多样，有格言、诗歌、神话、传说、寓言、传奇故事等。这类经典多形成于公元前 3 世纪，先有了偈颂，然后补充、发展为一个个完整的故事。本生经有固定的结构，一部分是佛陀现世的情况；另一部分是他过去世的故事，过去世的故事是主体，过去世的佛陀可以是国王、贵族、婆罗门、商人、修道者、平民、穷人等，也可以是鹿、猴、兔、鸽等动物，写他们精勤修道的善行；第三部分是联结语，指明过去世与现在世的关联，大抵指出过去行善的某某就是佛陀自身，为恶的某某则是现世佛的反对者，等等。这些故事大多相当曲折、生动、富于戏剧性。

　　大乘佛教经典《华严经》《大般涅槃经》《维摩诘经》等都对中国古代文学的发展产生过深刻影响。胡适曾经说："印度的文学往往注重形式上的布局与结构，《普曜经》《佛所行赞》《佛本行经》都是伟大的长篇故事，其余经典也往往带着小说或戏曲的形式。《维摩诘经》《思益梵天所问经》都是半小说体、半戏剧体的作品，这种结

 知识链接

　　佛法世界观，向来分净土与秽土。比如，我们所住的娑婆世界是秽土，西方的极乐世界是净土。秽土不止一个，十方皆有。《维摩诘经》的重要思想在于阐明了唯心净土的要义，经中所说净土，不专指某个净土，而说有众多的净土，并特别告诉行者怎样修行净土，如何实现净土，强调"若菩萨欲得净土，当净其心，随其心净，则佛土净"的唯心净土要义。

构的文学体裁是古中国没有的，它们的输入，与后代弹词、平话、小说、戏剧的发达，都有直接或间接的关系。"

这里重点介绍一下《维摩诘经》。这部经全名为《维摩诘所说经》，在中国共有七种译本，但最通行的是鸠摩罗什的译本。这部经塑造了一个在家居士维摩诘的形象，他是佛在世时毗耶离城中的大长者，他的家庭资财无量，十分富有，因为他乐善好施、持身严谨，所以在社会上有相当的地位，在群众中有相当的声誉。他虽不是出家人，却遵守实践沙门的戒律；虽然有妻子，却经常潜修清净梵行；虽然居处在世俗的家庭和社会中，却不留恋三界，常为一切众生说法，使无数人得到无上正等正觉。

《维摩诘经》运用了十分高超的文学技巧：结构安排富于戏剧性，大胆玄想，引人入胜；人物性格鲜明，围绕着维摩诘，众多人物在矛盾交锋中突出个性；场面描写恢宏、生动。这部大乘佛教经典深刻地论述了诸法"毕竟空""无所缘""无决定性"的道理。在"以空遣法"的"空平等观"的基础上，打通世间和出世间，提出"不舍道法而现凡夫事""不断烦恼而得涅槃"等观念，从而发扬了佛法的现实精神，突出了大乘佛教的入世性质。这对于佛教在中国，特别是在知识阶层中传播起了巨大作用。众所周知，唐代著名佛教诗人王维的名号皆来自于这部经典，便是很能说明问题的。后来中国居士佛教得到很大发展，也与对这部经的推崇分不开。

二、佛教传入中国后，引起社会的广泛信仰，很多佛教经典被历代文人所欣赏和欢迎，给他们提供了众多创作的材料和借鉴，历代中土信徒也创造了大量"辅教"作品，其体裁既有诗文作品，也有小说、戏曲等。晋、宋以来许多士大夫进入僧团，僧团本身也培养出许多高水平的学僧，他们独特的生活方式和思想境界，决定其文学创作独具特色并能够取得相当大的成绩。唐代以后出现的诗僧，其身份横跨宗教与文学两个领域，是中国文学创作的一个特殊群体。

佛教对文人思想、文人创作、文学理论等各方面也产生了深远影响，特别是禅宗发展之后，在禅宗明心见性的旗帜下，受到禅宗公案、语录等影响，文人多喜参禅悟道，创作出大量独具特色的、体现着深厚禅意的诗文作品，成为中国文学史上宝贵的遗产之一。禅宗公案、语录、颂古等创作本身也有很高的文学性，是一种独特的文学体裁。

佛教的传播和影响与所有宗教一样，可以分为不同层次。除了作为宗教核心的信仰之外，还有思想观念、思维方式、感情、习俗、生活方式等诸多方面。在中国儒家理性传统居统治地位的文化环境中，文人怀抱真挚信仰的只是少数，但接受佛教思维方式的却大有人在，不同程度地抱有宗教情怀的人就更多。历代诗歌慨叹"人生如梦""人生无常"的作品更是不计其数；在小说、戏曲里因果报应也是常见的主题，这都反映了佛教对中国人思想潜移默化的影响，尤其深刻地表现在一些文学作品中。

东晋至南北朝时期，中国士大夫阶层就与佛教发生了比较密切的联系，名僧与名士的交流相当普遍，例如名僧支遁与当时很多著名文人有交往。很多僧人具有相当的艺术气质，他们的言行体现出浓厚的艺术趣味。如《世说新语》记载：道壹道人好整饰音辞，从都下还东山，经吴中。已而会雪下，未甚寒。诸道人问在道所经。壹公曰："风霜固所不论，乃先集其惨淡。郊邑正自飘瞥，林岫便已浩然。"这样一种人生风格、情趣，自然得到众多文人的欣赏。

而晋宋之际的谢灵运更是深受佛教影响，同时又将这种影响表现在文学创作之中的典型。他在文学史上的主要贡献是山水诗创作，从中可以看到比较鲜明的佛教信仰。如《过瞿溪山饭僧》："迎旭凌绝嶝，映泫归溆浦。钻燧断山木，掩岸堙石户。结架非丹甍，藉田资宿莽。同游息心客，暧然若可睹。清霄飏浮烟，空林响法鼓。忘怀狎鸥鲦，摄生驯兕虎。望岭眷灵鹫，延心念净土。若乘四等观，永拔三界苦。"面对荒凉静谧的山水，诗人内心的一切妄念都消逝了；听到伽蓝的法鼓声，更滋生起皈依佛法的信心。山水不仅用来畅达心神，更可以当作体道的对象。

此外，这一时期的文人如颜延之、沈约、梁武帝萧衍、江淹等，都是著名的崇佛者，其作品也多反映佛教的思想。

特别值得注意的是佛教论说文体的发展。以往有人认为，中国人不善于抽象思辨，中国文学中也缺少这类作品，这种看法是片面的，至少是没有注

地狱之苦

意到佛教中大量论辩体的存在。这些论辩作品依据经典进行演绎，辨析概念以明义理，通过丝丝入扣的推理展开论证，反映出高超的抽象思辨能力。其代表性的作品当推僧肇的《肇论》，它既是杰出的哲学著作，也可以视为论辩文学的杰作。此外，收入在《弘明集》《广弘明集》中的大量作品都是如此。

南北朝时期，基于宣传佛教信仰的需要而产生的大量"释氏辅教之书"，很多作品可以视为中国小说的滥觞。这些作品

 知识链接

冯梦龙创作的《三言》里面有许多谚语反映了佛教的因果报应观念，从一个侧面反映了这种观念在中国民间的重要影响，如"善恶到头终有报，只争来早与来迟""善有善报，恶有恶报；不是不报，时辰未到""天道好还，丝毫不爽""善恶果报，分毫不爽""树荆棘得刺，树桃李得荫""从前作过事，没兴一齐来""常将冷眼观螃蟹，看你横行得几时""好人还遇好人救，恶人自有恶人磨""劝君莫作亏心事，古往今来放过谁""日间不作亏心事，半夜敲门不吃惊""湛湛青天不可欺""明有刑法相系，暗有鬼神相随""举头三尺有神祇""皇天不负好心人""积善逢善，积恶逢恶""须知作善还酬善，莫道无神定有神"等。

六道轮回

有的"录自里巷"，即出自民间；有些是"思士之结想"，即文人创作，大多属于六朝志怪类著作，除了宣教、护法的意义之外，在文学史上也占有一定地位。其代表性作品有刘义庆的《宣验记》，王琰的《冥祥记》，傅亮的《光世音应验记》、颜之推的《集灵记》、侯白的《旌异记》等等，其题材涉及地狱罪罚传说、轮回报应传说、观世音救度传说、经像、塔寺、舍利灵验传说等。

从这些记载可以看到，佛教业报观念经过中土民众的长期消化、理解并加以发挥，特别是这种观念与儒家伦理、与对社会正义的追求和信仰、与事实的因果逻辑相结合，相当富于感召力和说服力。千百年来，业报观念已深浸到人们思想感情的深处，以至于成为中国人的一种思维定式。从一定程度上说，很多中国人接受"善有善报，恶有恶报"的因果报应观念，不是来自于佛经，而是来自于这些通俗的故事。这一体裁也成为日后中国小说、戏曲创作的一个重要主题，中国民众熟悉的"三言""二拍"、《聊斋志异》《阅微草堂笔记》等古代小说，莫不贯穿这一主题。

值得注意的是，这些描写佛教"灵异"的故事，是被当作"异事"来记述的，是与"记载人间常事""诚妄无别"的，因此传说者和接受者相信这些故事是真实可靠的，并把它们当成灵迹来崇信和宣扬。就传信而言，这是与文学发展到一定阶段更注重艺术虚构的创作态度全然不同的。但这种独特的"真实观"，发展出中国叙事文学创作的一种独特传统：即使真的是"满纸荒唐言"的虚构作品，作家在讲述时也说得有名有姓，煞有介事，并特别强调其有真实可靠的来历，比如《红楼梦》《水浒传》等都是如此。

隋唐时期佛教出现高度繁荣局面，此时佛教传入中国已有数百年，佛典传译相当完备，佛教文学高度发展，佛教信仰更普及到社会各阶层。特别是经过与中土传统思想和宗教的长期交流与融合，佛教中国化基本完成。表现在文学方面，唐代高度发达的诗歌创作与佛教的流行不无关系，唐代最著名的诗人如李白、王维、岑参、杜甫、白居易、李商隐等，或虔诚信仰佛教，或与佛门有着种种密切关系。

比如唐代有名的崇佛诗人王维，他的一些作品直接宣扬佛说，如《与

📖 知识链接

王维《与胡居士皆病寄此诗兼示学人二首》第一首："一兴微尘念，横有朝露身。如是睹阴界，何方置我人？碍有固为主，趣空宁舍宾。洗心诅悬解，悟道正迷津。因爱果生病，从贪始觉贫。色声非彼妄，浮幻即吾真。四达竟何遗，万殊安可尘。胡生但高枕，寂寞与谁邻？战胜不谋食，理齐甘负薪。予若未始异，诅论疏与亲。"

王维《江山雪霁图卷》

胡居士皆病寄此诗兼示学人二首》），发挥《维摩诘经》"从痴有爱则我病生"的"荡相遣执"观念，说明作意住心、趣空取净都是虚妄的道理，全篇仿佛佛教偈颂。

他更多的诗作则是"不用禅语，时得禅理"，在山水田园生活的描绘中蕴含着禅意，以含蓄曲隐、意在言外的艺术手法来表达不可言说的禅理，具有高超的技巧和深邃的哲理，历来受到推崇。如人们所熟知的《终南别业》："中岁颇好道，晚家南山陲。兴来每独往，胜事空自知。行到水穷处，坐看云起时。偶然值林叟，谈笑无还期。"人们公认"行到水穷处，坐看云起时"一联是最得理趣的名句。佛教认为，世间一切法皆有生、住、异、灭的迁流变化，这一联正是在观

📖 知识链接

洪州禅提出"平常心是道""非心非佛"等，由早期禅宗提倡见性、顿悟转为重视随缘、应用，认为"道不属修"，穿衣吃饭、扬眉瞬目的日常生活就是道。这种思想对于其后长达千年的中国古代士大夫独特的生活方式、精神境界的形成起着巨大作用，白居易可谓一个典型代表，其作品也成为古代士大夫文学的一种范式。

赏行云流水之际，揭示世界上一切事物都在生生灭灭、穷尽复通的禅理，透露出安逸自得、毫无羁束、随遇而安的禅趣。

早年提倡"新乐府"、关注社会民生的白居易，晚年也信仰佛教，作了大量的"闲适诗"，佛教主要给他提供了一种理想的人生方式和精神境界。特别是他晚年寓居洛阳龙门时，与马祖道一的法嗣嵩山如满结为方外之交，思想上更多接受了马祖道一开创的洪州禅主张。

比如他的《睡起晏坐》诗："淡寂归一性，处闲遗万虑。了然此时心，无物可譬喻。本是无有乡，亦名不用处。行禅与坐忘，同归无异路。"将禅、道混同，真谛与俗谛打通，乐天无为、悠游自在的生活便等同于修道实践。白居易晚年也信仰净土宗，虔

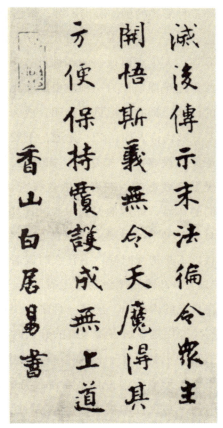

白居易书《楞严经》（部分）

诚念佛。在他看来，南宗禅和净土信仰并不矛盾，禅是现世人生获得知足常乐境界的法门，而净土则是来世超脱生死轮回的法门，所以他在《画西方帧记》中表示愿为一切众生修习弥陀净业："极乐世界清净土，无诸恶道及众苦。愿如老身病苦者，同生无量寿佛所。"白居易的这种宗教体验，也代表了很多古代士大夫的共同体验，他们创作的大量诗歌，则是这种体验的真实记录。

宋代乃至明清时期，继续延续、发展着这种士大夫佛教文学精神。宋代是禅宗发展的成熟期、定型期。禅宗在宋代发展到了最高峰，是当时势力最大、影响最深的佛教宗派，其繁荣发展深刻影响着宋代诗歌的面貌。

一方面，宋代禅宗有着明显的文人化倾向，禅门中"禅偈""公案""颂古"

等多种形式的创作层出不穷，禅僧也多喜与士大夫交往、相互唱和，借诗谈法。另一方面，宋代数量众多的学佛士大夫大部分是信仰禅宗的，禅宗的世界观、人生观对他们的精神世界和生活方式的影响极为深刻，同时，他们有意识地将禅宗作为一种重要的文化资源吸收到自己的文学创作中，特别是诗的创作，禅的印记更为鲜明，成为宋代诗歌的重要特征之一。

宋代诗人如杨亿、晁迥、王安石、苏轼、黄庭坚、陈师道乃至整个江西诗派以及李纲、张九成、杨万里、范成大、陆游等，他们的大量作品明显受到佛教影响，或者与佛教有密切关系，不了解佛教也就很难真正解读他们的作品，理解他们的思想。比如宋初诗人晁迥的《拟白乐天诗》："心不择时息，书不择时观。达理意无碍，豁如天地宽。"意思是说：心什么时候休息，不必选择时候；书什么时候看，也不必选择时候。只要做到"达理"和"适意"，就能体会到"无碍"——天地是那么宽广，而宽广的天地就包含在自己的内心中，这是一种多么快乐的境界！

宋代是中国书籍印刷的开创时期，宋代文人多喜欢读书，他们在自己的书斋中也寄托了一份佛心禅意，将"山林气"和"书卷气"有机地结合在一起，形成我国古代书斋诗独特的韵味。南宋大诗人陆游这样歌咏自己的书斋、写自己的读书生活："赋性无他嗜，传家但古书。尧咨洪水际，羲画结绳余。异学方攘斥，浮文亦扫除。挑灯北窗下，聊得遂吾初。"（《书房杂咏》）只有在书斋中，他才能够解脱世事的烦恼，体会到宇宙天地之大，获得心灵的最大安慰。他自称所读皆为"古书"，而且攘斥"异学"——即佛老等"异端"学说，但在《禅室》一诗中，他又自称："早夸剧饮无勍敌，晚觉安禅有宿因。赫赫心光谁障碍，绵绵鼻息自轻匀。蒲龛纸帐藏身稳，香碗灯笼作梦新。勿为霜寒忆温暖，少林立雪彼何人。"可见他也是学过禅的，而且修养相当高。禅对于陆游这样的文人而言，不再是或不仅是一种宗教性的信仰，更多的是一种现实人生体验，但其中仍包含着一些深厚的宗教式的情怀。这也是中国佛教由宗教转向文化的体现。

唐代之后，还出现了一个特殊的诗人群体：诗僧。这一群体的出现，是中国佛教在观念、教理、宗派、僧团制度等各方面发展变化的结果，虽然此前能诗的僧人不少，但严格意义上的"诗僧"应是到中唐时才出现的。这些人被称为"诗僧"，不仅因为能诗，更重要的是具有独特的活动方式，显示出特殊的风格，是佛教史和文学史上的新现象。总的来说，他们以独具特色的诗歌创作丰富了诗坛，其行为和作风更影响了一代僧团和文坛风气。中国历史上著名的诗僧有唐五代的皎然、寒山、拾得、王梵志、灵澈、齐己、贯休，宋代的惠崇、道潜、惠洪以及明清时期的明本、苍雪、八指头陀等。

皎然，字清昼，湖州长城（今浙江长兴县）人。俗姓谢，郡望陈郡阳夏，自称是谢灵运十世孙。早年多次应进士举不第，失意出家。皎然能诗，与当时著名文人刘长卿、张志和、李端、顾况、李嘉祐、权德舆等多有唱和，孟郊和刘禹锡还向他学过诗，在当时被视为一代诗法大家。他有《杼山集》十卷传世，其中直接宣扬佛法的只占一小部分，大多是游赏山水、酬答友朋之作，也不乏现实、咏史等题材的作品。由此可见，诗僧往往身份是出家人，但其生活态度和情趣却更接近于一个普通文人。皎然在文学上的一大贡献还在于作了一部名为《诗式》的书，此书堪称整个唐代最有价值的文学理论作品。

《文心雕龙》的作者刘勰也是一位出家人，或许可以说明：喜好文学的僧人因为兼有文学才能与思辨能力两种专长，使他们能够将佛学理论修养应用于文学中，从而总结出一些带有规律性的东西，形成一定的理论系统，这也是佛教对中国文学发展的一种特殊贡献。

当然，诗僧作为僧人，其诗作与佛教的关联仍然是相当密切的。历来人们批评诗僧的作品有两种气："酸馅气"和"蔬笋气"；一些文学批评常说某位诗僧没有这两种气，如何高明等。其实换一个角度看，所谓"酸馅气"和"蔬笋气"恰恰是诗僧作品的风格特色，如果完全去掉了这两种"气"，也就不成为佛教文学了。

元好问说得好：

> 东坡读参寥子诗，爱其无蔬笋气，参寥由是得名。宣政以来，无复异议。予独谓此特坡一时语，非定论也。诗僧之诗，所以自别于诗人者，正以

蔬笋气在耳。——(元好问《木斋诗集序》)

这是通明之论，"蔬笋气"如此，"酸馅气"也可以这样来看。"酸馅气"来自出家人常食用的酸馅，味道比较怪，用来指诗在格调上俚俗、怪异；"蔬笋气"则来自出家人常食用的蔬菜竹笋，用来指诗的风格上清淡、枯涩。在元好问看来，僧人的作品就应该是这样的。从现代美学角度看，它们都不失为一种独特的美学风格和审美情趣，不妨说，诗僧作品的这两种风格为中国文学创作增添了别样的色彩，也影响到很多文人的创作。

以"酸馅气"来说，比如寒山的这首诗：

> 我见凡愚人，多畜资财谷。饮酒食生命，谓言我富足。
> 莫知地狱深，唯求上天福。罪业如毗富，岂得免灾毒。
> 财主忽然死，争共当头哭。供僧读文疏，空见鬼神禄。
> 福田一个无，虚设一群秃。不如早觉悟，莫作黑暗狱。
> 狂风不动树，心真无罪福。寄语冗冗人，叮咛再三读。

语言不可谓不俚俗，其中对世态人情的摹写体察入微，真切生动，富于讽刺、幽默意味，形成独特的"寒山体"。

以"蔬笋气"而言，如寒山的这首诗：

> 登陟寒山道，寒山路不穷。溪长石磊磊，涧阔草濛濛。
> 苔滑非关雨，松鸣不假风。谁能超世累，共坐白云中。

写解脱名缰利锁的束缚、乐道逍遥的生活，情感不可谓不超脱，确实是"不食人间烟火"的。

佛教诗歌的这两种"气"其实都是针对世俗的"俗气"而言的，这些诗通俗而不庸俗，超脱却又洞察人间，鲜明地体现着佛教文学的特色。

佛门中还有一些僧人并不以诗扬名，他们或者在佛教教理上修习有得，著作丰富，或者有较高的禅定功夫，或者在佛教信众中有崇高的威望，称得上是真正的高僧，同时，他们也创作了一些诗文作品。这些创作对于他们而言，属于课诵、禅修之余的"爱好"，似信手拈来，毫不在意，却因为是从真实心地中流出，融入了深厚的佛教修养，因此别有趣味，即使是单纯从文学角度衡量，也是有很高水平的。比如晚明四大高僧之一的袾宏所做的组诗《七笔勾》：

其一：恩重山丘，五鼎三牲未足酬。亲得离尘垢，子道方成就。 嗟！出世大因由，凡情怎剖？孝子贤孙，好向真空究。因此把五色封章一笔勾。

其二：凤侣鸾俦，恩爱牵缠何日休？活鬼乔相守，缘尽还分手。 嗟！为你俩绸缪，披枷带杻。觑破冤家，各自寻门走。因此把鱼水夫妻一笔勾。

其三：身似疮疣，莫为儿孙作远忧。忆昔燕山窦，今日还存否？ 嗟！毕竟有时休，总归无后。谁识当人，万古常如旧。因此把桂子兰孙一笔勾。

其四：独占鳌头，漫说男儿得意秋。金印悬如斗，声势非长久。 嗟！多少枉驰求，童颜皓首。梦觉黄粱，一笑无何有。因此把富贵功名一笔勾。

其五：富比王侯，你道欢时我道愁。求者多生受，得者忧倾覆。 嗟！淡饭胜珍馐，衲衣如绣。天地吾庐，大厦何须构。因此把家舍田园一笔勾。

从明代中期起，佛教趋于衰落，社会风气浮躁。明代万历年间直至明代灭亡前夕的数十年间，有四位杰出的僧人，史称"明末四大高僧"。他们分别是：

云栖袾宏（1535—1615），杭州人，出家后自号莲池，晚年居云栖寺，所以世称"莲池大师"。他提倡念佛，风化被于一代，被推为中国净土宗第八祖。

紫柏真可（1543—1603），江苏吴江人，字达观，号紫柏，世称紫柏尊者，明末著名禅师，曾于万历年间发起组织《万历大藏经》的雕刻。

憨山德清（1546—1623），安徽全椒人，字澄印，号憨山，世称"憨山大师"。晚年居于曹溪南华寺，中兴南宗禅。圆寂后，其肉身像也供奉于广东南华寺。

蕅益智旭（1599—1655），江苏吴县人，号蕅益，世称"蕅益大师"。出家后，继承袾宏弘扬净土法门，被尊为净土宗第九祖。同时对天台宗的中兴、发展也作出了杰出贡献。

其六：学海长流，文阵光芒射斗牛。百艺丛中走，斗酒诗千首。　嗟！
锦绣满胸头，何须夸口。生死眼前，半字不相救。因此把盖世文章一笔勾。

其七：夏赏春游，歌舞场中乐事稠。烟雨迷花柳，棋酒娱亲友。　嗟！
眼底逞风流，苦归身后。可惜光阴，懊懹空回首。因此把风月情怀一笔勾。

这组诗，分别从父子、夫妻、子孙、功名、富贵、学问、游乐等七个方面，
用大乘佛教空观世事如梦、一切虚幻的思想，对世俗人孜孜追求的一些东西
给予了彻底的否定，读来具有警醒意味。佛教中这类所谓"醒世诗"在明清
时期大量出现，大多写得通俗易懂，实质是用诗的形式向社会普及了一些佛
教知识。

晚明四大高僧之一的憨山德清，一生创作了不少诗歌，大多清新有味，
含义深刻。如他的一组六言组诗《山居》，共二十首，这里选录几首：

松下数椽茅屋，眼前四面青山。日月升沉不住，白云来去常闲。

雪里梅花初放，暗香深夜飞来。正对寒灯独坐，忽将鼻孔冲开。

一片寒心雪夜，数声破梦霜钟。炉内香销宿火，窗前月上孤峰。

云散长空雨过，雪消寒谷春生。但觉身如水洗，不知心似冰清。

文字眼中幻翳，禅那心上浮尘。内外一齐拈却，大千世界全身。

静夜钟声不住，石床梦想俱空。开眼不知何处，但听满耳松风。

世界光如水月，身心皎若琉璃。但见冰消涧底，不知春上花枝。

佛教对中国戏曲、小说艺术的发展也产生了重要影响。相当多的中国古
代戏曲、小说表现出浓厚的佛教观念；同时在艺术形式上，佛教也为这些文

学体裁的形成发展提供了诸多养分。比如唐代的俗讲和变文，本来是典型的佛教文学体裁，被学术界公认为是宋元以后通俗叙事文学的先驱。宋代的"说话"分为小说、说经、讲史、合声四家，其中"说经"应是直接承袭唐人俗讲的。

最早的戏曲作品，其表现体裁都基本上来自佛教，比如《目连救母》杂剧等，在中国各地一直演出不衰，并且作为古代七夕节祭活动的重要节目，融入到民俗之中。其后产生的众多小说、戏曲作品，更多地吸取、借鉴了佛教的观念。比如《西游记》以唐三藏西行取经为题材，具有浓重的佛教色彩。又如明代汤显祖的《牡丹亭》是传奇经典，构思上借鉴了佛教再生还魂等观念。这充分说明，不管作家是有意识还是无意识的，佛教已客观上成为中国古代文学创作的重要思想资源和"材料"。

在中国古代小说中，《红楼梦》是一部具有浓厚佛教色彩、蕴含了深刻佛理的作品。小说开篇所写的一位跛足道人所唱的《好了歌》，具有点明主题的作用。《好了歌》唱道：

世人都晓神仙好，惟有功名忘不了！古今将相在何方？荒冢一堆草没了。

世人都晓神仙好，只有金银忘不了！终朝只恨聚无多，及到多时眼闭了。

世人都晓神仙好，只有娇妻忘不了！君生日日说恩情，君死又随人去了。

世人都晓神仙好，只有儿孙忘不了！痴心父母古来多，孝顺儿孙谁见了？

接下来甄士隐为《好了歌》作的《注》也表达了同样的意思，并点明了与小说若干重要人物的关系。只要将此歌与前面所举袾宏的《七笔勾》对照一下，就不难见出其中蕴含着的鲜明的佛教观念和思想。这部小说的永久魅力，除了它描写的一些精彩事件、塑造的丰富的人物形象之外，是否也与这种思想观念有关呢？

中国古代几乎所有杰出的小说、戏剧作品，即使是那些表面上看似乎与佛教不会有任何关系的作品，往往也蕴含了一定的佛教意味，这一点是令人深思的。比如《三国演义》一书基本没有涉及佛教方面的情况，但它是以明代文学家杨慎的一首《临江仙》词开篇：

> 滚滚长江东逝水，浪花淘尽英雄。是非成败转头空。青山依旧在，几度
> 夕阳红。　白发渔樵江渚上，惯看秋月春风。一壶浊酒喜相逢。古今多少
> 事，都付笑谈中。

这首词其实也是点明整部小说的主题：人世间的那些是非争斗，若放到一个更宏大的时间系统下来看，都是不值一提的。这也就是苏轼在《念奴娇·赤壁怀古》中所写的："人生如梦，一尊还酹江月。"

中国文学中处处体现出这样一种思想观念和创作传统：对世事人生采取居高临下的、冷静的观照，而不是深陷其中。这种思想观念的形成非常复杂，但有一点是不容否认的，那就是佛教的深刻影响。假如真的能将世间视为梦幻，那么这里的一切热热闹闹、打打杀杀、恩恩爱爱都不是主题，主题必然是超脱和出世，这完全是符合逻辑的。

海潮妙音：佛教的音乐传播

佛教音乐，是中国传统音乐的重要组成部分和宝贵遗产。在佛教的弘传中，音乐的功用是很大的，也是佛教普度众生的一个方便法门。

佛乐本来是佛经诵读的一种重要方式，据佛典记载，早期印度佛徒诵经时，皆用达卜鼓、贝螺号、蛇笛、唢呐等伴奏，同时载歌载舞，这一点来自印度民族喜爱音乐、舞蹈的文化传统。中国佛教音乐来自印度，并在长期发展过程中形成了自己的文化特色。佛教音乐可以陶冶性情、修养身心，如寺院里传出的钟声、念佛声、赞佛声、歌咏声等，庄严、肃穆、柔和、恬远，能够使人进入宁静、清新、淡雅、至善至美的境界，感悟到清凉的人生、吉祥的意蕴、圆满的自性。

在印度，念诵佛经本身就有很强的音乐性。佛经有三种文体：阐述义理的散文称"长行"，也叫"契经"；复述契经的诗歌称"重颂"，也叫"应颂"；不依长行，相对独立的诗歌称"伽陀"，也叫"偈颂"。读诵佛经时，长行用转读的方法，而重颂和偈颂都要歌唱，即所谓"天竺方俗，凡是歌咏法言皆称为呗"（慧皎《高僧

知识链接

"呗"是梵语"呗匿"（pathaka）的略称，意思是赞颂与歌咏。呗的特点是合乐，印度最古老的典籍《梨俱吠陀》就是一部古代印度歌集，梵文"梨俱"意为"歌"，"吠陀"意为"知识"。

佛教产生后，继承、借鉴了印度文化重视音乐的传统，认为音乐能够"宣唱法理，开导众心"，能够止断外缘、净化内心，因而将其用于佛经的诵读歌咏中，在宗教仪式上通常也是先歌唱呗赞然后才能做法事。

《长阿含经》说梵声有五种清净：一者其音正直、二者其音和雅、三者其音清澈、四者其音深满、五者周遍远闻，实际上，这确定了佛教音乐以静、远、肃穆、平和的审美标准。佛经还谈到呗有五种利益，即身体不疲、不忘所忆、心不疲劳、声音不坏、语言易解。这些都充分说明佛教音乐在佛门中的重要地位。

传·唱导篇》)。

佛教音乐随佛教传入中国后，大致经过四个发展阶段，一是佛教初弘期的"西域化"阶段，二是自东晋至齐梁的汉化及多样化阶段，三是唐代的繁盛及定型阶段，四是宋元之后直至近代的通俗化及衰微阶段。这一发展趋势也大体符合中国佛教的整体发展历程。

从佛教初传至三国时代，流行于中国的佛教音乐多系印度及西域音乐。但由于梵、汉语音的不同，乃至"若以梵音咏汉语，则声繁而偈迫；若用汉曲咏梵文，则韵短而辞长"。即梵文是拼音文字，与象形的汉文字不同。佛经汉译以后，契经和重颂就不能按呗匿乐声咏唱了。但唱呗是读诵佛经不可缺少的步骤，加上中国传统礼治社会向来重视制乐，视之为"感天地、通神明"的大事，所以经呗的汉化也就提上了日程。为了便于弘法，佛教徒改创中国化的佛曲。相传三国时期曹植所创的"鱼山呗"，是中国佛曲的先驱，从此中国佛教音乐开始萌芽。

六朝时期，伴随中国式梵呗的创成，涌现了许多专擅唱呗的经师，而康僧会创建的京师建初寺，则变成了滋育梵呗苗长、培育唱呗经师的国内第一中心。月支入华高僧支昙籥作呗，以音韵清越、旋律环复为特点，音声之美妙，超过了曹植、康僧会的作品，他的六言梵呗《大慈哀愍》一契，音律动人，五众喜爱，在建康寺院间流传了一百多年。

知识链接

关于曹植创梵的情景，元人念常《佛祖历代通载》卷五记述："植每读佛经，留连嗟玩，以为至道之宗极。转读七声、升降曲折之响，世皆讽而则之。游鱼山（今山东东阿），闻有声特异，清扬哀婉，因仿其声为梵赞。今法事中有《鱼山梵》，即其遗奏也。"曹植是三国时期杰出的诗人，富于艺术才华，他的"鱼山呗"显然是参照了印度梵乐的原则，得之于大自然天籁的感悟，依据汉语特色而创作的，他本人也因此在中国佛教音乐史上占有重要的一席位置。

东晋、南北朝时期，佛教界还流行着一种称为"唱导"的弘法方式。即在斋会之时，用讲、唱结合的方式宣说佛理，或杂述因缘，或傍引譬喻，以广明三世因果，务使听众不致乏味，而能对佛法有所领悟。担任唱导师之职者，必须具备智慧辩才与良好的嗓音。《高僧传》描写当时"唱导"的场景：

> 至如八关初夕，旋绕周行，烟盖停氛，灯帷靖耀，四众专心，叉指缄默，尔时导师则擎炉慷慨，含吐抑扬，辩出不穷，言应无尽。谈无常则令心形战栗，语地狱则使怖泪交零，征昔因则如见往业，核当果则已示来报，谈怡乐则情抱畅悦，叙哀戚则洒泣含酸。于是阖众倾心，举堂恻怆，五体输席，碎首陈哀，各各弹指，人人唱佛。

可见唱导是如此打动人心，对宣扬佛教义理发挥了重要的作用。这种唱导也是后来小说、评书、鼓曲等艺术门类的先导。

梁武帝萧衍，笃信佛教，也精通音律。《隋书·音乐志》说他亲"制《善哉》《神王》《大乐》《大欢》《天道》《仙道》《龙王》《灭过恶》《除爱水》《断苦轮》等十篇，名为正乐，皆述佛法"。此外，他还让"童子倚歌梵呗"，开创了童声演唱佛曲的"法乐童子伎"，又多次举办"无遮大会""盂兰盆会""梁皇宝忏"等佛教典仪，为佛教音乐提供了新的演出形式。

唐代时佛曲大盛，俗讲风行，百姓将佛教法会视为最重要的娱乐场所。无论寺院、宫廷、民间，佛教音乐都达到了鼎盛。

在寺院内，净土宗的流行，为佛曲的传播与宗教活动中音乐的大量使用创造了前所未有的条件。如净土宗二祖善导曾著《法事赞》《往生赞》《般舟赞》等歌

清末上海盂兰盆会

赞三卷，其中赞颂都是可以歌唱的。其后僧人法照制定了"五会念佛"法规，也就是用五种声调唱诵"南无阿弥陀佛"名号，他还作有《散花乐》等曲，影响深远。

在宫廷，来自西域的音乐成了当时上层人士的"流行音乐"。在隋七部乐、九部乐及唐九部乐、十部乐中，都有大量佛曲。风靡于唐代的"新

青瓷乐俑

声"——燕乐，其中包括了源于龟兹乐部的佛曲，以其强大的势头渗透到各个艺术门类，诸伎艺如诗词、歌舞、百戏无不受其影响。宋元以降，民间说唱的宝卷、弹词、鼓子词无不肇源于这种佛教音乐文化。

据记载，唐懿宗时期，每逢佛诞之日，"于宫中结彩为寺，尝教数百人作四方菩萨蛮队，作菩萨蛮舞，如佛诞生"，整个宫廷仿佛变成了节日的寺院。

隋唐时期开始出现法曲，是由梁乐演化而成，经隋至唐，成为宫廷音乐中极富特色的部分。法曲主要为佛事仪式而制作，它结合了梵呗以及演奏佛曲的乐器，也融入了中国传统器乐、民间音乐与古乐。隋炀帝、唐玄宗都曾对中国法曲的发展做出过贡献。

佛教音乐经常使用的乐器以钟、鼓、引磬、木鱼、铃铛为主，有时也用笛、笙、唢呐、二胡、三弦、琵琶等，形成兼具佛教精神和中国民族特色的艺术韵味。

唐代民间同样如此，唐代的众多寺院，实际上成为社会的主要娱乐场所。

宋代钱易《南部新书》载："长安戏场多集于慈恩（寺），小者在青龙（寺）。其次荐福（寺）、永寿（寺）。尼讲盛有保唐（寺），名德聚于安国（寺），士大夫之家入道尽在咸宜（寺）。"艺僧们高超的音乐技艺，不但征服了众多善男信女的心，甚至使当时第一流的宫廷音乐家也为之倾倒。

敦煌石窟保存下的大量俗讲底本"变文"和"曲子词"，以及琵琶曲谱等文物，都是唐时佛乐繁盛的有力佐证。

明宣德铜铃、铜杵

宋元以后，佛教音乐因市民阶层的出现而日趋通俗化，并从多方面影响了中国器乐演奏及说唱音乐的发展。从现存宋词和元曲的词牌、曲牌中，均可见到佛教影响的深刻印记，如词牌《菩萨蛮》《婆罗门引》《五更转》等，曲牌如《双调五供养》《普庵咒》等，还有一些词牌、曲牌虽然表面上似与佛教无关，但最早也都用于佛教法事活动，其后才流传到民间，成为"俗曲"。

明清之际，佛曲更加通俗化并日益深入民间，许多佛曲采用民间曲调演唱。明成祖朱棣于永乐十五年（1417）颁布御制《诸佛世尊如来菩萨尊者名称歌曲》五十卷，并命令全国佛教徒习唱，其中大部分曲调为当时流行之南北

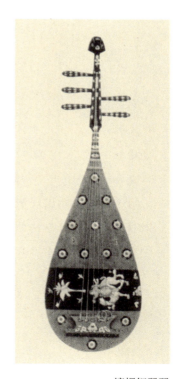

镶螺钿琵琶

曲，如《感天人》之曲即《小梁州》，《成就意》之曲即《好事近》等。

从明清到近代，佛教音乐从整体上看趋于衰微了，但另一方面，佛教音乐的因素却广泛渗透到民间音乐中，可以视为一个佛乐与民间音乐进一步融合的过程。

佛教音乐中最有特色的一种音调称为海潮，因其声势雄壮、涨落有时而得名。佛经也常用"海潮音"比喻佛菩萨的说法，如《法华经·普门品》说："妙音观世音，梵音海潮音，胜彼世间音。"听着那激荡的潮水，仿佛听到观世音菩萨慈悲、智慧的声音。中国佛教音乐便以这种如海潮般起伏的声调为独有的特色。

吉祥妙相：佛教的绘画与书法

　　广义的佛教美术，包括建筑、雕塑、工艺、绘画、书法等许多方面。本节重点介绍一下绘画和书法与佛教之间的关系。

　　佛教绘画艺术在中国绘画史上具有举足轻重的地位，尤其是自魏晋到六朝的佛教画更是成为当时绘画艺术领域的主流，如东吴的曹不兴、西晋的卫协和顾恺之，都是佛画的大家。如顾恺之所做的《净名居士图》《八王分舍利图》《康僧会像》等，尤以在江宁瓦官寺所画的《维摩诘像》最为著名，据说时人愿意捐十万钱博得一观。维摩诘是印度佛教中的著名居士，有大智慧，以善辩著称。有一次他生了病，佛陀派文殊率领众弟子前往探望，顾画中表现的正是维摩诘与文殊论辩的场面。然而，在顾恺之的笔下，印度的维摩诘变成中土名士，秀骨清相，崇尚清谈，正是所谓"魏晋风度"的体现；他在赵景公寺画的执炉天女窈眸欲语，有动人的表情；而地狱变相，则

顾恺之《女史箴图》

据统计，当时绘有佛画的寺院多达183座，知名画家有70人。到宋代，成都大圣慈寺的96院，还留有大量的唐代壁画，其中有佛像1215幅、菩萨像10488幅；罗汉、高僧像1785幅；天王、明王、力士像263幅；佛传、经变、变相114幅，可见当时寺院壁画的规模之大。

与张僧繇同时的曹仲达享誉于北朝画界，曹画带有域外之风，所画佛像衣服紧窄，近于印度笈多王朝式样，他所创立的"曹家样"与吴道子创立的"吴家样"并称，史有"曹衣出水、吴带当风"的评语。

唐代的佛教绘画尤其是壁画更是盛极一时。

佛画艺术家中，以吴道子声名最著。他在长安、洛阳两地寺观所作壁画多达三百

是"笔力劲怒，变状阴怪"，若有一股阴气袭人而来，观者不寒而栗，据说长安屠户、渔夫看了都因此改业。

南朝的张僧繇也擅画佛像，所作独出心裁，创立了"没骨法"，不以笔墨勾勒线条而以重色渲染，这种画法的产生也与佛画特色有关。相传他在安乐寺作四条龙壁画，栩栩如生，其中二龙点睛后即飞去，这便是"画龙点睛"典故的由来。

吴道子《维摩诘像》

余间，无一相同，笔迹恢宏磊落，势状雄峻、飘逸，使人有"吴带当风"之感，杜甫作诗赞颂说"画手看前辈，吴生独擅场"。长安菩提寺有吴道子画《维摩变》，其中的舍利弗有转目视人的效果。

唐初之尉迟乙僧也以擅长佛画闻名于世，曾在长安光宅寺、慈恩寺等作《降魔变》《西方净土变》《千钵文殊》等壁画，其画"奇形异貌""身若出

壁"，富有立体感。

周昉所作观音士和仕女图也开了一代画风，被称为"周家样"。周昉所画仕女在造型上都是脸型圆润丰满，体型肥胖，着团花长裙，从披纱中显露出丰满的肌肉，给人以温润、香软的感觉，当时有"菩萨如宫娃"之说。本来印度的观音形象多为男性，还有两撇小胡子，然而到了中国，中国的艺术

周昉《簪花仕女图》

家却赋予他女性的特征，以体现观音菩萨大悲济苦的救世精神，周昉的《水月观音》等即是代表，大约正是从这时起，观音菩萨在中国的形象转变为女性。

值得一提的是，当时很多僧人同时也是著名画家，比如五代时期的贯休，人称"禅月大师"，诗、画皆闻名于世，佛学修养也很深厚。他曾作诗一首给吴越王钱镠，诗云："贵逼身来不自由，几年辛苦踏山丘。满堂花醉三千客，一剑霜寒十四州。莱子衣裳宫锦窄，谢公篇咏绮霞羞。他年名上凌云阁，岂羡当时万户侯？"钱镠读后非常欣赏，但他有称帝野心，传令让贯休将诗中"十四州"改为"四十州"，才肯接见。贯休答道："州亦难添，诗亦难改。余孤云野鹤，何天不可飞？"即日裹衣钵，拂袖而去。贯休画罗汉像最为有名，传说他每画一幅罗汉像，都要祈祷在梦中得见罗汉真貌，故他所画的与一般罗汉像大异其趣。

唐代开始，中国绘画史上出现了一种别具风格的禅意画。这种画高远淡泊、超然洒脱，禅机意境跃然纸上，开其端者是诗人兼画家王维。

　　明代董其昌将自己的画室命名为"画禅室"，非常典型地体现了这种文人画的禅意。他的论画语有："画家六法，一气韵生动。气韵不可学，此生而知之，自有天授。然亦有学得处，读万卷书，行万里路，胸中脱去尘浊，自然丘壑内营，成立鄞鄂，随手写出，皆山水传神矣。"

　　王维性喜山水，信仰佛教，耽于禅悦，既工诗，又善画，苏轼称赞其"诗中有画，画中有诗"。王维作画的特点是将墨色泼成深、浅、浓、淡等多种色调，用来表现山石林木，与青山绿水不同，别有一种清雅洒落的自然情趣。此种画风突破过去只限于细线勾描的画法，而改用泼墨山水的方法，不重写实，而以写意为主，笔法更加丰富，意境更为深远。他所做的《辋川图》等，山谷郁郁，云水飞动，显得清寒、静寂、淡远而又空灵；他的《袁安卧雪图》，雪中有芭蕉，似与常理不合，但却与禅宗跳跃式思维方法遥相符契。他的许多画作不问四时，以桃杏芙蓉莲花同入一幅，也有佛教"一念含九世"的意蕴。

　　王维所开创的禅意画，对后代产生了深远的影响，开创了典型的中国传统山水画的画风。在宋代后，经过一批著名画家的发扬，成为后代流传甚广的"文人画"的滥觞。

　　禅宗兴盛后，画家多与禅师交游往来。禅僧们那种闲云野鹤、超然物外的人生态度与坚毅弘忍、峭拔卓尔的布道精神，深深吸引了文人画士。这些表现在他们创作的所谓"世间罗汉画"中，罗汉造型特点与禅师形象无异。五代张玄、宋代刘松年等即以这种罗汉画著称于世。

　　宋朝至清朝的近千年时间，画家涉足佛教，僧人染指绘画者，更是代不绝人。

　　北宋时期的名画家高益、高文进、王道真、李用和、李象坤等创作了大量佛教壁画，场面热烈，富有生活气息。其中高益在大相国寺所做的《擎塔天王》等，曾名噪一时。王霭、王仁寿二人更专工佛道人物画，受到当朝皇帝的垂青。著名画家李公麟也取材佛教，作有《维摩演教图》《罗汉图》等。李公麟的《醉僧图》，图上有苏轼仿怀素书法题写的《送酒诗》："人人送酒不曾沽，终日松间挂一壶。草圣欲成狂便发，真堪画入《醉僧图》。"董其

马云卿《维摩演教图》（局部）

昌有题跋，说李公麟因见到怀素送酒诗而作《醉僧图》。董其昌的题跋与苏轼的题诗为此画的双美，体现了古代文人画的情趣。

元代赵孟𫖯、刘贯道的《红衣天竺僧卷》《罗汉图》等，工笔重彩、朴素传神，别具风格。

宋代后形成的一种简笔率意、泼墨淋漓、形象嬉笑从容的"禅画"，更是博得很多文人士大夫的欣赏。如五代画家石恪的《二祖调心图》、南宋梁楷的《六祖伐竹图》《释迦出山图》等，皆是古画的珍品杰作。

宋代的董源、巨然、李成、范宽以及元代"四大家"黄公望、王蒙、吴镇、倪瓒乃至明代的董其昌等画家，继承了王维开创的山水画风，以追求画中的禅机意趣为主。

知识链接

梁楷号称"梁疯子"，为人狂诞不羁，他的画法有两种，一种是白描谨细画，一种是所谓简笔体，有闲逸自在之风，著名的《六祖伐竹图》，画中禅宗六祖惠能游戏人间的情怀溢于画表，劈竹的姿态狂放而又怡然自得，颇能展现一个人的精神境界。

石恪《二祖调心图》

明末清初的石涛、八大山人、石溪、弘仁更被称为画坛"四大高僧"。他们的画"自作聪明，无所师承"，笔势雄阔、形象传神，对后人产生了很大的影响。

中国书法源远流长，千百年来，代有传人。在历代书法家中，不少高手出自佛门或深受佛教的影响。

佛教对中国书法的影响也表现为两个方面。

颜真卿《多宝塔碑》局部

金刻《大藏教诸佛菩萨名号集序》（北京房山云居寺石经）

其一是魏晋至唐代大规模的佛经抄写，无数精美而古朴的造像题记与碑刻铭文，既保存了书法又传播了佛法。抄写经文是佛教的一种重要信仰形式，在古代中国蔚然成风。它要求抄写者要虔诚恭敬，持重严谨，不能出错，因此通常使用隶书、楷书等形式，更形成了专门刻在石碑上的"魏碑体"。这些重要书体的形成与佛教有着直接关系。著名的《房山石经》，既保留下珍贵的佛教原典，也是中国书法艺术的宝库。石经自隋代静琬法师发愿创刻之后，历经唐、辽、金、元、明，延续一千多年。经石总数有 1500 石，碑铭 82 石，刻佛经 1025 种。从这些历代不同书法风格的石经，可以看到一部自唐迄明一千多年的书法变迁史。

其二是在禅宗观念影响下，形成独特的富有禅意的书法风格与理论。书法的创作和品评都渗透着禅机禅理，许多书法家将书法视为禅的表现方式，这使得中国书法脱离了日常实用范围，最终成为一种独特的艺术形式。简要地说，他们认为书法应是"真心"的自然显现，所谓"书法犹释氏心印，发于心源，成于了悟，非口手所传"，它要求写字时摆脱一切外物的束缚，突破前人的规矩，

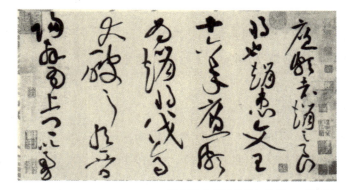

黄庭坚《廉颇蔺相如传卷》（部分）

让自己的"真心"得到充分显现，艺术风格也转向追求空灵、古朴和凝练。这方面，尤以宋代的苏轼、黄庭坚、米芾、蔡襄等"四大家"为代表，他们的作品一向被视为典型的"禅书"，流传到日本后被称为"禅家样"。

佛门草书的代表人物释智永以书法表意，传达"佛心"，将笔墨线条视为直指本心、崇尚天然的自然流露，发展出中国书法中的草书一体。

释智永，会稽人，南朝高僧，俗姓王，是王羲之的七世孙。他自小出家，通《般若》《法华》诸经，人称智永禅师。智永在书法艺术史上有两大

永字八法

重要贡献：其一是发明"永字八法"，为后世学书者所宗。其二是临集《千字文》，开后代书法家写《千字文》的风气。他临帖十三年，得《真草千字文》八百余本，向浙东诸寺各施一本。索求他书法的人络绎不绝，门槛都踩破了，为此他在门槛上包了一层铁皮，于是有"铁门限"的佳话。他用废的毛笔堆积在山下，名为"退笔冢"。他的书法楷、草俱佳，为后世所继承和推崇。

佛门草书的另一位代表人物是唐代僧人怀素。

怀素（737—?），字藏真，俗姓钱，湖南长沙人。他是唯识宗大师玄奘的门人，自幼好佛，但生性疏放，不拘小节，对书法极为珍爱。相传他学习书法甚为勤勉，因贫穷无力购纸，就种植了万余株芭蕉，以叶代纸，将自己所住庵命名为"绿天"。他性喜饮酒，往往醉后在寺院墙壁上狂走醉写，他的许多杰作都是在这种状态下创作的，所谓"狂来轻世界，醉里得真如"。他曾师从颜真卿等学习书法，但最仰慕的是"草圣"张

智永《真草千字文》

旭——张旭被列为盛唐时的"饮中八仙"之一，也是一位喜欢饮酒的佛教徒，最终独树一帜。怀素的作品以《自叙帖》与《小草千字文》最为著名。《自叙帖》作于大历十二年（777），结构严谨，草书瘦劲清健，字与字间连绵不断，起承转合不离法度，通篇神气飞扬，精彩绝伦，为狂草极品。

中国书法的另一种重要风格是明代董其昌所推崇的"平淡天真"，平淡也就是宋代苏轼所说的"绚烂之极，归于平淡"，其内在精神也来自于佛理。近代僧人书法家弘一法师便谈到过佛门中的"淡"：

> 世法唯恐不浓，出世法唯恐不淡。欲深入淡字法门，须将无始虚妄浓厚习气尽情放下，放至无可放处，淡性自然现前。淡性既现，三界津津有味境界如嚼蜡矣。——（《寒笳集》）

"平淡天真"的书法其实就是这种精神的体现，它要求人忘怀一切荣辱得失，胸无半点牵累，乃至做到一念不生，由此，空灵澄澈的精神境界自然显现，在这种心态下创作的书法自然具有"平淡天真"的意蕴。这种书法不是来自于技巧，而是得之于心态，被视为中国书法艺术的最高境界。弘一法师的书法可以作为代表，他出家后的书法作品，抛弃了一切峥嵘圭角，隔断了一切

弘一法师书法

尘缘俗态，藏锋稚拙，恬淡自如，清静似水，枯寂孤清，被视为达到了"平淡美"的极致。其实，中国古代僧人书法多有这种风格，有人干脆称之为"僧人体"，这种书法确实体现着僧人出世的情怀。

　　如果说佛教书法中的魏碑、楷书体现了佛教虔诚、谨严风尚的话，那么狂草则体现了佛教狂放不羁、自由自在的一面，而枯寂平淡的"僧人体"又体现着佛教超脱世俗、回归本性的一面。中国书法中的几种主要书体和风格，竟然都能在佛教中找到依据，这不能不说是一种深刻的文化之缘吧。